U0015881

目 次

思想劇場

社會主義的想像

西藏問題答客問

茨仁夏加
張曉紅譯

茨仁夏加，1959年生於拉薩。其父曾任一所私立藏語學校校長，但在夏加幼年即去世。文革肇始，一家人四分五裂：一兄一姊成為堅定左派，另一兄長卻因反對文革而入獄，其母攜幼女及幼子夏加於1967年逃往尼泊爾。夏加就讀於印度北部小鎮慕蘇里(Mussoorie)的一所藏語學校數年，1973年獲獎學金，寄宿就學於英國漢普郡，畢業後在倫敦亞非學院繼續深造。1983至1990年間，夏加與工黨主導的倫敦市政局合作，致力於反種族主義運動。1990年代，夏加潛心研究1947年以來的西藏歷史，1999年出版力作《龍在雪域》。其間，夏加翻譯了西藏僧人班旦加措的自傳《雪下之火》(1997)，並與人合編了第一部現代藏語短篇小說詩歌選集《雪獅之歌》(2000)。目前，夏加任教于溫哥華英屬哥倫比亞大學，研究現代藏語文學。

2002年，倫敦《新左評論》發表了夏加與中國異議作家王力雄的對話，打破藏漢雙方禁忌。王力雄在〈反思西藏〉(NLR 14)一文中，強調藏人亦參與文革，探討中國統治西藏的矛盾現實。夏加的回應〈雪上之血〉(NLR 15)針鋒相對，突顯西藏對北京的不斷抵抗，揭示中國統轄西藏的殖民本質。

本文原發表在今年五、六月號的《新左評論》(NLR 51)，經由該刊授權，由張曉紅女士譯成中文，並經茨仁夏加先生審閱後，交由本刊發表。在網上，此文還有另一個「台灣懸鉤子」的中譯，附有西藏作家唯色的補充註解，請參見http://rosaceae.ti-da.net/e2259571.html

——編者

您的著作《龍在雪域》堪稱現代西藏歷史的里程碑，其中，您將西藏1951年以來的發展大致劃為四個階段。第一階段，1951至1959年，中共試圖與傳統西藏統治階級結盟，按照十七點協議，以近似「一國兩制」的方式，予達賴喇嘛政府以自治。1959年，西藏反抗受到鎮壓，達賴喇嘛出走，之後的第二階段，1960至1978年，共產黨的改革延伸到高原，集體化和文革中的群眾運動，加速了寺院和貴族土地的再分配。第三階段是1980年後的胡耀邦時代，自由增多，「藏化」程度提高，貿易開放和移民政策也接踵而來。第四階段是1989年後的壓制。回顧歷史，您認為八十年代胡耀邦時期的西藏有什麼特點？

藏人歡迎八十年代的改革，覺得這是很大的轉變，至今仍然認爲胡耀邦是優秀的中國領袖。當時很多人都說，從來沒有這麼好。它標誌著一個時代的開始，大家覺得它會爲每個藏人以及整個藏區，帶來一定的文化和經濟的自主權。這是一個復興傳統文化的機會——最早的跡象就是藏人重新穿起傳統藏服，不再是一身藍。經濟方面，藏區也從20年的嚴重惡化中脫離出來。1960到1980年間，藏區的經濟比1959年之前還要糟糕。不景氣的部分原因是生產管理不善，人民公社與合作化的實施急劇地改變了該地區的生產，而這一切給當地的經濟帶來了災難。人民公社和合作社，在胡耀邦的改革下解體，傳統制度得以恢復。生活水平回升到六十年代以前的樣子。當時，95%的藏人或放牧或務農，農村人口占絕大多數，自然歡迎這種變化。

既然如此，為什麼會有八十年代末的抗議？

直接原因是寺院和中共的關係日趨緊張。政府原以爲改革會促進消費，但是藏人往往把額外的錢用於重建寺院。僧侶人數增加了很多，有些農村地區，進寺院的比上學的還多。政府擔心僧侶的增多，也擔心寺院的籌資：當時寺院收到了大量的捐款，而且不用交代。到八十年代中期，共產黨中的左派人士將這些情況作爲是胡耀邦的自由政策是錯誤的例證，於是政府開始限制僧侶人數，控制寺院財政。這樣一來激起反彈，寺院等保守勢力成爲領導八十年代末抗議的主要群體。

那個時候，很多人轉向宗教，因爲宗教在文革期間被剝奪，現在又可以接觸到了。 爭取更多的宗教自由，動力很大。不過，抗議也針對改革給西藏社會帶來的變化。當時有一個很重要的辯論，就是西藏的未來要走向何方。傳統派人士深信，只有恢復古老的傳統，才能保存西藏；年紀較輕、上過大學的人卻覺得，西藏要想生存下去，唯有放棄這些傳統，轉而尋求一種現代化的西藏文化，創造新的身分認同、新的文學藝術。他們認爲，正是藏傳佛教及其傳統，阻礙了藏族身分認同的建立，而這種認同可能會更好地抵抗征服和統治；要解決西藏當前的問題，就需要這樣一種新的、更強的身分認同。藏人對自己歷史的反省，主要是由年紀較輕、受過教育的精英和作家提出來的，但是在保守派看來，這有點像中國人對佛教的變相攻擊。不過爭論的雙方，不以年齡劃分：很多年輕人贊同保守派的看法。一般來說，那些在寺院接受教育或者受過傳統教育的，比上大學的人更爲保守。當時大學生沒有參加抗議。即使是現在，許多大學學歷的人，傾向於認爲八十年代的抗議是不必要的，認爲當時的改革，把西藏帶上正確的方向，而遊行示威改變了這個進程，造成巨大損害。

在多大程度上八十年代末的抗議是由外界激發的，即是由達賴喇嘛在美國國會和歐洲議會的演講促發的？

八十年代對藏人來說是一種開放——境內藏人獲准前往印度朝拜達賴喇嘛，和境外藏人及政治領袖建立了新的聯繫，並且更加瞭解到西藏問題的政治運作。同時，達賴喇嘛在歐洲議會和美國國會的講話，讓藏人高估了國際社會對西藏問題的支持。其實，西方國家只是針對一些社會問題發些聲明，他們更渴望與剛剛開放的中國接觸，而不會因西藏阻礙北京。

1989至1990年，西藏戒嚴，這之後的政策有什麼特點？

中國領導層對改革何去何從，一直存有爭議：有人認爲，胡耀邦的政策過於極端，動搖了中國在西藏的地位。八十年代末僧侶示威，強硬派以此爲證，認爲政策寬鬆，強化了西藏的民族主義，鼓勵了藏人對獨立的要求。戒嚴後，北京對西藏的處理，發生了戲劇性的變化，這種處理方式延續迄今。北京不再妥協，西藏受到嚴格的行政管制，其基礎設施與中國其他地區更加融合。以前，由於路途險阻，交通不便，西藏高原一直隔離於中國。中國領導層認爲，八十年代對西藏採取特殊政策，反而強化了西藏和其他地區的差別。因此，1988年到1992年，胡錦濤任西藏自治區黨委書記期間，第一批政策就是經濟一體化，包括鋪路、開通青藏鐵路、改善電訊等，以加強基建聯繫。九十年代以來，已投資數十億美元用於當地的發展。

也就是說，中國政府聲稱，西藏自治區只能依靠中央政府財政補貼，有其一定的道理。目前，自治區政府的徵稅能力非常薄弱，甚至無法籌集足夠的資金，支付員工薪水。所有大型基建——鐵路、公路、電力系統，都要依賴中央政府注入資金。對中央的長期依賴，是西藏面臨的最大問題：當地沒有經濟實力與北京談判，只好順其指示，因爲基本上是中央政府出錢支付當地發展。

西藏的發展有沒有朝自給自足的方向邁進？工業領域有沒有這樣的趨勢？農業生產是不是有所增加？

這恰恰是中國政府在西藏發展的問題上，自相矛盾的地方。看看政府開支的統計數字就知道，大量的財政預算都投到基礎設施的建設上，投到農業發展上的不到5%，儘管迄今爲止，當地85%的人口仍然依賴於耕種。這和北京認定工業化優先於農業有關；另外當局也看到，西藏具備經濟潛力，而這種潛力，只有等基礎設施建立起來，才能實現。舉例來說，西藏礦儲豐富，但不開採，就沒有用處。即使開發出銅、金、銀等礦物，沒有進一步發展鐵路，這些礦產運費太高，國際市場負擔不起。所以，中國政府的長遠計畫是發展採礦業，這兩年他們已經邀請了國際礦業公司在西藏運作。他們的想法是，隨著基礎設施和電力系統的到位，資源開採會讓西藏成爲有利可圖的地區。而農牧民真正的日常需要，在這個規劃中沒有任何反映。

這些基建發展，有沒有西藏勞工的參與？

以鐵路建設來說，大多數的勞動力來自中國的貧困地區，如甘肅和陝西。現在當地有很多農民失業，中國政府鼓勵他們去西藏，以減輕當地壓力，因爲如果留在本省，會給當地政府造成問題。對於很多人來說，去西藏打工，也是一個謀生的機會，他們來自的地區，其實比西藏要窮很多。一般來說，藏農比起大多數中國農村人口，生活要好得多，這是因爲西藏人口少，不足六百萬，占地面積又大得多。西藏沒人挨餓：雖然沒有足夠的盈餘售於市場，但藏農的生產足夠自給自足。藏農面對的是另一個問題：他們生產的東西，主要是大麥和羊肉，而這些並沒有多大的市場價值。舉例來說，西藏盛產大麥(青稞)，但實際上中國啤酒公司從加拿大或美國等國際市場上購買大麥，比從藏農手中購買還要便宜。

目前西藏自治區有多少外來人口？

這是一個非常複雜的問題，因爲中國政府還沒有統計出在西藏工作的流動人口數目。原因很簡單，就是中國人口普查資料，看的是正式登記的原居住地，而不是你目前身在何處。大部分移民沒有西藏暫住證，所以被算成居住在中國的其他地方，他們是流動人口。政府還指出，許多民工在西藏都是季節性的，夏天去那裡打工，所以不能算爲永久居民。但不管怎樣，人口普查十年一次；最近的數字也是2000年的，而八年來拉薩發生了很多變化。整個中國的變化是如此的迅速及顯著，人口的流動性又是如此之大，我們手頭上的數字非常不可靠。但有一點是肯定的，隨便一個遊客都會發現，拉薩現在的人口構成，不像一個藏族城市，倒更像個漢族城市。中國移民往往聚居於城市，以前主要集中在拉薩，但現在開始滲透到農村地區，到處開餐廳，做小買賣。

西藏自治區的發展，和其他藏區比較——比如青海和四川的藏區，有什麼不同？

青海和四川的藏人，經濟上相對富裕一些，因爲他們和中國其他地區聯繫更多，同時也有更多的辦法補充收入。自治區的問題是，從西藏向南到印度和東南亞，幾乎沒有邊境貿易。歷史上，這裡曾是西藏貿易集中的地方，因爲西藏的貨物，在南亞比在中國更有市場。最近的港口加爾各答，兩天即可抵達，但是如果繞道中國內陸，需要八到十三天。例如，西藏盛產羊毛，現在出口卻無利可圖，就是由於邊境關閉，不能南運的緣故。印度和中國的貿易聯繫，目前基本上依靠航運，而非陸運。造成這種情況的原因是，儘管印中關係有所改善，但邊界爭端一直沒有解決。安全因素是一個考慮，另外無論印度還是中國都無法確定，一旦開放邊境貿易，會引起什麼樣的變化，是印度市場滲透到西藏還是西藏滲透到印度。

您如何描述過去十年西藏政治上和文化上的氛圍？

政府的政策似乎是，只要不談獨立或人權，什麼都可以。報刊更多了，當地藏人成立自己的非政府組織，政府也批准了，這些組織在消除貧困方面非常有效。北美和歐洲的流亡藏人，獲准在家鄉成立非政府組織，出資建造住房。九十年代，藏人留學歐美的人數增加，對外更加開放。這樣看，九十年代還是很有希望的。

文化上，有兩種不同的發展。一方面，西藏傳統文化和工藝品有所復興。另一方面，藏人藝術家的現代具像畫有新的東西出現。拉薩的一群畫家，成立了一個藝術家行會，賣畫，參加國際展覽。他們的作品，乍看沒有民族特色。保守的人其實把它們看成一種對西藏的拒絕，對西方的模仿，而不是民族藝術。不過，這是西藏的一件新事，很重要，年輕一代弄出來的，他們的看法，和社會中的保守人士有很大區別。同樣，在文學上，年輕一代藏語作家，不再使用傳統的韻文格式，詩歌採用自由體，小說題材也新穎別緻。當然，保守派認爲，除非模仿已有傳統，否則不是名副其實的民族文化。我倒是覺得，現代藏語文學的出現，諸如八十年代以來的小說、短篇故事和詩歌等，是一種令人振奮的發展，比各種形式的政治抗議或運動，更能展現西藏的現狀、普通人的願望、以及西藏未來的可能走向。還有一些藏人小說家用中文寫作，1985年以來，確實在中國獲得了文學地位。最有名的是阿來，他的小說《塵埃落定》在2002年出了英文版。還有紮西達娃的魔幻現實主義風格，被稱爲中國的馬奎茲。用藏文寫作的，當然沒有這樣引人矚目。這種處境和印度作家相似——用英文書寫，有國際市場，用印度文，鮮爲人知。

在傳統人士看來，重要的是學習過去，他們認爲傳統藝術形式的延續，對維護民族身分至關重要。傳統風格重新出現在繪畫和工藝品中，遍布西藏，至今仍然很受歡迎。這些在中國也很流行，儘管有最近的愛國主義熱情和對藏人的敵視。八十年代起，中國人對西藏的文化和傳統越來越感興趣，視西藏爲另類，風格獨特，而這些特色中國已經遺失。他們羨慕藏人對傳統形式的服飾、繪畫和生活方式的依戀。許多中國作家和藝術家前往西藏，從中獲得靈感，效仿藏人與自然相安無事。事實上，中國人比西方人對西藏的看法更爲浪漫。

現代藏史學也繁榮起來，包括口述史，記錄農村生活、諺語和流行的民歌。有很多傳記作品非常有意思，包括西藏婦女寫的回憶錄，她們的作品當然都不在傳統人士的保守敍述之中。達蘭薩拉的藏語學校，歷史課本還停留在十世紀。我的書《龍在雪域》，題獻給我的妻子，而不是達賴喇嘛，也頗受非辭。目前我在研究盜匪的歷史。西藏歷史中，幾乎有一種美國西部的味道：旅客穿行廣袤的高原，受到盜匪的襲擊和搶劫。口述資料和各種敍述很多，我在研究這些人的身分，不把他們看成負面角色，而是沿用霍布斯鮑姆(Eric Hobsbawm)的體系，把盜匪現象看成一種社會反抗的形式。盜匪往往是從傳統的西藏社會和封建律法中脫離出來的人。正統的敍述，把他們說成壞人，但其實幾乎所有這些人，都在反抗當地統治者或政府。一旦辨認出他們的身分和行爲，你會發現，他們往往是西藏社會的邊緣群體。

藏語在自治區仍是官方語言嗎？

根據憲法，自治區的教育和行政應該使用藏語，但實際上沒有貫徹執行。原因是中共在西藏的領導階層，各級黨委書記，都是漢人，不說藏語。在教育方面，農村教學使用藏語，但在城市，尤其是拉薩，中小學越來越多使用漢語；在大學，藏族文學和歷史用藏語教授，其他都以漢語教授。這倒不全是政府的規定：許多家長更願意讓子女接受以漢語授課的教育，因爲長遠而言，就業機會更好，另外也是由於藏人大多傾向於去中國其他地方上大學——目前每年有近三千名大學畢業生。現在還有所謂的「內地學校」：就是藏童的寄宿學校，從西藏招生，然後分送到中國各地，遠至遼寧和福建。這些學校不設在西藏，表面上，是因爲政府無法在當地招募足夠的教師，也沒法說服有資歷的外地教師前往藏區，而對沿海較爲發達的省份來說，出資在自己的地盤上建學，也是完成扶貧任務的一種途徑。事實上，這是在試圖培養「民族團結」感和對中國的忠誠。當然，有藏人和境外的人，看出其用心之險惡，好比當年英國、加拿大和澳大利亞，向土著傳教，先送寄宿學校。這些「內地學校」，幾乎是清一色的中文教學，教育質量很好。不過，藏族學生畢業以後，往往民族主義情緒更強——他們的博客和網站，常常帶頭控訴中國政府剝奪了他們的文化認同和語言。

二十世紀五十年代以來，藏語本身有什麼變化？

出現了規範化的新語文，更接近口語，書寫也簡化——好讓所有識字的人交流起來更加容易。但是在日常口語中，越來越多借用漢語。牛津大學的一名博士生，研究過西藏的語言轉換現象，也就是藏人在不同的場景下，變換使用藏語和漢語的現象。他發現，平均而言，拉薩藏人的辭彙30%至40%來自中文。總體來說，藏人繼續深造藏文的，現在越來越少，藏文水準有所下降。但是如果由此推斷出藏語即將消失，就是大謬不然了。事實上，1985年以來，藏文出版蓬勃發展。藏文報紙有兩家，《拉薩晚報》和《西藏日報》，另外期刊雜誌出了很多，自治區有，其他藏區也有。部分原因是每個省要有一個文學期刊，根據《中華人民共和國憲法》對出版結社權利的規定，藏區還必須有藏文出版物。這樣，不僅西藏自治區，就連青海、雲南等地，都有藏語文學期刊。直到1995年前後爲止，這些文學期刊還是讀者眾多：《西藏文學》印冊上萬，因爲有政府津貼，所以免費贈送大中小學，任何人索取，也都免費贈送。現在，國家補貼逐步減少、取消，要求這些期刊自謀生路。目前，《西藏文學》印冊三千，讀者付費購買。

圖書也一樣。補貼取消，書價暴漲，藏文出版難以爲繼。九十年代，藏文出版有過一段真正的復興，重版是一個動力，七世紀以來的藏文書籍，幾乎部部重印發行。這次復興的初始階段似乎已經過去，由於資金缺乏，作家不得不尋求贊助，或者自費出版。舉個例子，藏文小說家需要支付出版商一萬元人民幣，書稿才能印刷，印三千冊，一半自售。我還見過一個農村男孩成爲詩人，全村人湊錢出版詩集；也有當地商人贊助出版的。

電視和電臺的情況呢？

藏語電視節目有的充滿活力，但大家往往更喜歡看中文節目，因爲藏語節目製作規模非常小，而且受到嚴格控制和審查，其程度遠遠超過大量湧現的中文頻道。印刷品也一樣：沒有一家藏文期刊或雜誌是獨立的，都是由不同的政府部門資助。現在，越來越多的藏人有能力閱讀中文，讀什麼也有更多的選擇，所以轉向種類繁多的中文雜誌。語言的選擇，也在一定程度上，導致藏文出版物讀者數量下降。

八十年代末以來，寺院經歷了什麼樣的演變？

寺院獲准容納的僧侶數目重新受到限制。出家爲僧必須得到縣級政府的許可。法律規定，年滿十八方可入寺修行。但是這些法規，根本沒人理會。現在去西藏，會看到寺院裡的孩子數以百計。政府左右爲難：如果強制推行政策，把這些孩子趕出來，面對的將是抗議浪潮。所以，只要寺院沒有積極介入「政治」，政府寧可對此視而不見。但是1995年以後，寺院和中國當局關係惡化，因爲當時中國領導層不顧藏人的願望和藏傳佛教的慣例，堅持自己挑選十世班禪喇嘛。這件事的影響持續至今。

僧尼數目非常複雜，因爲政府發布的統計數字，只包括那些獲准進入寺院修行的僧尼。官方數字，整個藏區共有僧尼十二萬，其中西藏自治區占四萬六千。但是如果算上未經許可的僧尼，實際數字遠遠不止；我估計有十八萬。數字如此之大，在某些方面也反映了經濟上發生的變化。寺院沒有從政府那裡得到資助，完全仰賴社區的供養和朝聖者的施捨。隨著八十年代的經濟改革，人民生活好轉，捐給寺院的錢多起來。經濟的成功促使了寺院的復興。

接受寺院教育的孩子和公立學校的孩子，是否存在社會差別？

寺院的孩子主要來自農村，很少有城市家庭送孩子去寺院。這裡有兩個原因。首先，農村家庭往往人口眾多，家長通常會送一個、甚至兩個孩子去寺院，還能留幾個孩子在家裡；而城市家庭往往只有一個孩子，最多兩個。其次，大致來說，農村人的觀念，以及對西藏傳統文化的看法，都較為保守。

寺院提供免費教育，也是一個重要因素。八十年代起，轉向市場，國家基本上放棄了對免費教育的提供。舉國上下，各行各業都要自謀生計。教育預算推給省級政府，省政府推給縣政府；縣政府沒錢辦學，雖說教育本該免費，也只好收費，以便籌資。收費項目五花八門，課本費、制服費，應有盡有，使得西藏許多農民的孩子上不起學。由於農業生產已經私有化，農村許多家長把孩子留在家裡，下地幹活，增加收入，這比讓孩子接受教育更加迫切。文革以及早先的「左傾」時期，實行義務制教育，識字率隨之增加。1980年以後，識字率明顯下降。

在這種情況下，寺院發揮了教育的功能。不僅因為寺院教育免費，而公立學校已經開始收費；很多父母更是意識到，修道的傳統在文革浩劫中崩潰，送子女去寺院和庵堂，有助於復興這個傳統。所以，這不僅是一種教育途徑，也是在幫助西藏的文化復興。

西藏的醫療系統如何？這方面寺院也提供替代的服務嗎？

和中國其他地區一樣，市場化以後，西藏的醫療不再免費。很多時候極其昂貴：最近聽我在拉薩的親戚說，有時候治療費用折合起來竟會高達一萬五到兩萬美元，相當於普通人家十年的工資。拉薩地區的公立醫院設備精良，醫療條件相當不錯，但收費昂貴，大多數人望而卻步。寺院往往配有一名藏醫，受過傳統醫學訓練，給人看病，換取實物，一籃雞蛋或一條羊腿而已。這種醫療服務頗受歡迎，同樣是因為它不收取任何費用。

據西方報導，過去十年直到最近，西藏自治區的社會抗議，似乎少於其他中國農村地區。

這種說法有一定道理。但是別忘了，西藏不同於中國其他地區，正像北愛爾蘭不同於英國其他地區。八十年代末的示威抗議之後，西藏的警戒監控，遠遠高於中國其他地區。

今年西藏的抗議，始於三月十日——西藏抗暴49周年，您如何比較這次的抗議和八十年代的抗議？

今年的抗議，第一個明顯特徵是地理分布廣泛，遍及藏人居住的地區，而且同時爆發。我認爲究其原因，是使用了手機和短信傳播資訊，發動遊行示威，在中國這比互聯網或電子郵件更加流行。很明顯，西部藏區沒有移動電話網，也沒有什麼抗議，而抗議多發的藏東地區以及相鄰的四川和青海的藏區，移動電話網十分發達。3月10日的僧侶抗議遭到警方鎮壓以後，上述地區的示威活動，在短短幾天之內相繼爆發。

其次，兩次抗議的參與者區別很大：八十年代的示威基本上是僧侶領導的，但是這次的抗議涉及了社會各個階層的藏人，包括中小學生、高校學生、知識分子、城市工人、農民、牧民，還有遠在北京和其他城市的藏族大學生。這種程度的參與，來自不同社會階層的藏人，是前所未有的。

這些抗議動員了多少人參加？

很難說有多少人參加了抗議。中國政府說拘留了六千多人，可見示威非常激烈，涉及人數眾多。而且這麼大規模的示威持續了幾個月，儘管鎮壓，五月中旬仍有抗議。從一開始，就用催淚瓦斯和警棍對付示威者，接著防暴員警包圍寺院。武裝部隊3月15日進駐拉薩；次日囚犯以軍車押解遊街示眾。儘管進行了大規模的拘捕，抗議仍然繼續——甘肅、青海和四川的許多中小學和大學都有學生靜坐，政府機關外也有示威。3月19日起，每天都有通緝令發布，中文網站公布了通緝藏人的照片，中國移動通信集團給所有西藏用戶發送手機短信，要求公眾舉報參加示威的人。據3月23日新華社報導，甘肅省甘南藏族自治州105個縣市直屬部門、113個鄉鎮所屬單位、22個村委會受到嚴重衝擊，抗議活動涉及瑪曲、夏河、卓尼、合作等縣市。對所有這些最好的報導是唯色的博客，已經譯成英文，刊登在中國數碼時代網站(China Digital Times)。

西藏民族主義是抗議的主要原因嗎？有沒有針對經濟或社會問題的抗議？

眾說紛紜，但是從示威的口號和橫幅來看，沒有明確的獨立訴求；我認爲主要的要求，是讓達賴喇嘛回到西藏，以及人權問題。的確，拉薩的抗議不僅針對中共當局，而且針對定居在西藏的普通漢人——漢人的商店被燒毀，漢人被毆打。但這種情況僅限於拉薩。其他地區，示威者只是跑到黨政機關，降下五星紅旗，升起雪山獅子旗，衝擊政府大樓，幾乎沒有對漢人的攻擊。漢人在拉薩而非其他地區成爲眾矢之的，是因爲漢人移民的成功和拉薩藏人的處境懸殊太大——漢人擁有酒店、商場、餐館，非常顯眼。相比之下，農村地區的藏漢經濟差距極小，所以幾乎沒有基於經濟不滿的仇視。當然，藏人和外地人之間仍然關係緊張。比如藏東地區，夏季農民採集蘑菇、藥材和冬蟲夏草，以補充收入。冬蟲夏草是極爲珍貴的中醫原材料。現在，許多漢人移民也進山採集冬蟲夏草，儘管政府進行收費限制，但是利潤足以讓人繼續。當地人反對外地人採集不加區分，說會對牧場造成長遠損害。這種資源競爭，近年越演越烈。

但我個人認爲，這些示威的主要原因，不在於經濟差距或者藏人所處的經濟劣勢。我認爲，這些抗議倒不如說是一種自衛式的抵抗，關係到民族認同。北京當局把八十年代的抗議歸結爲，不僅源於宗教分歧，而且表達了獨立的西藏身分認同。胡錦濤任西藏自治區黨委書記時的政策，是打擊任何民族認同的表現，連對藏語權利的要求都被指責爲民族主義和分裂主義。每個藏人對中國的忠誠，都受到懷疑。藏人個個成了嫌疑犯。反對分裂也成爲壓制異議的藉口——中共內部，任何人但凡對官方指示有所反對，都會被指控爲分裂分子。但是這種政策，其效果適得其反。中國政府已經無法區分，誰是真的積極反對它的政策，誰不是，因此造成政府和全體藏族人民之間的鴻溝。它的後果是讓藏人團結起來，然而要是僅僅打擊寺院，藏人還遠遠不會這樣團結。事實上，最近的抗議表達的民族情緒，比八十年代末遠爲團結。漢人移民的規模也是一個重要因素。歷史上，高原上的藏人一直生活在單一的社區中，現在這種情況不復存在，藏人比以往任何時候都更加深刻地感覺到，這片土地已不再爲藏人所獨享。

3月24日京奧火炬傳遞在雅典揭開序幕，當時有一個象徵性的抗議。隨著火炬的傳遞，4月6日在倫敦，4月7日在巴黎，4月9日在三藩市，支援西藏的一方和支援中國的一方都高調示威；中國境內，也出現了針對家樂福超市和CNN的抗議。自1936年柏林奧運會以來，奧運會已經成為牟取暴利和政治景觀的代名詞，這種奧運瘋狂在今年中國和西藏的示威動員上發揮了什麼作用呢？

北京奧運會絕對是2008年示威的一個重要因素。國際社會對中國的聚焦，是理解爲什麼以往沒有發生類似示威的關鍵。境內的藏人和流亡海外的政治團體，都明白奧運會對中國政府的重要性，意識到這是一個機會，可以發出聲音，並且讓人聽到自己的聲音。在某種象徵意義上，中國也將奧運會政治化，借機向世界宣示，中國對西藏擁有主權——所以才會有火炬登上珠峰的安排，以及把藏羚羊作爲奧運吉祥物之一。在這個意義上，無論是藏人抗議者還是中國政府，都認爲這是一個聚焦西藏的重要時刻，當然原因不同。

儘管如此，當初中國申辦奧運會的時候，我覺得他們過於天真，以爲自己不會成爲抗議的焦點。但是奧運會有史以來，一直是造成國際局勢緊張的因素。歷屆奧運會都有某種程度的衝突——1972年慕尼克奧運會的巴以衝突，1976年蒙特利爾、1980年莫斯科以及1984年洛杉磯，都發生了對奧運會的抵制。所有這些都涉及到主辦國的政治豪賭。

您如何描述中國境外支持西藏運動的政治光譜，及其他們與西方政府政策的關係？

西方參加抗議的人身分各異，不限於佛教徒或親藏人士。支持西藏的示威者多來自傳統的中產階層、中左或自由派團體；在七十年代和八十年代，他們可能支援過南非國民會議(ANC)、核裁軍運動(CND)、綠色和平運動等等。人權組織也轉移了視線：在七十年代和八十年代，國際特赦組織和人權觀察更加關注東歐和蘇聯發生的事情，報告很少提及中國。現在，他們已經把注意力更多地轉向中國，西藏也算其中一個輕描淡寫的議題。但是我想應該把西方政府的政策和民眾的情緒區分開來。大多數西方政府其實非常親中，這主要是和經濟問題有關：北京和西方在發展市場經濟、私有化和貿易的全球化等事宜上達成基本共識。西方政府的主要目的，是將中國納入全球經濟秩序之中，人權和西藏的問題對他們來說都是次要的。

同理，美國和中國的網站上有人聲稱，藏人的示威是由西方非政府組織策劃、美國民主基金會資助的，這種說法非常離譜。中國確實存在西方資助的非政府組織——比如，利眾基金會，支持西藏的衛生和教育專案——但中共顯然對這些組織進行嚴格的安全評估。眾所周知，利眾基金會一直遠離任何反對政府的團體或活動，也因此才可能在中國運作至今數十年。事實上，親藏的遊說團體常常指責它太過親中。

印度的西藏流亡團體確實得到美國民主基金會的資助，但這並沒有轉化爲在中國境內的動員能力。印度的藏人和西藏自治區的藏人之間，存在社會和文化鴻溝，連音樂品味都不一樣。西藏的藏人愛聽中國的流行音樂，而印度的藏人更喜歡寶萊塢。當年西藏最流行的歌手達珍，1995年從拉薩逃往印度後，發現當地沒有她的聽眾，非常震驚。在印度，幾乎沒有人聽說過她，而且流亡藏人指責她唱中式歌曲。這兩個不同區域的藏人在西方碰上，也通常沒有什麼交流。印度的流亡藏人，有時會認爲自己才「真正」代表藏人，而境內藏人只是消極的、被壓迫的受害者——這種高人一等的態度，境內藏人不以爲然。印度最大的藏人流亡組織是藏青會，成員大多生於印度，已經徹底吸收了印度悠久而頑強的抗議傳統，在德里、巴黎和紐約的街頭，領導高調示威。但是，他們沒有辦法把自己的言論投射成西藏境內的行動。

倒是有一個外界因素，對境內藏人造成了很大的影響，不過那是中國政府自己的傑作。他們堅持把自己選擇的十世班禪喇嘛強加給藏人，結果把所有寺院都推到了對立面上，甚至包括那些以前支持政府的寺院。接著，中共又開展了愛國主義教育，要求僧侶喇嘛一致譴責達賴喇嘛。結果導致一些年高德劭的喇嘛被迫流亡，包括噶瑪巴、塔爾寺的阿嘉仁波切，他們立場溫和，過去經常扮演替中共從中調解的角色。八十年代，主張獨立的示威活動沒有蔓延到拉薩以外，正是因爲當時大多數喇嘛持有模稜兩可的態度，使用自己的影響力約束了信眾。今年，幾乎所有的抗議活動都發生在當年高僧出走的地方。這些喇嘛在印度建起新的寺院，信徒也從青海和四川追隨而來，絡繹不絕。資金大部分來自香港、台灣、馬來西亞和新加坡等地支持藏傳佛教的華人。如果中國當局一定要找出一個陰謀，那也得是國民黨的陰謀，而不是西方的陰謀。

外界對藏人的主要影響，來自1991年開播的美國之音藏語節目，以及1996年開播的自由亞洲電臺。同樣，這也不是什麼秘密活動；這些廣播不過是給封閉社會中渴望選擇的人，提供一種資訊和想法。因爲沒有獨立的新聞媒體，對來自政府的見聞，大家自然非常懷疑，所以往往轉向美國之音和自由亞洲電臺，以獲取資訊。這兩個電臺報導達賴喇嘛所有的出訪，以及印度流亡藏人的活動，給藏人提供的新聞相當國際化，而且具有政治色彩。這些電臺在西藏很受歡迎，有助於輿論環境的創造。中國政府企圖干擾信號，但大家總能設法收聽。

西藏自治區目前的鎮壓狀況如何？

目前的情況非常糟糕。由於示威參與者人數眾多，又跨越了所有階層，所以政府無法只針對某一群體，例如寺院；看起來他們必然會針對每一個藏人。當局正在試圖控制社會的方方面面，這讓很多人聯想起文革。不僅拘留的人要受到懲罰，就連中小學、高校、政府機關都要開會，人人檢討；就讀中國內地的藏族大學生也要人人過關。這次運動，藏人無人倖免，普遍受到衝擊。

回應西藏抗議，最近中國的民族主義情緒高漲，您認為這一波

的民族主義情緒有什麼特點？這種心態對中國具有分水嶺的意義嗎？

這個問題很有意思。中國的民族主義，目前展示在互聯網上和海外，基本上是一種中產階級現象。那些民族主義情緒表達強烈的人，恰恰是中國經濟成功的主要受益者，他們對中國在全球的地位最為在意，和外面的接觸也比較多。對他們來說，改革朝著正確的方向前進；他們害怕任何妨礙中國經濟發展的事情。但是，中國的沿海和內陸差別很大。甘肅、青海等比較貧窮的省份，看不到類似的民族主義，因為目前的政策沒有給當地人帶來好處。接下來發生的5月12日汶川大地震，粉碎了很多人幾個星期前表達的對國家的信心。大家提的問題很簡單：為什麼校舍倒塌，而豪華酒店、私人商廈屹立不倒？圍繞中國的討論很多，不斷有新問題提出來。

中國學者也在爭論，這次伴隨著西藏抗議而興起的愛國狂潮，是由政府催生的，還是社會自發產生的。認為政府策劃操縱愛國狂潮的一方，論據很強，因為政府明顯已經涉入其中。比如說，網上的論壇，張貼不同意見，幾乎立即被刪除，聊天室表達不同看法的人也被噤聲。也有人認為，民族主義並非起於國內，而是來自海外留學生，然後轉入中國。的確，許多歐美留學生更加注意到中國近年的變化，他們也顯然是改革的受益者。他們覺得對中國的批評是不準確的，認為在某種意義上，西藏成了棍子，用來打擊中國。他們不解，為什麼西藏讓國際媒體如此關注，而類似的抗議活動，在中國司空見慣卻不受重視。這裡面有一定道理；但是，藏人抗議的地域之廣，仍是前所未有的。

應該說，中國內部的分歧很大，不像看起來那麼一致。三百多名知識分子，在王力雄發起的請願書上簽名，批評政府對西藏動盪的處理方式，呼籲對話[1]。類似的文章出現在各種出版物上。二十多位中國律師聲明，他們願意爲被捕藏民提供法律服務；這些律師甘願承受失去生計的危險——政府威脅要吊銷他們的律師執照。當然這些事情，媒體是不會關注的。愛國狂潮湮滅了許多異議的聲音。

北京或別的地方有沒有發生襲擊藏人的事情？

中國當局採取了很多預防措施，以確保這類事情不會發生，因爲他們擔心後患無窮。北京大約有五千名藏人，聽我在北京的親戚說，目前爲止，還沒有襲擊藏人的事情發生。

未來的幾個月，以及長遠而言，您認為西藏與中國的關係會如何發展？

近期，中國領導層面臨兩個問題。第一個問題關係到奧運會，以及國內外輿論。中國政府不可能在國內眾目睽睽之下，面對國際批評的壓力而示弱，由於藏人的抗議而被迫妥協。對內對外，政府必然會呈現出團結強大的形象。第二個問題涉及到胡錦濤及其派系。胡錦濤登上中國的政治舞臺，是從擔任西藏黨委書記開始的。他結束了八十年代的動盪，把西藏和整個西部融入中國其他地區，以此建立了自己的政治資本。西藏與胡錦濤的權力，即中共的領導權，有著密切的關係。很多高官，因爲他們在西藏的工作而出名。現在很多黨內高層領導人都是胡錦濤西藏的親信：現任北京市長郭金龍，曾任西藏自治區黨委副書記；上屆團中央書記、現任河北省省委書記胡春華，也曾任西藏要職，團中央書記也是一個重要官職，

1　「中國知識分子就處理西藏問題的12點建議」，英文版發表於《紐約書評》，2008年5月15日。

幾乎所有中共最高領導人都擔任過這一職務。現在這些人的走紅受到批評，胡錦濤的領導能力也受到質疑。胡錦濤是否會丟車保帥，胡派人馬是否會全面受到牽連，中共內部對此議論紛紛。與此同時，溫家寶的一系列講話，似乎有意接近達賴喇嘛。但現在一切繫於奧運會。奧運會之前，政府是不會有所作爲的，因爲任何舉動，都會帶來疑慮和不確定性，我估計政府即便有所改變，也要等到奧運會結束以後。

長遠而言，要知道，領土的統一和國家的強大，是現在中共號稱統治合法的基礎。這在中國人中間很有影響。因此中共不可能在西藏主權上，做出任何讓步，任何妥協，都會削弱其統治合法性。基於這個原因，我認爲中共不會在奧運會之後作出重大的政策改變。

如果藏人可以自由表達，他們最根本的要求是什麼？

藏人最大的不滿，是中國政府把任何身分認同的表達，等同於分裂。政府似乎認爲，無論什麼樣的文化自治，一旦獲准，就會升級爲脫離中國的要求。在這一點上，政府必須放鬆下來。在西藏，從報刊出版到音樂發行，都受到嚴格控制，而全中國已有越來越多的獨立出版社。西藏流傳一個笑話，達賴喇嘛想要「一國兩制」，但是境內藏人要的是「一國一制」——他們要求那些在中國推廣的更寬鬆的政策，也能在西藏實施。

茨仁夏加，加拿大英屬哥倫比亞大學東亞學系教授，著有《龍在雪域》等書。

譯者張曉紅，現任《新左評論》網上部門編輯。

尊重差異，尊重西藏

錢理群

本文取自錢理群先生2008年5月24日在「一耽學堂」的演講。原演講題為「當今之中國青年和時代精神：震災中的思考」，長達二萬餘字。其中有關西藏事件的部分，始終未能以完整原貌在網上或在錢先生的新文集中呈現。本刊徵得錢先生同意，將這個部分單獨發表。標題為編者所擬。

就我今天的演講的主題——「當今的中國」問題和「時代精神」與「中國青年」而言，如前所說，救災所展示的「當今中國」問題，是中國基本實現小康以後，往哪裡去，由此提出的價值重建和制度重建的問題。而在我看來，在此之前發生的西藏的騷亂與圍繞奧運火炬傳遞所發生的事件，則是展示了當今中國問題的另一面：日益強大的中國，如何和國內藏族這樣的少數民族，以及西方世界相處？無論是國內的藏族，還是西方世界，都和以漢族爲主體的中國，有著不同的信仰，有另一種價值、制度，而且在某種程度上，都對我們心懷疑懼，存在誤解，甚至會發生衝突。在這樣的情況下，對這樣的和我們存在巨大差異的群體，中國，以及我們每一個中國人，如何對待？這是一個過去沒有遇到過的新問題，我們必須認真面對。

面對這些問題，我在很長時間感到困惑——當然，這也和我的知情權不夠充分有關，我至今也沒有完全弄清楚，西藏到底發生了什麼，火炬傳遞中到底發生了什麼？因為我們的媒體給我提供的資訊是經過篩選的，網上的許多消息，大概也經過作者、編者的篩選。比如，我們的報紙上告訴我們，政府有關部門和達賴的代表進行了會談，我方表明了自己的「嚴正立場」，這一點報上登了許多，我已經知道；據說達賴方面「也表達了他們的看法」，但「他們的看法」是什麼，卻不肯告訴我們，那我又如何作出自己的獨立思考與判斷呢？關於火炬傳遞，西方媒體確實有偏向，只報導「負面反應」；而我們的報導又是另一個極端：只有「正面反應」，這或許就是我在大學裡學新聞學所講的，新聞報導從來就是有傾向性的，西方媒體和中國媒體都一樣，因此，不可能有純客觀的報導。也許是這樣吧，但我這樣的知識分子，卻固執地想同時知道各個方面的意見，因為這是獨立思考、判斷的前提。於是，我也就只有沈默了。但卻不曾停止思考。前幾天，突然從救災中得到啓發，產生了一個思路。因此，也就借這次談救災的機會，也談談我的並沒有充分把握的思考，算是私下交換看法，更是期待質疑：人的思想總是在質疑中逐漸成熟的。

我們已經從救災中獲得了一個理念：「要尊重一切生命」，那麼，是不是應該尊重那些不同於我們的生存狀態的生命，尊重他們和我們不同的價值、信仰呢？我還看到一篇文章：〈用包容凝聚最大的救災力量〉（湖北市民幾又，載2008年5月16日《北京青年報》），並且完全同意他的分析：「因為包容，我們可以爭取更多的力量；因為包容，我們可以最大限度避免無謂的指責與內耗。」同日報紙刊登的另一篇文章也是強調：「社會穩定並不是用權力的高壓形成暫時穩定，而社會和諧也不是不容忍不同聲音的鴉雀無聲。穩定應當理解為公正之下的穩定，而和諧應當理解為動態的和諧」（江西檢察官楊濤：〈爲後方穩定作貢獻也是抗震救災〉)。那麼，我們又應當如何「包容」這些異己的生命呢？

就使我想起在西藏事件中，我所發現的「聲音的缺失」。我們聽到了藏獨的聲音——他們關心的是自己失去了的西藏，未必真正關心西藏普通民眾的生活。我們聽到了西方媒體的聲音——如汪暉的一篇文章裡所說，西方媒體和某些西方知識分子關心的是他們東方主義想像中的西藏：「那些對基督教徒失去了信仰的人，現在轉向了精神性的西藏，但這個西藏更像是時尚」，他們並不真正關心西藏普通老百姓的生命。我們聽到了中國政府的聲音——作爲國家利益的維護者，他們強調國家的統一是有合理性的；但正如網上一篇文章所說，「我們聲稱西藏是中國不可分割的一部分，但卻從未把它當作我們的一部分」(許志遠文)，因此也並不真正關心西藏普通民眾的心靈。我們聽到了自稱西藏代言人的某些官員的聲音——其實他們真正關心的是自己的既得利益。這些聲音充斥一切，我們卻聽不到實實在在地生活在西藏這塊土地上的西藏百姓的聲音，沒有人真正關心他們的生命的真正訴求：他們依然是「沈默的大多數」。

我想要尋找這樣的聲音。後來我遇到了一位年輕的朋友，她在西藏學習藏文化，在事件發生時因爲是漢人曾被毆打，卻又被她的藏族房東救了出來，她這樣的獨特經歷使她有可能更客觀地觀察、感受事件的真實狀況。我問她：她的房東，以及她生活周圍的西藏普通人對事件的看法和態度。她的房東這樣對她說：他不贊成那些暴力的行爲，以及對漢人的排斥，因爲殘殺人的生命，是違反佛法的，漢人也是自己的兄弟姐妹；但他又表示不幸事件的發生，是有理由的，因而有一種理解的同情，因爲自己的心中也蘊藏著也許是漢人很難理解的痛苦和不滿。但是現在這些人觸犯了法律，受到制裁是沒有什麼話可說的，因此就更有一種「有苦難言」的痛苦，所以他們也不願深談，而對事件發生以後，自己的命運，藏族的命運，更有不可預測的茫然。我聽了這話，心裡爲之一顫：當我們理直氣壯地反對藏獨時，是不是應該聽一聽這些普通的藏族同胞，一個個具體的真實的個體生命，他們這些難言的痛苦的傾訴，思考和追問他們何以「不滿」的原因？

房東含蓄地告訴這位年輕的朋友，他們的不滿和痛苦主要有兩個方面。一是以「階級鬥爭爲綱」的1950-60年代，特別是文化大革命期間，所奉行的「極左」的民族政策，對他們的人身的殘害，對宗教和藏文化的破壞，文革結束後，並未徹底清理，所留下的情感、心靈的創傷，至今未癒。——我於是注意到，在這次西藏事件的宣傳、敍述中，我們只談「農奴時代的西藏」和「改革開放的西藏」，卻閉口不談「階級鬥爭爲綱時代的西藏」，這樣的忽略，不正是說明，我們並不關心西藏普通百姓真實的生命感受，我們更不願正視我們曾經給藏族同胞帶來的痛苦：我們真的把他們的生命看作是我們自己生命的一部分了嗎？

談到西藏的改革開放，這些普通藏民也有難言之苦。是的，這些年中央政府和對口支援西藏的地方政府確實對西藏有大量的投資，有許多新的建設，西藏人民的生活也有了一些改善。在有些人看來，西藏老百姓依然不滿，有的還提出脫離中國的要求，就是「恩將仇報」——應該說，這樣的心理，在反藏獨的許多漢人中，是相當普遍的；但這恰恰是應該質疑的，或許正是問題的癥結所在：我們總是以居高臨下的救世主姿態對待西藏老百姓，把他們看作是施恩救助的對象，而從不把他們看作是和我們有著不同的信仰、價值理念，不同的幸福觀的獨立的生命，從不考慮他們的主體地位。而是一廂情願地把我們的現代化模式，主要是工業化的建設模式，權貴資本的市場經濟，移植到西藏，同時也就將弊端移植到了西藏，諸如兩極分化、權力和商業腐敗、生態破壞、拜金主義、競爭中的不平等，等等，於是就出現了「西藏改革開放的真正受益者究竟是誰」的問題，不能成為主要受益者，這大概就是引起西藏底層百姓不滿的主要原因。這些年，我在考察西部落後地區的改革時，就遇到了這樣的問題；在漢族地區，這樣的問題，主要是一個社會問題，但在西藏，就變成了一個民族問題。

還有西藏的文化和宗教精神的破壞問題。從表面上看，我們已經不再做摧毀廟宇，禁止信教的蠢事，但我們卻用經濟的邏輯，用世俗的力量將其消解和變形。汪暉在他的文章裡就談到，「東方主義的幻影並不屬於西方，它如今正在成為我們自己的創造物。中甸現在已經改名為香格里拉，這個生活著包括藏族人民在內的各族人民的地方，被冠以西方人想像的名號，那些從全世界、全中國奔赴藏區的旅遊大軍，那些以迎合西方想像而創造的各種『本土』民族文化」，究竟是保存、保護了，還是扭曲了西藏傳統文化？面對這樣的被空洞化了的，滿足西方人，內地漢人想像的所謂「本土文化」，在那些真懂深愛西藏民族文化的老人、鄉民、信徒、知識分子心裡，會引起什麼反應，我們想過嗎？在前幾年，就有朋友告訴我，一些西藏學者早就心存隱憂：從表面看，我們現在似乎並不反對使用西藏文字，但市場經濟的邏輯卻使得藏族青年更願意學習漢語，以至英語，學了藏語反而不容易找到工作，這實際上就構成了藏語危機和西藏文化危機。

當然，這些都是所謂「現代化」所帶來的問題，比較複雜。問題是我們不願意正視這些問題，甚至用「西藏改革開放的偉大成就」和「反對西藏獨立」來掩蓋這些問題。我們更不願意細心體察這些問題在藏族底層民眾、信徒和知識分子心靈上造成的創傷，孕育的不滿，喚起的疑懼心理。如前所說，這些問題在西部落後地區都有，但在西藏，就可能產生離心力，成爲藏獨的群眾基礎、民族心理和感情的基礎。如果我們真的關心中國的統一，就應該關心「心的統一」，不僅要關心藏民的物質生活，更要體察、尊重他們更爲看重的內心的尊嚴與自由，不要做任何傷害他們心靈的事情。比如，我們明明知道達賴在普通藏民信徒心目中的神聖地位，爲什麼一定要將達賴妖魔化，並且強迫藏民和他劃清界線呢？要知道粗暴所造成的心靈的創傷，是難以癒合的，這種心的分離，是西藏分離的真正危險所在，而且是我們自己造成的。

關鍵還是我們今天這裡討論的「生命共同體」和「尊重生命」的問題：我們是不是真正將西藏的普通民眾的生命看作是「我們」的生命的有機組成，因而他們的痛苦就是我們的痛苦，他們的不滿，要引起我們的深刻反省。我們要樹立真正的生命「平等」的觀念，對和我們有著不同的信仰、價值，不同幸福觀的藏族百姓的生命保持尊重，並且使他們真正成爲西藏改革的主人、受益者，維護他們的「生命主體性」。我們中國有「己所不欲，勿施於人」的傳統，在我的理解裡，它應包含「彼所不欲，勿施於人」的意思。有了尊重，就會有真正的寬容。我們應該給西藏底層普通民眾的個體生命以更多的關愛。——這大概就是我用救災所建立的生命觀來反觀西藏問題，所作的一些思考。

錢理群，北大退休教授，著作包括《與魯迅相遇》、《豐富的痛苦》、《拒絕遺忘》等多本專著或編纂文集。退休後關注語文教育、西部農村教育、現代民間思想史研究。

馬來西亞：

原地主義與華人的「承認之鬥爭」[1]

許德發

前言

馬來西亞人在2007年剛剛慶祝其建國50周年紀念。當紀念日迫近之際，舉國上下包括華人社團組織，也不落人後地加入這個集體大合唱的慶祝行列之中。值得注視的是，華人社會的紀念主題顯得高度一致，即各方不約而同都在強調馬來西亞華人在建國中的貢獻，並宣示效忠。最顯著的例子就是，全國各州中華大會堂在獨立前夕(8月17日)同步舉行國家獨立50周年升旗禮，以「表達對生於斯、長於斯的國土忠心」(見《星洲日報》，2007年8月18日)。實際上，「周年」往往是人們藉以正視歷史的時刻，但是人們如何紀念並不是沒有客觀理由的，也不是不帶任何現實考量的[2]。

1　此文刪節自筆者在吉隆坡「馬來西亞華人的貢獻與國家的進展學術研討會」(華社研究中心、華總主辦，2007年10月6-7日)上所發表論文〈「承認」的鬥爭與華人的政治困擾〉。

2　我們可以觀察到，在這五十周年來臨之際，各方都對「獨立」做出種種各取所需的反思：例如政府把「國慶」紀念系列辦得猶如「國陣」的競選活動，左派中人則突出馬來亞共產黨、馬來左翼阿末波馬華公會婦女組主席黃燕燕醫生最近就獨立慶典說，「每當接近國慶月，社會上就有一些冷言冷語，矛頭指華人不愛國，對國慶慶典冷感，這都不符事實」。她進而強調，大馬華人對建國之路有一定的貢獻，不容質疑，但同時她又「希望華人在大馬獨立50周年慶時，也反省該扮演的角色，確保得到其他民族的肯定。」(《南洋商報》，2007年8月28日)這段話在華社中是頗具代表性的，它說明了華人社會在「效忠宣示」中所面對某些困擾與背景。以當代西方哲學家泰勒的術語來說，華社之「效忠宣示」顯然表明，華人還在追求國家對其貢獻、忠誠之「承認」(recognition)，而且「刻意」的要「確保得到其他民族的肯定」，這也正是泰勒所說的「求取別人承認」。儘管我們也常見馬來人高唱愛國歌曲及揮動國旗，但是他們的「忠誠宣示」似乎比較自然自在得多。這種對比，本身其實已是一個值得我們加以思考的現象了。

實際上，華人社會這種強調自身貢獻與宣示效忠的舉措並非今日始；它一直面對的「不被國家承認」窘境，可上溯至英殖民地時代。在西方學界，少數族群在大社會中的不利處境，業已成為當前政治理論討論的焦點所在(參見金里卡，2005)。本文嘗試從歷史的縱向視角切入，並借用當代學界一些相關的研究論述，尤其是「承認的政治」理論所提供的進路，以解剖華人社會「不被承認/要求承認」之根源，及其所造成的困擾與影響。

馬來原地主義與移民的效忠問題

(續)

斯達曼(Ahmad Boestaman)等社會主義者的貢獻(參見〈別讓國陣獨占獨立榮耀，重寫歷史肯定左翼貢獻〉，2007；〈巫統最遲爭取獨立卻獨摘成果，左翼組首跨族聯盟史實遭掩蓋〉，2007)。

正如前面所提及的，馬來人似乎無需刻意宣示效忠，也無人對之提出質疑，這是因爲他們被普遍視爲——而且也自視及自我宣稱——擁有這片土地的「主權」。有學者即指出，馬來人的「忠誠」比華、印二族更「自然」，非馬來人的忠誠度在許多方面則是「人爲的」(artificial)，而且兩者的「忠誠」存有本質性的差異，即非馬來人的效忠是政治性質的，而馬來人則多了一份文化歸屬感，即忠於歷史存在——固有的社會傳統與制度(Ratnam，1965: 28-30)。因此不難看到，與華人的「宣示效忠」不同，馬來人所反覆強調的則是自身的「土著／土地之子」(son of the soil)地位，並由此得到判斷他人「忠誠度」的道德制高點。然而，從世界與思想史的角度來看，這種宣示其實並不新鮮，它廣泛發生在近代世界各地，其思想源頭來自於近代民族國家觀念的「領地/原地主義」話語(參見霍布斯鮑姆，2000)。

因此，要理解馬來人的原地主義，我們首先有必要追述民族國家與公民權利相互關係的含蘊。自近代民族主義興起之後，在其大纛之大力揮舞下，一個人的身分歸屬往往無不依據其國族身分。個人只有獲得公民身分，才能獲得權利，因此也才能和主權發生關係，才能承載主權。然而，一個人怎樣獲得公民身分？答案是「從原籍地獲得身分」，即一個人只能借助於他的出生，借助於他出生的地點和民族而獲得身分。一言以蔽之，現代的民族主義及其高漲的民族意識，使得國家被迫只有承認「民族的人」(nationals)才是公民，公民權利和政治權利只賦予特定民族共同體的成員。難怪阿倫特就相信「民族國家的衰落和人權的終結」存在著必然的聯繫(阿倫特，1995)。那些沒有國家的人或少數族裔們自己也知道，民族權利的喪失就等於人權的喪失，前者不可避免地包含了後者。由此可見，所謂的天賦人權，一旦離開了一個國家的公民的權利形式之後，就缺乏現實性基礎了——除非它植根於民族共同體——正是這個共同體才能保護其民族同胞的權利。這意味著在一定意義上，國家由法律機器轉化爲民族機器，民族可謂征服了國家。民族國家因此否定人類多樣性，其常態之一爲打造一個「同質性的國家」。它沒有耐心去調適、包容分歧的其他族群文化之差異，而只想以所謂國家的標準改變、整合既有的不同規範。

之所以如此，阿倫特將之歸咎爲民族主義「通過把公民與民族成員混爲一談，把國家視爲民族工具」的做法所導致，因而違反了多樣性的原則。在歷史中，這種尋求一致性的民族國家主義殘害了全球少數、移民族群的文化尊嚴。她認爲，二次世界大戰之間歐洲各國內部「少數民族」備受挫折的命運，便是這樣產生的，它們至多只能安於二等公民的地位，最壞時則被大規模的逐出自己的家園和國家(阿倫特，1995)。簡言之，許多研究現代民族國家的學者已經指出，民族國家建構的常態之一是，對內它走向同質化，對外則具排他性。但更值得本文注意的是，民族主義又往往與土地/領地緊密地相聯繫，許多民族主義者都主張民族有其神聖的土地起源，而這是不可退讓的。這就是爲何領土完整是民族國家神聖不可侵犯的範疇，自古以來即出現了層出不窮的土地爭奪戰。具體至現代「馬來民族」(Bangsa Melayu)概念而言，誠如一些學者指出的，它正是近代民族觀念的產物，尤其受到了西方的殖民知識及種族觀念的影響[3]。有學者認爲，馬來民族是一種「政治性」的概念，是英國殖民時代的產物，最早也只始於1800年代，到1900年代初期才告穩固(詳見Shamsul，2004：135-148；Hirschman，1986： 330-361)。馬來民族主義者基本上也模仿了「原地主義」邏輯操弄，把這個國家的土

3　有關馬來民族主義的近代興起與發展，可詳見著名的Roff，1994。

地本質化爲「Tanah Melayu」(馬來人之土／Malay Land)，即「馬來人的馬來亞」，並以此合理化、鞏固他們在馬來(西)亞不容挑戰之主體位置。根據這個邏輯，馬來亞的土地是馬來人的土地，馬來亞的文化是馬來人的文化。

從1920年代開始，當華人及印度移民人口大量增加之際，馬來人在深切的危機感作用下，開始覺得必須要有組織的力量來捍衛他們的權利(Radin,1960:11-13; Roff, 1994)，有關他們屬於土地之子的論述也開始流行(Siddique and Leo, 1982: 663-664)。第一個馬來人政治組織——SMU(Singapore Malay Union)的尤諾斯(Encik Mohammad Eunos)在立法議會上就曾如此高分貝的喊出：

> 不論馬來人有怎樣的缺點，可是他們沒有共產黨分子，也沒有兩面效忠。不管其他民族如何講到土地的占領，我確切地覺得，政府充分了解到，到底是誰把新加坡割讓給英人，與馬來半島的名稱是根據什麼人而來的。(*Straits Times*, 27 Jan. 1948)

對馬來民族主義者而言，馬來人的效忠與馬來人主權是不可質疑的，而華人則具有兩面效忠。在殖民地時代，華人對國家的效忠被無情的質疑，曾被似是而非的視爲中國潛伏著的第五縱隊，隨時會向馬來人反撲。甚至英國人也如此想，大批左派分子即被驅逐回中國。對馬來民族主義者而言，他們自認在其他族群到來之前已經在此定居，並建構了自身的統治制度。因此，歷史絕不是空白一片的，打從麻六甲王朝時代始，他們就建立了以馬來統治者爲主體的馬來主權國家之延綿系統，而這個歷史事實必須持續下去。他們認爲，其他族群的湧入是殖民地統治的結果，這也扭曲了歷史的自然發展；既然馬來社會建制、傳統是固有的，那麼外來者需要「調適」

自己於固有的馬來歷史境況之中，更甚於要他們(馬來人)放棄某些特殊要求(Ratnam，1965：30)。

在這樣的論述下，馬來人是國家主人(tuan)，往後並逐漸據此建構了一套牢不可破的馬來霸權(ketuanan Melayu)敍述，而其他民族是「客」，都是外來者、非原著民，他們必須融入馬來單一文化之中，不然就請「回歸祖居地」(這正是馬來政客經常提及的)。尤有甚者，當國家獲得獨立之後，經五一三事件後的馬來民族建國主義氣焰高漲時，國家對本國的人民普遍採用了「土著／非土著」(bumiputra/ non-bumiputra)二分法作爲享用、分配國家發展資源和財富的資格確認方式(Siddique and Leo, 1982: 675)，結果除了更進一步固化了馬來原地主義的論述，也激化了華人的困擾與意識危機。依據此「土著／外來者論」，馬來民族在此片土地上理所當然的擁有特權，其他民族則都被鄙視爲外來者，不可享有國民平等的待遇。

同時，問題還有另一面，大英不列顛帝國本身基本上也是一個民族國家，它骨子裏也吃這一套。甚至於將馬來半島本質化爲馬來人之發祥地，即上述的「Tanah Melayu」和「Malay Peninsula」稱謂的出現，亦與英國建構的殖民知識緊密相關，而萊佛士(Stamford Raffles)對「*Malay Annals*」(馬來紀年)之整理及重新命名，被認爲是此一知識的一大源頭(參見Shamsul，2004：144-145)。這就把華印等移民社群置於先天性的身分與權利困境之中。從歷史及法律的觀點來看,英國在馬來亞的政治權力建築於各邦蘇丹的主權上(楊建成，1982：116)。在英國官員的眼中，這片土地的主權原本奪自馬來蘇丹手中,這就形成了他們「馬來亞歸馬來人」的意識形態定見。從1920年代開始，殖民地當局逐步實行「親馬來人」政策。

直到了二戰後，這項保護馬來人的特殊地位的政策一仍即往。

這也就是爲什麼，在馬來亞獨立談判時期，一開始英國政府就認定了馬來人作爲主權歸還的對象。當時的殖民地欽差大臣就曾針對華人公民權利益對陳禎祿說，只要巫統說「Yes」，英國這方面就沒問題。在現代民族主義之原地主義的作用下，作爲移民的馬來西亞華人根本欠缺政治法統與現實實力，因此所謂的「民族解放」，自然不在他們「天賦」的權利之中(許德發，2007：233-46)。在現代國家依據國族身分獲得國籍概念下，既然華印等族被視爲外來者，自然也都沒有與生俱來的「天賦」公民權利，其權利只能是被賦予的——歸化。東姑在獨立前夕曾就公民權事宜明確聲言，英國政府必須把國家主權歸還馬來人，再由馬來人決定是否賦予其他族群公民權。在另一方面，作爲馬來人主權象徵者的馬來統治者，從來不肯承認華人是他們的臣民(subject)，無論華人在此居留的時間有多長。

所謂歸化，涉及了宣誓效忠的問題，這是現代國籍概念的題中之義。故此，在獨立建國的過程中，華人等所謂外來族群之公民權必須是在宣誓效忠之下獲得的。「宣示效忠」註定從一獨立開始就永遠跟隨著華人，甚至直到今天，公民權與效忠仍然是一個常見的公共議題。這與馬來人作爲「蘇丹子民」自動獲得公民權截然不同。實際上，即使華人公民權後來在政治妥協下(以馬來特權作爲交換)稍有放鬆，大部分華人也都獲得公民權，但早期的巫統並不把它等同于「國族地位」。當時的首相東姑阿都拉曼，直到1966年之前從不承認「國族地位」是公民的基礎，而且一直拒絕談及國家的國族稱謂，這是因爲擔心這將爲馬來人及非馬來人之間的平等鋪路(Funston, 1980: 137-138)。由此可見，巫統在公民權課題上雖做出讓步，使得大部分華人獲得公民權，但他們絲毫不放棄「馬來國家」的建國理想：只有馬來人才具國族地位。如此一來，「國家的公民」

與「民族的成員」已經變得不能混爲一談，也就是說，對國家的「效忠」以及對民族的「認同」(identity)，在概念上有相當的差別。當時巫統對此分得很清楚，毫不含糊，他們「給予」華人的是「公民權」(citizenship)，但公民不等同於國族(national)，所以公民之間自是不平等的。在馬來民族對國家建構理想的壟斷之下，馬來西亞先天性的沒有建立普遍公民國家的條件，這也成爲馬華人的基本難題。

基本上，一切親馬來人政策或馬來人特權之制訂的合法性，來源無不自此馬來原地主義話語，並都以此爲前提，這是華人在馬來西亞所面臨的最本質性的凜冽挑戰。華人或印度人都在這套沉重的話語底下，開始了他們不平等的公民身分與效忠困擾。從此以後，華人一方面必須時時刻刻、小心翼翼地對待其與母國(中國)的關係，另一方面也必須時常、大力地宣張自己對馬來西亞的效忠與貢獻，來確保他人認可自己對這片土地具有不可置疑的合理地位，也以此作爲平等權利爭取的理據。

「承認」的匱乏與華人的反表述

學者泰勒在分析加拿大魁北克問題時，曾十分尖銳的指出：「無可爭辯的事實是，今天有日益增多的社會成爲不僅包含一種文化共同體的多元文化社會，這些共同體都要求保存自身的特點……」(Taylor, 1994：64)。泰勒以「承認的政治」爲標榜，其立場大體是指：我們的認同部分是由他人的承認構成的；如果得不到他人的承認，或者只得到他人扭曲的承認，不僅會影響到我們的認同，而且會造成嚴重的傷害。在這個意義上，「社會建立在一種對話關係上，如果一個社會不能公正地對不同群體和個體提供承認，它就構成了一種壓迫形式，把人囚禁在虛假的、被扭曲和被貶損的存在方式之中。」(參見汪暉，2000)。他進而認爲，魁北克問題部分可解釋爲「承認的匱乏」或「承認的扭曲」所造成。因此我們可以這麼說，華人的不斷宣示也可說是一種國家對之承認的匱乏的反應，而不被承認則是一種壓迫。

從歷史角度而言，早在殖民地時代面向馬來原地主義之大論述，以及英殖民政府實際的不平等之親馬來人政策下，華人海峽僑生(Strait Chinese，土生華人)最先理解身分、主權與出生土地的關係，開始爲平等待遇的問題而憂慮。在立法議會裏，其領袖與代表就公然表達爭取平等待遇的決心。1931年2月6日，檳城立法議會代表林清淵在輔友社致詞時即直率的宣示道：

> 誰說這是馬來人的國家？當萊特到此地時，他是否發現到任何馬來甘榜？我們的祖先足履斯土，充當勞工，我們並無匯款回中國去。我們把錢花在這裡，而政府也藉此可以把國家辟為文明之域。我們已是國家的一分子，這是我們的，這裡是我們的國家(*Al-Ikwan*, 16 Feb.1931；引自Radin，1965:13)。

這也許是華人最早的「宣擁馬來亞」(claim Malaya)之呼喊，並自此形成了華人與馬來人永不停息的質疑／反質疑拉鋸戰。可想而知，林清淵此語一出，自然引發馬來社會及其輿論頗大的關注以及「絕對的敵意」(Radin，1965:13)。當時的《馬來教師雜誌》在其社論中就認爲，林清淵的說法是一個絕不能被妥協的假設，並質問道：「若我們馬來人生於上海，是否可以只因爲我們想要權利和特權，而自稱是上海的土地之子？」(*Mujalah Guru*, August 1931；引自Radin，1965:13) 析而言之，林清淵在這裡所揭櫫的論述基礎大體是：此片土地乃「無主之地」(terra nullius或vacant lands)。他嘗試以此對應馬來人的原地論述，並藉此強調華人在開拓和發展此片土地的貢獻。往後數十年來，「宣擁馬來(西)亞」跡近成了華人持久的對「馬來原地主義」的反論述，並內化爲華人心裏的重負與內在意識，即前面所說的，他們必須不間斷地重複吶喊與宣擁，以便應對不時的政治時局需要。

對華人而言，他們的「外來身分」似乎成爲一種原罪，其效忠也成了一項問題，因此強調自身的貢獻與忠誠已經成爲一種必要，而實際上這與他的各項權利包括文化、教育等方面息息相關。這也就是說，移民社會的悲劇在於，他的平等主張似乎是建立在他的效忠及貢獻被承認之上，尤其在獨立建國、立憲前夕，華人必須宣誓自身的效忠及貢獻，彷彿不如此就顯示不出華人應當獲得公民權及平等待遇。在獨立制憲期間，肩負爭取華人公民權利的全國華團工委會所提出的四大要求，即立基於強調自身貢獻和效忠之上，有如一體的兩面。華團宣稱：「吾人之要求，乃極爲合理，亦爲基本之原則，我們願對本邦矢忠不二，老逝於斯。」(《南洋商報》，1957年4月14日)其主席劉伯群在最後關頭也鄭重的言道：

> 首先，本席須重行申述吾人對於本邦獨立全力支持。關於此點華人曾與其他民族並肩作戰，向英政府爭取獨立事實具在。其次，吾人將馬來亞華人之意見及願望宣佈出來，其宗旨係為欲造成一公平之憲法，根據基本人權、不分種族來源及宗教信仰，一本憲章，足以奠定獨立及尊嚴的馬來亞民族之堅固及永久之基礎。(《南洋商報》，1957年8月9日)

頗能代表一般華人社會的註冊華人社團大會，對立憲提出以下的「四大要求」：即(一)凡在本邦出生的男女均成爲當然公民；(二)

外地人在本邦居住滿五年者，得申請爲公民，免受語言考試的限制；(三)凡屬本邦的公民，其權利與義務一律平等及(四)列華印文爲官方語言(全馬華人註冊社團代表大會，1956)。誠如前述，除了公民權稍獲放鬆之外，其他要求都以落空告終。華人社會在獨立憲制博弈中的失敗，尤其他們要求的平等權利之鎩羽而歸，說明了他們無法改變新憲制以馬來民族主義爲基準所確定之新的忠誠關係。然而何謂忠誠關係？在規範意義上，忠誠關係是「一國之國民與主權間臣屬義務與保護權源之描述」(黃居正， 2004：4-5)。在新國家的憲法中，馬來特殊地位被明確的訂立下來，這意味著馬來亞是馬來人土地的論述，成了新興國家的基本倫理，馬來人擁有評判何爲忠誠以及他族是否與國家存在忠誠關係的道德詮釋權，政府更具有主觀決定篩選公民申請者的權利。新憲制規定，欲申請公民權的移民社群即使符合條件，也未必能自動獲得公民權，而是必須由內政部定奪。這曾在獨立前引起華團的反對與爭論。顯然，對巫統而言，在決定忠誠關係上，種族及血統，是獲得公民權或國籍的重要因素，其他種族必須經過某種檢驗。林連玉在獨立後不及四年，於1961年因爭取華文教育而被指不效忠國家，並遭褫奪國籍或公民權就是一例。此個案深切說明，對政府而言，其「效忠」論述的指向包括了不可質疑馬來文化霸權的合理性，而爭取華教可被視爲不效忠這個「馬來」國家。這極具象徵意義的揭示了，華人社會的「效忠」在國家意識形態中的被動性困局。

從更大的意義而言，從上述華人社會在憲制利益博弈中，我們可以說華人社會要求的承認，不僅是一般意義上的「對貢獻、忠誠的承認」，也是嘗試改變既有的、由馬來民族主義確立的「忠誠關係」與定義，所指向的是要求國家對民族、主權、文化等權利的承認。換句話說，他們要求承認他們的貢獻與忠誠，也要求承認他們的平等權利。華人社會認爲，兩者相攸關，因爲正是他們的效忠及地位之不被充分的承認，造成了華人各項平等利益的不被承認。既然華人的權利與效忠、貢獻聯繫在一起，這也就牽動了華人的政治導向，必須強調自身的貢獻，以此正當化自身在馬來亞的政治權利。因此，我們可以概括言之，憲法及政策對上述華人之要求之拒絕，亦可謂之爲對華人社會及其文化等領域的平等要求之「承認的匱乏」或「承認的扭曲」，華人的「承認鬥爭」是失敗的。

在「從原籍地獲得身分」觀念與實際操作之下，華人也深刻理解必須對此解套，而這種重負又必須通過學術與歷史上的書寫及詮釋加以卸除。於是，埋在土地上的華人先驅屍骨，便成爲日後華人「宣擁馬來(西)亞」時，最爲刻骨銘心的歷史憑藉與土地記憶。大者從葉亞來、陳旭年等甲必丹與港主的開闢之功，小者至許許多多無名礦工豬仔披荊斬棘之績，必時時需要被召喚。這些自然是無法否定的史實，但在西方學術界，這並非常態性的議題，許多研究領域不會時常以某族某人之貢獻爲其問題意識，但對華人而言，這卻被問題化爲一個不得不提的恒久議題[4]。1980年代有關葉亞來或阿都拉開闢吉隆坡的爭論，便是歷史與現實政治地位相糾葛的明顯例子。它在華社中激起了一系列有關紀念葉亞來的活動及出版，再一次顯示了華人「宣示貢獻」的困擾。華人深切自認，如果沒有華人在經濟上的貢獻和拼搏，馬來西亞那有今天的繁榮？華人也認爲，他們是馬來西亞歷史、文學、政治、經濟和社會的一部分，理應得

4 因此，有關華人在本國的貢獻之著作汗牛充棟，比如由顏清文等人贊助出版的*The Chinese Malaysian Contribution*（馬來西亞華族的貢獻）(何華芳、陳忠仁及陳如蘭合著，吉隆坡華社研究中心出版，2006)即是其中一個顯例。另外坊間尤其還出現許許多多突出華人開拓之功的地方史論著，惟此處未能盡錄。

到他/她們的那部分話語權利。

與馬來人強調的歷史延續性角度迥然不同，對華人而言，馬來西亞是一個新興國家，是三大族群攜手合作從英國手中爭取、創建而來的。華人最典型的說法就是聲張獨立時期的三大族群合作的事實，以證成自己的建國貢獻。正如馬來西亞國父東姑所說：「沒有華人、印度人的支持，馬來人無法向英國人爭得獨立。因此馬來人應該感激華人、印度人的合作。」(轉引自華社資料研究中心，1987：61)此外，前面已經提過，在面對馬來人所一直強調「土著/原地主義」論述時，華人則提出這裡乃「無主之地」的論述，即指國內三大族群皆是外來移民，當然馬來人也是從外——印尼——移居而來的。在政治上，這種華人社會對馬來原地論述的反論述高潮與張力性事件，終於在1980年代上演了。當時由於巫統黨爭的特殊作用，在1987年的巫統青年團大會上，許多代表紛紛發言指華人爲外來移民，甚至質疑我國華裔公民對國家及元首的效忠誠意。最後雪州馬華公會爲以牙還牙，在大會上通過議案做出反擊，指出三大族群皆從外而來，因此無人能指他人爲外來族群。此舉引起雙方激烈爭論，國內種族緊張氣氛不斷升級，最終成爲震動國內外的大逮捕事件的導因之一[5]。

總而言之，華人不能不繼續「宣擁馬來西亞」、不能不恒久的宣示忠誠，不然其國家主體位置就顯得妾身未明。這顯然是一股互爲糾結、拉扯的政治力量中所產生的華人主體困境。柏林曾指出，許多歐洲猶太人都有一種不安的心靈，懷具一種「非要對寄居國的

---

5 此事件終被提上內閣討論，最後由當時的副首相嘉化出面諭令各方停止爭論，也不准許相互指對方為「外來移民」，此風波才暫告平息。

文化做出什麼貢獻」的刻意心態，然而他卻認爲，這種心態與意識乃是一種扭曲(引自劉小楓，2001)。反觀馬來西亞，華人社會也都普遍存有某種程度的類似不安，即便一些受到禮遇、在各行各業地位甚高者莫不如此。華人必須時時明示自己的效忠與貢獻。這其實是一種扭曲的心態與意識危機，一種「效忠的焦慮」、一種「貢獻的焦慮」。問題是，這樣的不斷宣誓是否就能實際解決華人的焦慮和平等問題，卻仍值得我們沉思。比如前面所提到的*The Chinese Malaysian Contribution*一書出版時(見注四)，該書出版人頗爲用心的請了前首相馬哈迪前來主持推介禮。馬哈迪致詞道，「華人對這個國家的貢獻不可否認，即使面對全部是馬來人的群眾，我也說同樣的話。如果沒有華人的貢獻，這個國家的成就應該會全然不同。」他並指出，他一度對馬來人表示，如果將華人的貢獻從這個國家抽出來，所剩餘的應該不多，而他這番話引起馬來人反感（《南洋商報》，2006年7月26日)。然而，這類來自領導人、在某種場合之確認雖時有所見，但並沒有導向華人所要求的制度化承認，同時它也似乎更是一種對馬來人的激勵之詞。

顯而易見，要從根本上消解與改變華人此種已內化的意識危機和心態，只有徹底改變華人在馬來西亞的生存處境，即改變被捧爲國家哲學的不平等的、「土著=馬來(西)亞」的原地主義民族國家觀，及依據此原則而來的忠誠關係及種族性政策。華人社會在權利危機的促迫下，儘管鍥而不捨的強調普遍人權觀，甚至早在獨立時期即已初步萌生普遍公民意識及認知其意義，但此認知與要求在原地主義者自然、天賦利益之大論述和移民的原罪性底下，變得那麼的「過分」、「無理」及「緣木求魚」。這就是移民及其後代在強調「原地主義」的民族國家建構中的悲劇。

餘論：公民參與及超克「少數民族」心態

馬來西亞雖是一個多元文化社會，但多元文化主義卻從來不是這個國家的實質，因爲各民族和各文化之間實際的權力關係並非平等。在政府的單元化政策諸如國語政策、國家文化之下，馬來文化處於一種霸權的境況，而在此「以小事大」的支配關係下，即使社會在表面上呈現著和諧共存的表像，卻掩飾不了移民少數／被支配族群在心理底層的失落。正如前述，移民後裔、少數民族文化及其他權利一直沒有得到真正的承認。加拿大麥克基爾大學哲學教授杜利認爲，我們一般所談的現代憲政主義過度側重普遍性與一致性，無法面對文化歧異性的事實，結果產生種種不公不義的現象。若公民的文化特性得到承認，並被納入憲政協議中，則依此憲政秩序所建構的現實政治世界便是正義的。反之，若公民的獨特文化遭到排斥，便是不義的(杜利，2001：5-7)。華人要求承認他們的貢獻，進而要求憲法承認他們的平等地位，這其實並非過激的行動。實際上，他們也不是完全否定馬來西亞與馬來人之間存在的歷史淵源，而是認爲歷史淵源不該造成歧視[6]。因此，華人沒有必要接受前馬華總會長拿督斯裏林良實所嘗鼓吹的、著名的「少數民族」心態論——「少數族群必需有少數民族的本分」。一個社會最可怕的、卑微的姿態正是：「自我少數族群化」[7]，這正是華人社會在爭取平等運動中最

6 然而在華人社會的意識中，究竟此歷史淵源應該如何適度的反映於國家機制上才是「可接受」的，則是另一值得研究的主議題。必須另文詳談。

7 這是本論文發表後的一個私下討論中，友人盧日明針對作者論文而提起的概念。這裡加以引用，並向他致謝。

先需要避免的心態。

過去50年來，對獨立後生於斯長於斯的華人新一代而言，他們對國家的認同已毋庸置疑，義務及權利意識更不斷增加，加以獨立後憲法中所確定的政治機會，在在地加強了他們追求承認、追求主體地位的動力。這一方面體現了權利意識的自覺，另一方面又體現了公民意識的萌發。因此，新生代華人一方面除了繼續爭取承認之外，也似乎正以更爲積極的心態去強調和實踐公民參與，而非一直過度陷於「不被承認」的悲情或「追求承認」鬥爭的窠臼之中。借用Spinner的術語來說，華人族群沒有享有一切平等的公民權利，也算是一種「不完整的公民」(partial citizenship)(Spinner 1994: 98)。因此，華人社會長期追求平等、強調公民權利，可說(意識或無意識)是在爭取做一個完整的公民，尤其自1990年代年來，越來越多華青參與跨族群議題爲導向的非政府組織，就是一種公民參與最值得注意的良好發展。這個過程其實可歸屬爲一種嘗試超克民族主義的運動，以建成一個「所有公民的國家」。

所謂「公民國家」，是建立在公民權及所有公民權利平等的基礎之上，不論其原籍、文化背景，充分尊重差異。如果說民族國家是建立在共同族群的基礎之上，權利或特權只授予主體民族成員，那麼公民國家則以公民權創造了一種新的認同，一種與族屬意識、族籍身分相分離的政治認同，同時提供一種新的政治聯繫，一種比種族關係更爲廣泛的聯繫。因此，它提供了將種族上的親族認同與和國家相聯繫的政治認同相分離的方法，一種把政治認同從親屬關係轉向政治地域關係的途徑(菲利克斯格羅斯，2003：32-37)。這確實是多元文化的一把保護傘。在此情境下，移民或少數族群既可繼續在他們的社會中生活，保持各自的文化聯繫，而在同時，作爲國家公民，又尋獲共同的認同及建立起一種新的政治聯繫。

然而，誠如阿倫特在《極權主義的起源》中所強調的，那些被剝奪了公民和政治權利的人們，並不能以自然權利或人生而平等來保護自己。他們要爲自己的自然權利辯護，首先需要有爲自然權利辯護的權利，而只有在承認公民平等的公共領域，才有可能提出公民權利問題(阿倫特，1995)。換句話說，爭取建構一個開放的公共輿論空間，而這個空間並不禁止人們討論諸如馬來特權、回教地位等所謂敏感的議題，才是解構馬來民族原地主義及其壓迫話語的當務之急。

參考書目：

阿倫特著、林驤華譯，《極權主義的起源》(台北：時報出版公司，1995)。

埃里克・霍布斯鮑姆著、李金梅譯，《民族與民族主義》(上海：人民出版社，2000)。

〈別讓國陣獨占獨立榮耀重寫歷史肯定左翼貢獻〉，《獨立評論線上》，2007年8月30日(http://www.merdekareview.com/ news.php?r=16)。

杜利著、黃俊龍譯，《陌生的多樣性：歧異時代的憲政主義》(台北：聯經出版公司，2001)。

菲利克斯格羅斯著，王建娥、魏強譯，《公民與國家——民族、部族和族屬身分》(北京：新華出版社，2003)。

華社資料研究中心(編著)，《馬來西亞種族兩極化之根源》(吉隆坡：華社資料研究中心，1987)。

黃居正，〈國籍與效忠——從意識到規範的探索〉，臺灣國際研究學會主辦「了解當代加拿大政治學術研討會」，台大法學院，200411月6日。

江宜樺，〈評介《陌生的多樣性》〉，《二十一世紀》網路版，2004

年1月號，總第22期。

金里卡著、鄧紅風譯，《少數的權利：民族主義、多元文化主義和公民》（上海：譯文出版社，2005，英文2001年版）。

劉小楓，〈刺蝟的溫順〉，《書屋》，2001年第2期，總第40期。

《南洋商報》，1957年4月14日。

《南洋商報》，1957年8月9日。

《南洋商報》，2006年7月26日。

《南洋商報》，2007年8月28日。

全馬華人註冊社團代表大會，《全馬華人註冊社團代表大會致李特限制委員會備忘錄》，1956年8月。

汪暉，〈承認的政治、萬民法與自由主義的困境〉，《死火重溫》（北京：人民文學出版社，2000）。

〈巫統最遲爭取獨立卻獨摘成果，左翼組首跨族聯盟史實遭掩蓋〉，《當今大馬》（Malaysiakini），2007年8月30日。

《星洲日報》，2007年8月18日。

許德發，〈華人、建國與解放：馬來西亞獨立50周年的再思考〉，《思想》第6期（台北：聯經出版公司，2007年7月），頁233-246。

楊建成，《馬來西亞華人的困境——西馬來西亞華巫政治關係之探討(1957-1978)》（台北：文史哲出版社，1982）。

John Funston 1980. *Malay Politics in Malaysia—A Study of UMNO and PAS* (Singapore: Heinemann Education Book Ltd).

Hirschman, Charles 1986. The Making of Race in Colonial Malaya: Political Economy and Racial Ideology, *Sociological Forum*, Vol. 1, No. 2. (Spring): 330-361.

Radin Soenarno 1960. Malay Nationalism, 1896-1941. in *Journal of Southeast Asian History*, I (March).

Ratnam, K. J. 1965. *Communalism and the Political Process in Malaya* (Kuala Lumpur: University of Malaya Press).

Roff, William 1994. *The Origins of Malay Nationalism* (Kuala Lumpur: Oxford University Press).

Shamsul, A.B.2004. A History of an Identity, an Identity of a History: The Idea and Practice of 'Malayness' in Malaysia Reconsidered, In Timothy P. Barnard(ed), *Contesting Malayness: Malay Identity across Boundaries* (Singapore: Singapore University Press), pp.135-148.

Siddique, Sharon and Leo Suryadinata 1982. Bumiputra and Pribumi: Economic Nationalism (Indiginism) in Malaysia and Indonesia, in *Pacific Affairs*, Vol. 54, No. 4.(Winter, 1981- 1982) : 662-687.

Spinner, Jeff, 1994. *The Boundaries of Citizenship* (Baltimore: The Johns Hopkins University Press).

Taylor, Charles 1994. The Politics of Recognition, *Multiculturalism: Examining the Politics of Recognition*, edited and introduced by Amy Gutmann(Princeton, N.J.: Princeton University Press).

The Straits Times, 27 Jan. 1948.

許德發，新加坡國立大學中文系博士，馬來西亞華社研究中心研究員。研究興趣為中國近代思想史及馬來西亞華人研究等。

時代的考驗：
回顧與評論索忍尼辛[1]

陳相因

索忍尼辛一生的歷史，就是一部與極權主義永無休止地纏鬥的歷史。[2]

——戈魯伯科夫(1998)

著名俄羅斯作家[3]索忍尼辛於2008年8月3日深夜病逝，享年89歲。儘管這一消息在各國大報刊、網路平台與新聞媒體皆見刊載，但針對這一則新聞的處理方式與相關消息的連結兩方面來看，卻或多或少可以再現目前這位作家在不同國度的際遇、評價與地位。處

1 Александр Исаевич Солженицын，台灣譯作亞歷山大・伊薩耶維奇・索忍尼辛，中國大陸採用俄語發音，將其姓氏直譯為索爾仁尼琴，港澳普遍譯為索贊尼辛。本文採台灣翻譯。

2 Голубков М. М., А. И. Солженицын//История русской литературы XX века (20－90-е годы), под. ред. С. И. Кормилов.-М.: МГУ, 1998.-С.420.

3 索忍尼辛不論是在散文作品或是公開演講中，曾多次提到西方輕率地把「俄羅斯人」與「蘇聯」等名詞概念混為一談，這一點他不僅無法贊同，更覺心痛。關於索氏不認為自己是「蘇聯作家」的諸多意見，可參見《索忍尼辛與自由中國》(台北：中央日報出版部，1982)一書多處。

理索忍尼辛的訃文時，曾爲共黨國家的俄羅斯，以及不知道現在還算不算是個「典型」共黨國家的中國大陸，兩國各大媒體幾乎是口徑一致哀悼著「民族良心」、「俄羅斯良心」，或是「象徵良知、自由與偉大」的逝去[4]。霎時之間，這些過去在蘇聯時期打擊索忍尼辛不遺餘力的蘇俄與中國官方報紙與新聞機構，像是《莫斯科共青團報》、《共青團真理報》，或是中國的《人民日報》與新華社等等，頓成了吹捧索氏生平功績的最得力的媒體。而俄羅斯前總統與現總理(或者說現任地下總統來得更恰當)普京公開弔唁索忍尼辛，稱索氏的逝世乃是「對俄羅斯沉重的打擊」，並在其遺體旁獻上一束紅色玫瑰，在中俄兩國媒體報導裡，這些鏡頭與新聞則是與索忍尼辛逝世消息相關連結比例最高的一則。轉眼之間，過去曾爲KGB要員的普京，原屬於加害索忍尼辛的一方，卻搖身變成頌揚他爲聖徒的推手。最有趣的是，在1970與1980年代曾經大力推崇這位蘇聯制度反對者的英、美、法等「西方國家代表」，以及當時自稱爲「自由中國」的台灣，媒體輿論對於索忍尼辛逝世的新聞處理，反倒不像這些後(僞)共黨政權一樣地熱烈熱衷。甚至還有一些英美文評家一改過去對索氏作品的頌揚欣賞，直陳它們不但體現了「社會主義現實主義」的風格，更承繼了托爾斯泰好爲人師的嘮叨色彩[5]。雖不

4 關於俄羅斯主流平面媒體的報導，可參酌《莫斯科共青團報》http://www.mk.ru/blogs/MK/2008/08/04/society/364898/《共青團真理報》http://kp.ru/daily/24141/359490/等。中國方面，可參照中國官方網路媒體像是新華網 http://big5.xinhuanet.com/gate/big5/news.xinhuanet.com/world/2008-08/08/content_9051370.htm，《人民日報》http://www.022net.com/2008/8-5/442057152963066.html與中俄官方合作的網路新聞媒體的報導 http://big5.rusnews.cn/xinwentoushi/20080804/42221360.html等。

5 關於這些英美主流媒體報導與文學評論，可參見下列幾個網頁：

索忍尼辛

過二三十年光景，人、事、物的劇烈變換，如果缺乏歷史的回顧和跨國時空政治與文化背景的了解，不明就裡的人們或許要問，這到底是演哪一齣鬧劇？

不管是在西方還是在東方(姑且先不爭論20世紀的蘇聯究竟應該歸屬於哪一方)，不同時空或任何背景出身的人文學科評論者，時至今日都鮮少懷疑過索忍尼辛在他所處那個「殘酷時代」的境遇裡所展現的堅韌與勇氣。索忍尼辛生於1918年，正值俄國大革命結束後第一年，是所謂的「生長在紅旗下」的新生代。巧合的是，他的

(續)

http://news.bbc.co.uk/chinese/trad/hi/newsid_3370000/newsid_3372300/3372331.stm

http://entertainment.timesonline.co.uk/tol/arts_and_entertainment/books/article4460110.ece

http://www.prospect-magazine.co.uk/pdfarticle.php?id=10319

生日與他生平最恨的史達林是同一天，是12月11日而不是坊間一些讀物所列的11月12日[6]。尚未出生就失去父親的索忍尼辛，在少年時代時是一位愛國主義者與民族主義者。隨著蘇聯解體後釋出越來越多的資料顯示，索忍尼辛青年時期的實際生活，與台灣從1950至1980年代多數關於這位作家的讀物中所刻畫的「反共義士」，是有一段距離的。索氏在少年時就加入了共青團，早已是共產黨員，而不是像那些著作所云，是被逼著加入共產黨而不願就範[7]。

從1924年至1941年索忍尼辛一直住在頓河上的城市羅斯特夫，進入當地大學的物理數學系就讀。1941年10月8日索忍尼辛應徵入伍，1942年末從軍官學校畢業後上了前線戰場，隨軍隊直攻至東普魯士，因戰功而獲二級與紅星勳章。這一段生活經驗，有一部分寫入了他發表的一首1376行的史詩，中譯《普魯士之夜》[8]。若以俄羅斯傳統黃金與白銀時期各家詩學的審美角度來評論，我認爲《普魯士之夜》是一部失敗之作。這部作品在主旨、意象、想像、結構、用字遣詞等方面，不但無法繼承上述兩時期傳統文藝的優渥遺產，而且再現更多的反而是史達林主義下社會主義現實主義文藝作品的文風限制與想像貧瘠，陳腔濫調，了無新意，無法開創新局，所以值不值傳世，大有問題。

儘管如此，戰爭的多方面殘酷景象與人員的犧牲，使年輕的上

6 這些讀物像是《索忍尼辛與自由中國》，見註3，或是劉孚坤與吳瓊恩合編的《索忍尼辛的震撼》(台北：先知出版社，1976)等書，都弄錯了索忍尼辛的出生月日。

7 這些著作除了上註的兩本書之外，還包括了王少陵等著的《勇者的證言：索忍尼辛的哈佛演說及反應》(台北：中央日報出版社，1978)，以及吳豐山等編著的《索忍尼辛及其訪華始末》(台北：自立晚報社，1982)等書，都誤以為索忍尼辛不是共產黨員。

8 索忍尼辛著，李魁賢譯，《普魯士之夜》(台北：桂冠出版社，2000)。

尉索忍尼辛開始懷疑共產主義的教育，並在與朋友尼古拉·維特克維奇的通信中批評列寧與史達林，因而鋃鐺入獄，在未經審判的方式下被送往集中營接受八年勞改。他的處女作中篇小說〈伊凡·傑尼索維奇的一天〉(1962)，還有《古拉格群島》(1973-1980)的第一部分，就是根據作者自己這段真實經驗，描寫史達林時代勞改營受刑者的生活。八年的勞改生活裡，前五年是在莫斯科郊區與莫斯科的勞改營中度過，最後三年則是流放至中亞地區。最初四年在「泥(俄文縮寫НИИ的音譯)」這座勞改營中的生活，如同他在《第一圈》(1968-1978)裡所描繪的，是處於「黑手黨的棍棒之下」[9]。

索忍尼辛回憶，1953年3月傳來了獨裁者史達林的死訊之後不久，他的生活情況則正巧是「惡性腫瘤猛然侵襲他的生命，得知的同時醫生也宣布他的生命已不超過三個星期」[10]。後來，癌症卻奇蹟似地被治癒了，索忍尼辛自己認為，「這是上帝的神蹟」，他因此相信是時候執筆寫作，方能從上帝手中得到延緩死亡的證明[11]。作家這種個人瀕死的可怕經驗，思考生與死的哲學，在索氏的短篇小說〈右手〉與中篇小說《癌症病房》(1963-1966)裡多有著墨。1956年2月蘇聯共黨召開第20次代表大會，會中赫魯雪夫秘密地批判史達林，也因為政治風向已有轉變，1957年索忍尼辛服刑期滿而獲得釋放，恢復名譽。索忍尼辛便定居於伏拉基米爾鄉村地區，並在當地中學任教數理課程，這段生活印象的敘述則成了作品〈瑪特遼娜之家〉(1963)的主要基調。

1962年全蘇聯作家協會機關雜誌《新世界》的總編輯特瓦爾朵

9 Васильев В. Е. А. И. Солженицын // Русская литература XX века, под. ред. Т. Н. Нагайцевой. –СПб: Нева, 1998.- С. 395.

10 Там же.

11 Там же.

夫斯基收到索忍尼辛的稿件，也就是著名的中篇小說〈伊凡・傑尼索維奇的一天〉。經特瓦爾朵夫斯基的幫忙與內部傳遞，當時蘇聯領導赫魯雪夫才有機會閱讀了索忍尼辛的手稿。赫魯雪夫讀畢後對此中篇小說大表激賞，也正因如此，這篇作品方有可能發表問世，並刊載於《新世界》第11月號。該期一出，蘇聯國內外爲之震動，索忍尼辛也因爲這篇中篇小說揚名國內國際，而辭去中學教師的職位，加入全蘇聯作家協會，專心寫作。

1964年末，隨著赫魯雪夫的失勢，蘇聯政壇保守勢力重新崛起。索忍尼辛當時仍在撰寫一些批判史達林時代的作品，如《第一圈》，稿本橫遭沒收。接下來的幾年內，幾部作品雖然零零碎碎仍在《新世界》期刊發表，但是長篇小說《癌症病房》第一、二部分完成後，就算經全作家協會莫斯科分會向各報章雜誌推薦出版，卻均遭拒絕，最後僅能自費經由地下出版。多數台灣研究者與讀者較少注意到，索忍尼辛在申請《癌症病房》出版的過程中，其實一直抱持著與蘇聯官方協商以求出版的許可，所以才會在1967年5月22日全蘇聯作家協會第四次大會開會前遞送公開信，要求當局廢除書報審查制度，並呼籲政府給遭受中傷與迫害之作家提供抗辯的權利。然而，這樣的一封公開信，最終卻成爲西方國家在冷戰時期裡用來做爲反蘇宣傳之工具。索忍尼辛的這些遭遇與另一位獲諾貝爾文學獎的俄國作家巴斯特納克相似，但兩人的個性截然不同(當然所處的時空環境也不同，前者面對的是布里茲涅夫，後者面對的是史達林)，致使兩位作家在個人命運與創作藝術的道路上更顯迥異。不像後者一樣對官方俯首，對於反蘇宣傳一事，索忍尼辛悍然拒絕表明態度。隔年，《癌症病房》竟在法國與義大利報章雜誌上刊登連載，儘管索忍尼辛去函抗議西方未經作者同意，逕行出版其作品，但是這些跡象卻更讓蘇聯官方堅信，索氏用的是一面與之協商、一面唱反調的兩面手法，進而將他從蘇聯作協除名。

1970年索忍尼辛獲諾貝爾獎之後，遭受到來自蘇聯內部更爲惡毒的誣陷。之後不久，他的作品《古拉格群島》在國外出版，內容強烈譴責蘇聯政權和共產黨，索忍尼辛也因此被強行驅逐出境。直至此時，索氏與共產黨之間的關係才清清楚楚地切割開來。在歐洲短暫的漂泊與美國的定居歲月裡，索忍尼辛曾多次公開發表反對共產主義的激烈言論。在冷戰的歲月裡，這些論述使得西方國家與「自由中國」爲索忍尼辛在諾貝爾桂冠之外，更掛上了一塊「反共義士」的金字招牌。

值得注意的是，根據過去冷戰時期鮮明的是與非、善與惡、個人與集體、自由與極權的二元邏輯推論，一位「反共義士」自然地就被假定爲「自由之師」的圭臬。可是這樣的二元對立結論，在冷戰後期與後冷戰時期，卻被多元化的可能性給推翻。定居於美國佛蒙特州的索忍尼辛在言論自由保障下，除了公開抨擊共產黨的惡質之外，也將隆隆砲火對準美國墮落的民主自由與懶惰的物質生活。針對索忍尼辛的嚴厲指責，英美輿論界有了愕然和嘩然的兩種不同反應。冷戰後期與結束後，英美一些記者對於索忍尼辛長期在美國生活，卻沒有出版過一部令人激賞的作品，難免一陣嘲笑與奚落[12]。

根據索忍尼辛的個人境遇、全部作品、公開言論和台、中、英、美與蘇(俄)的報導評論來看，我認爲索忍尼辛所要的自由，絕對不是西方所謂的民主制度自由，而是沙俄制度下「俄羅斯東正教式」的自由。當代儒學大師牟宗三在冷戰後期的一次演講中曾經提及，

---

12 Richard Pipes, "Solzhenitsyn's Troubled Prophetic Mission," *The Moscow Times*, 7 August 2008,http://pda.moscowtimes.ru/article.php?aid=186820

「索忍尼辛既不要蘇聯那一套，也不要英美這一套的自由」。牟先生認爲索忍尼辛對於近代西方文化發展史沒有相應的了解，確爲灼見[13]。然而，牟先生並沒有理解索氏想走的第三條路，那條路絕不是牟先生所建議的古中國的，而是沙皇時代「俄羅斯東正教」的自制與謙卑。在講詞裡牟先生除了逕自開展自以爲應該要走的第三種選擇——中國古代道德與自由，更進一步地駁斥了索忍尼辛對於「共產主義也是人本主義一支」的說法。我認爲牟先生對於近現代俄羅斯與蘇聯的文化發展，還有索忍尼辛本人及其作品，套用他批評索忍尼辛的講詞，「實在沒有相應的了解」。索忍尼辛根本不在乎自己對於西方文化是否了解，他所關心的從來就是西方社會中嚴重的精神危機現象，以及如何雷厲風行地解決現階段問題的手段方式。這位作家主張的自由一直以來都不是「絕對的」、「全然的」與「個人的」自由，而是「有限制的」集體自由與「自發自制」的個人自由。重要的是，在這些自由的範疇裡能夠產生和諧的集體勞動與相互理解。由此方可清楚地理解，索忍尼辛爲何會發文稱讚蔣經國主政下的「自由中國」與頌揚日本式的「自我抑制」與「相互理解」[14]。然而，索忍尼辛關於蔣經國的「自由」中國與日本社會的這些言論，在時代的變遷下，是否能夠禁得起考驗，是值得我們思索的。除此之外，這位作家對於一心改善西方社會精神危機的主張與欲望，也同時體現自己的個性，如一些俄國評論者所云，索忍尼辛個性裡追求完美主義的傾向是永無止境的[15]。這種追求完美，還有無時不刻

13 牟宗三，《從索忍尼辛批評美國說起》（台北：聯經出版社，1979），頁11-15。

14 參見索忍尼辛，〈給自由中國〉與〈現代日本的選擇〉兩文，收錄於《索忍尼辛與自由中國》，見註3，頁11-28。

15 符．維．阿格諾索夫主編，凌建侯等譯，《20世紀俄羅斯文學史》

小心翼翼的態度，可以從他在1982年10月16日至26日在台灣訪問的過程與記錄中找到佐證。針對這一個性，索忍尼辛也開玩笑地指出自己是個「吹毛求疵」的人[16]。

索忍尼辛的「俄羅斯東正教」自制，不論是在冷戰時期或是冷戰剛結束的時期，較不能爲世人所理解。主要的一個原因是，在蘇聯與西方的社會裡找不到一個符合索忍尼辛的理想，而且十分具體的典型。但是，在1994年索忍尼辛回歸祖國俄羅斯後，特別是2000年後普京執政8年期間，這位作家曾多次地公開褒獎這位前KGB要員的總統，並頌揚他爲「俄羅斯靈魂的拯救者」和「東正教的擁護者」。索氏還辯稱普京維護國家安全，必要地限制一些向西方搖尾乞憐的個人主義者的人身自由，是完全正確且符合他意的。[17]如果在這些專訪裡，索忍尼辛的論述是真實可信的，那麼普京執政下的新俄羅斯社會，也就符合了索忍尼辛過去一直追求的俄羅斯式自由。儘管如此，這種說法卻不由得使人聯想，前幾天北京奧委會發言人王偉在回應西方媒體對於北京民眾申請示威的案件全被撤回時，所發表的言論：「西方不了解中國的國情，中國民主有中國自己的民主方式」[18]。兩相對照，難免讓人覺得有異曲同工之「妙」。這些後冷戰時期的歷史事實與發展，卻不得不使我們警覺、回顧、

(續)

(北京：中國人民大學出版社，2001)，頁510。

16 吳福成專訪，〈訪王兆徽教授談索忍尼辛〉，收錄於《索忍尼辛及其訪華始末》，見註7，頁109-110。

17 參見索忍尼辛的幾篇俄文報紙專訪，網頁如下：http://www.viperson.ru/prnt.php?prnt=1&ID=256960 與 http://www.kp. ru/daily/23942/70820/print/

18 見2008年8月18日國際奧委會北京奧組委例行新聞發佈會：http://www.beijing2008.cn/live/pressconference/pool/mpc/n214557736_1.shtml

重新探索與評論索忍尼辛。

假設1953年史達林沒有被貝利亞毒死，或是按蘇共說法是腦溢血過世，我相信索忍尼辛這個名字或許就在歷史中消失。索忍尼辛的為人與作品藝術風格都不像巴斯特納克一樣柔軟、細膩、多象徵而隱晦，可以在極權主義最盛時期仍找到一絲夾縫，有獨特自創的為藝術而藝術的生存之道。更重要的是，也因為這兩者截然不同的為人與作品風格，在時代的變遷下，索忍尼辛的率直文風是否能如巴斯特納克的柔細彌新一般，禁得起考驗？索忍尼辛在蘇聯文壇崛起，一部分拜赫魯雪夫為瓦解史達林主義的政治時勢所賜。在蘇聯文壇被除名而消失，也有部分原因來自赫魯雪夫的失勢。得到諾貝爾文學獎時正是他在蘇聯文藝界被迫害地最為嚴重的時刻，難免招來不少英美文評家批評，索氏作品能得獎原因大部分來自政治因素。

一些英美學者曾私底下對筆者開玩笑地說，在冷戰時期裡很多英美作家其實都很羨慕蘇聯作家，因為只要敢在蘇聯體制下以死反抗到底的作家，就有機會戴上諾貝爾的桂冠青史留名。姑不論這些玩笑反映了多少事實，擺在眼前的是，索忍尼辛一旦離開了俄羅斯這塊大地，離開了他筆下殘忍而冷酷無情的國度，他在美國賴之維生的創作確實不若以往犀利且撼動人心。1994年回歸俄羅斯後，他所發表的這些支持普京的言論與即將出版的全套作品，都留待歷史的證實與時代的考驗，索忍尼辛究竟是老眼昏花還是慧眼獨具，恐怕不是一蓋棺就能立即論定。

陳相因，中央研究院中國文哲所助研究員。專攻中俄比較文學、中國現當代文學與20世紀俄國文學。出版論文包括20世紀中俄文學比較、中俄女性作品的性別意識與國家認同等主題。

思想訪談

哈金(攝影／單德興)

辭海中的好兵：
哈金訪談錄

單德興主訪
2008年4月電子郵件訪談

前言

哈金(1956-)本名金雪飛，出生於中國遼寧省。年少時加入人民解放軍，退伍後先在佳木斯鐵路公司工作3年，後來考上黑龍江大學，被指派為英語系主修生，並於1984年取得山東大學英美文學碩士學位。1985年赴美留學，1992年取得美國布蘭戴斯大學博士學位。1989年天安門事件之後，決定留在美國，並選擇以英文從事文學創作。目前任教於美國波士頓大學。

哈金著有三本詩集：《沉默之間》(*Between Silences: A Voice from China*, 1990)、《面對陰影》(*Facing Shadows*, 1996)、《殘骸》(*Wreckage*, 2001)。除了寫詩之外，他更以小說聞名，相繼出版短篇小說集《好兵》(*Ocean of Words: Army Stories*, 1996 [中譯2003年出版])、《光天化日》(*Under the Red Flag*, 1997 [中譯2001年出版])、《新郎》(*The Bridegroom*, 2000 [中譯2001年出版])，長篇小說《池塘》(*In the Pond*, 1998 [中譯2002年出版])、《等待》(*Waiting*, 1999 [中譯2000年出版])、《瘋狂》(*The Crazed*, 2002 [中譯2004年出版])、

《戰廢品》(*War Trash*, 2004 [中譯2005年出版])，均以中國為題材。2007年底出版的《自由生活》(*A Free Life* [中譯2008年出版])為首度取材自美國經驗的長篇小說。其小說創作接連獲得美國筆會／海明威獎(PEN/Hemingway Award)、歐康納短篇小說獎(Flannery O'Connor Award for Short Fiction)、亞美文學獎(the Asian American Literary Award)、美國筆會／福克納獎(PEN/Faulkner Award)和美國國家書獎(National Book Award)等。以非母語書寫而贏得如此多美國文學界的重要獎項，誠為一大異數，作品中譯出版的數量在美國華人作家中無疑也名列前茅。反諷的是，在中國大陸除了《等待》之外，其他作品全都被禁。換言之，哈金可說是美國華人中得獎最多、中譯最多、但也是被禁最多的作家。

2001年《新郎》中譯本於台灣出版時，哈金來台訪問，我與他初次見面。2007年12月兩人於美國哈佛大學舉行的華文與離散文學國際研討會再次相遇，並參與中國文化研討會第22屆年會座談(主題為「全球語境下的華文文學」)，3天之中過從甚密，深感其人之誠懇、真摯，以及對文學的投入。當時由於時間倉促，無法充分交換意見，但徵得同意進行書面訪談。返台之後，我進一步蒐集、研讀他的多部作品和相關資料，於今年4月擬出多道問題，尤其是針對一般人所不熟悉的詩作和出版不久的《自由生活》，10天內接到他的回答，無一遺漏。因為他在電腦上只能閱讀卻無法書寫中文，所以訪談以英文進行，全稿由筆者中譯之後，再經哈金本人確認。訪談之名「辭海中的好兵」衍生自其短篇小說集*Ocean of Words*的中英文名稱，以此向多年投入文學創作的作家致敬。

訪談錄

單德興(以下簡稱「單」)：你的祖先來自中國山東，但你卻在東北的遼寧省出生、長大，能不能談談你的家庭背景？它怎麼影響你個人，以及身爲作家的你？

哈金(以下簡稱「哈」)：我的父親是位軍官，我們在中國東北多次遷徙，因此我並沒有家鄉的感覺。這使得我比較不懷鄉，不執著於任何地方。

單：你的中文本名「雪飛」相當具有詩意，是從何而來？

哈：我出生時剛好大雪紛飛，深達數尺，所以父母親就爲我取了那個名字。

單：你是什麼時候開始用「哈金」這個筆名的？爲什麼？你是先有中文筆名還是英文筆名？你現在的中文筆名以「哈」爲姓是不是個誤稱？

哈：我第一首英文詩〈烈士的話〉("The Dead Soldier's Talk")被葛雷西(Jonathan Galassi)選上刊登於《巴黎評論》。起先是我老師比達特(Frank Bidart)在電話中把整首詩唸給他聽的，因此並沒有附上名字。後來，比達特問我刊登時要用什麼名字，因爲那首詩帶點政治性，而且我不願讓人知道我在寫作，所以我就說：「用『哈金』怎麼樣？」他說：「聽來不錯，滿簡明的。」這就是那個名字的由來。「哈」是取自「哈爾濱」這個城市的第一個字，我是在哈爾濱上大學的。「金」是我的姓。我當時還沒用中文發表過作品，因此我的中文筆名是從英文筆名翻譯過來的。

單：你未滿14歲就決定加入人民解放軍，保衛中國不讓俄國入侵。當時的歷史背景如何？你何時開始質疑這種愛國心，看到其中可能存在的懦弱，就像你在〈承諾〉（"Promise"）這首詩中所表達的？

哈：就某方面而言，我從軍是出於恐懼。有一次我父親的同事告訴我，俄國人如何準備隨時大舉進攻中國——他畫了一張地圖，把所有部署在蒙古的俄國飛彈基地和機械化步兵師都用鉛筆圈出來。我當時了解一旦戰爭爆發，很可能會動用核子武器。所以我想寧願戰死在前線，也好過在家裡遇害。當然，當時我只是個年輕男孩，對戰爭多少感到害怕，尤其擔心可能被俘。對中國人來說，戰俘就像準罪犯一樣。那種恐懼反映在〈承諾〉這首詩中。

單：能不能談談你到美國之前的生活，包括你的教育背景？

哈：我在軍隊服役五年後退伍，希望能上大學。當時由於文化大革命，大學都還是關閉的。我在佳木斯鐵路公司工作了3年，1977年大學終於開放，我參加入學考試，考上了黑龍江大學，被指派爲英語系主修生。拿到學士學位後，又考上山東大學英美文學研究所，在1984年拿到美國文學碩士學位。

單：你在大學和研究所階段接觸到哪些外國文學？那和當時的文化、知識、政治氛圍有何關係？

哈：大學前兩年主要是學英文，我們用一些簡化版的書當閱讀教材，像是狄更斯和傑克・倫敦的小說，許多教材中也包括一些俄國作品，因爲那些刪節本原先是俄國人編的。到了1980年代初，美國文學突然變得很流行，教授們開始談論海明威、福克納、艾略特、龐德。因爲他們無法接觸到那些書，所以主要是重述一些中文期刊上的評論文章的看法。後來我當研究生時，美籍教授讓我們讀原文書，像是福克納、歐康納、費茲傑羅。

單：你是什麼時候決定到布蘭戴斯大學攻讀博士學位的？爲什麼？你的博士論文爲何選擇以龐德、艾略特、奧登、葉慈爲對象？那對你的寫作有何影響？

哈金(右)與主訪者於哈佛大學合影。

哈：我的教授斯貝德(Beatrice Spade)向我介紹布蘭戴斯大學，說那是一所好學校。我也申請了其他大學，但只有布蘭戴斯大學給我獎學金。我初到美國時，計畫回我山東大學原先從事的工作，研究美國文學，尤其是美國詩。當時我認定自己會研究現代詩。由於我的博士論文題目，我接受了葛羅思曼(Allen Grossman)和比達特兩位教授的指導，他們也都鼓勵我寫詩。其實，我跟比達特有過幾年的工作夥伴關係，那使得我的寫作更加洗練。我們每星期在劍橋的一間咖啡館見面，修改我的詩。我從未參加過詩歌寫作班，但我的第一份教書工作卻是教詩歌創作，因此跟比達特研討的經驗變成我授課的唯一資源。

單：你是什麼時候在波士頓大學修創作課的？為什麼？那個課程讓你印象最深刻的是什麼？能不能談談你和老師、同學之間的一些互動(比方說，普立茲獎得主拉希莉〔Jhumpa Lahiri〕就是你的同學)？

哈：1990年波士頓大學寫作班主任艾普斯坦(Leslie Epstein)讓我旁聽他的課。《好兵》這本書中大部分的故事都是那一年在他的寫作班上寫的。1992年，我拿到布蘭戴斯大學博士學位之後，找不到工作，艾普斯坦讓我在波士頓大學註冊，成爲正規的研究生。那年班上有拉希莉、戴維斯(Peter Ho Davis)、克里馬舍威斯基(Marshall Klimasewiski)和其他一些更有潛力的作家。拉希莉在班上很文靜，但我們都相信她會是個傑出的短篇小說家。當時我的處境有些尷尬，因爲我寫的那些小說——後來大都收入《光天化日》——對我的同學來講有些陌生，他們有時候不曉得該如何閱讀，而拉希莉是少數能夠了解這些故事的人，我們到現在都一直是朋友。

單：你最先是以詩人身分在艾莫里大學(Emory College)任教。你是打敗了兩百多位競爭者而得到那份工作的，有何感受？後來爲什麼離開那所大學？

哈：我很訝異艾莫里大學會給我那份工作。我猜想是在面談時沒犯任何錯。而且我有博士學位，這是很多爭取那份工作的詩人所沒有的。更重要的是，我有很強的推薦函。艾莫里大學環境很好，我在那裡工作愉快。後來，我兒子上東北大學，所以我們就搬家了。

單：目前你在波士頓大學教文藝創作。在美國這類課程的特色如何？你是如何教這種課程的？如何協助學生改進他們的作品？

哈：寫作班無法幫人成爲作家，但至少能加速學習那個技藝的過程。就我所知，從寫作班畢業的人很少後悔拿那個學位的。它至少讓人成爲更好的作家。近年來，我主要是教中篇小說寫作。在一學期的課程裡，無法教如何寫長篇小說，因此就把中篇小說當成一個過渡的形式。我們從觀念開始，然後是大綱，再來是初稿。到了學期終了，大多數學生都能寫出相當不錯的中篇小說。

單：教學，尤其是教文藝創作，跟你自己的寫作有何關係？

哈：它花費我同樣的精力和時間，因此並不全是正面的。但是文學作家應該有固定的收入，好讓他能經得起市場上的失敗。我逐漸習慣於教書，經常樂在其中，尤其是當我看到學生進步的時候。我也熱愛教文學，重讀好書每回都感覺獲得滋養。

單：1996年你以《好兵》獲得人生第一個主要文學獎項，美國筆會／海明威獎，那對你意義如何？後來其他的獎項又如何？

哈：除了幫我通過艾莫里大學第四年的評鑑之外，並沒有太大的意義。文學獎多多少少是意外，這跟哪些人當評審、哪些人在同一年出書有關。我們真的不該太看重文學獎。一本書自有它的活力，如果寫得好，自然經得起任何考驗。

單：聽說你也是海外華人寫作協會波士頓分會的一員，那是什麼時候的事？當時的海外華人寫作情況如何？現在又如何？

哈：我不曉得它是以波士頓爲根據地。我跟那個學會並沒有關係，很可能因爲我在南方孤獨地過了9年。

單：你是什麼時候決定以英文、而不是以母語中文寫作的？爲什麼？遭遇到哪些困難？如何克服？你經常引康拉德和納博可夫（Vladimir Nabokov）爲例，在這方面他們如何成爲你的典範？

哈：在天安門慘案之後，我就決定移民。經過一年考慮才決定以英文寫作。最大的難題在於不確定，不曉得自己能不能挨得過，或者能有多少發展。但是我已經習慣於那個不確定，可以把它當成一種工作狀態。

康拉德和納博可夫爲許多以英文寫作的非本地作家打開了一條路，他們爲後來的人建立了一個傳統，因此我的努力不是前無古人。全取決於我配不配得上那個傳統，我是否有足夠的幸運、勇氣和能力。

單：如果你以英文寫作是出於必要，那看起來似乎也是一種「奢侈」（“luxury”）或「奢華」（“extravagance”）。以你的情況而言，你對這種「必要的奢華」或「奢華的必要」有什麼看法？

哈：我根本就不覺得「奢侈」或「奢華」。對我來講，寫作就是受苦，從中爲自己的存在尋找意義。我從未鼓勵任何人以英文寫作，如果那不是他的第一語言的話。作家應該以他的第一語言寫作。所有跟我合作過的中譯者都知道，如果我在自己的母語花上與英文同樣的工夫和精力的話，我會是更好的中文作家。我能體會爲什麼納博可夫會說以英文寫作是他的「個人悲劇」。

單：2007年12月在哈佛大學舉辦的華文文學會議的中文座談會中，你勸人要以母語寫作？面對主要是中文的聽眾，你爲什麼會如此忠告？（事實上，你在〈致阿曙〉〔“To Ah Shu”〕一詩中也表達了同樣的觀念。）

哈：以另一個語文寫作不只是多寫幾本書而已，而是應該在語言中找到定位，並想像自己能爲所借用的語言帶進什麼。這種作家必須花上比母語多十倍的精力和時間來完成一部作品。那是高行健說的，我相信此言不虛。此外，一個人要有足夠的毅力才能夠忍受所有的挫折和孤獨。把這些加總起來，以一個借用的語言來寫文學作品是非常非常困難的。

單：如果你重新開始寫作生涯，會以中文還是英文寫作？爲什麼？

哈：我會以中文寫作，但是如果要誠實地寫作，又要保持作品的完整，在中國大陸是不可能的。假若不必擔心自己的生計，也許我寧願住在中國之外的某個地方從事中文寫作。簡單來說，我使用母語會覺得自在得多。

單：你的詩集在小說集之前出版，你是先試著寫詩的嗎？

哈：是的，我開始時是個詩人。如果以中文寫作的話，我可能只寫詩。

單：你的第一本詩集《沉默之間：一個來自中國的聲音》被列入霍伯格(Robert von Hallberg)為芝加哥大學出版社主編的鳳凰詩人系列。另外兩本詩集《面對陰影》和《殘骸》也都由紐約的Hanging Loose出版社出版。為什麼這些詩集由它們出版？能不能談談美國出版詩集的一般情況？

哈：第一本詩集是夏畢洛(Alan Shapiro)接受出版的，他當時是鳳凰系列的編輯，布蘭戴斯大學的訪問詩人。我不曉得詩集由芝加哥大學出版社出版的意義，因為我當時計畫回中國。跟美國詩人不一樣的是，我並沒有打書，因此那本書賣得並不好。我把第二本詩稿送給同一家出版社時，由於第一本詩集銷售不佳，所以就被退稿。我把詩稿幾乎送遍全美國所有出版詩的出版社，幸運的是Hanging Loose出版社接受了，自那之後就由他們出版我的詩集。以往詩集很難出版，不過我注意到現在有更多家小型出版社專門出版詩集。美國詩人悉阿迪(John Ciardi)曾說，如果一個寫作班每10年能有一位畢業生出一本詩集的話(不是自費出版)，那個寫作班就成功了。

但也有一些成名的詩人能固定出版詩集，而且有著傑出的生涯。大多數的美國詩人都在教書。教書對詩人來說是個好行業。

單：你第一本詩集的前言是以魯迅的一段引文開始的：「沉默呵，沉默呵！不在沉默中爆發，就在沉默中滅亡。」整本詩集的第一首以沉默結束，而最後一首說：「由於我的詩努力要打破／阻斷人民聲音的牆／它們就成為鑽子和鎚子。」你認不認為自己的作品，尤其是第一本詩集，就集體而言是努力要打破加諸在中國受壓迫人民身上的沉默，以及就個人而言是打破加諸在你自己作為一個剛出道的非美國詩人身上的沉默？

哈：當時，我相信自己是爲被欺壓的中國人講話的中國詩人。我當時很天真，但卻有著一己真誠的方式。

單：能不能說說《沉默之間》這本詩集的特色，像是其中的自傳成分，戲劇性獨白，以及第二人稱的方式？

哈：我現在感覺距離那本書好遙遠。當時我正在寫一篇討論英國玄學派詩人赫柏特(George Herbert, 1593-1633)的論文。那個階段的我反對詩裡的抒情性，相信那使得當代中國詩虛弱無力。這也部分解釋了爲什麼我會使用那麼多的戲劇性獨白。至於第二人稱，那是我所要保留的抒情性。當一首詩中有個聆聽者在場，讀者自動被排除在詩的語言之外，只能在無意中聽到。這是抒情詩的基本聲音結構。

單：你的英文詩集*Between Silences*有兩種中譯名，一個就是你在《好兵》中譯本的序所用的「沉默之間」，另一個就是其他人所用的「於無聲處」。哪一個比較接近你詩集的原意？

哈：我比較喜歡前一個，第二個有太多魯迅的回音了。

單：爲什麼你把自己的第二本詩集《面對陰影》獻給自己的老師葛羅思曼和比達特？你從他們特別學到了些什麼？

哈：我從葛羅思曼學到欣賞詩中知性的努力和研究。他是我在布蘭戴斯大學的教授，也是一位成名的詩人。我從比達特學到技藝——如何完成一首詩。他除了是很有創意的詩人之外，也以美國技藝最佳的詩人之一而聞名。

單：《面對陰影》主要轉向在美國居住的中國大陸人。你會如何把那本詩集當作對漂泊離散的華人的一種表達？

哈：那些詩寫於混亂和挫折的時期。那些感覺並不限於我自己。在天安門悲劇之後，許多大陸人覺得失落。就某個方式而言，那本書標示了我開始在美國尋找自己的方向。

單：你在詩中處理的題材有不少也出現在小說中，比方說，《沉默之間》裡的一些中國題材出現在有關中國的小說中，而《面對陰影》裡的一些詩，像是〈小孩的天性〉("A Child's Nature")這首詩所處理的題材，也出現在長篇小說《自由生活》中。你怎麼決定哪些題材應該用詩或小說來處理？不同的文類如何影響你處理相同的題材？

哈：在完成第一本詩集《沉默之間》之後，我知道還有一些題材沒有處理，而如果把它們放進小說的話會更有效。我開始閱讀巴貝爾[1]，學習如何寫有關中國軍隊的故事。那也就是爲什麼《沉默之間》裡的詩和《好兵》裡的故事有些在主題上相似之處。至於〈小孩的天性〉裡的那個情節非常貼近我的心，所以我在長篇小說《自由生活》中就又用上了。要說的是，有些來自中國大陸的人也有相似的經驗。最近有一對住在密西根州大湍流市的夫妻告訴我，他們到洛杉磯去接五歲大的兒子，就經歷了同樣的事。

單：《面對陰影》中有幾首詩是寫當時所發生的天安門慘案和後續的發展。你是怎麼想到要以詩來處理那個悲劇？

哈：我寫了很多有關那個悲劇的後續，只用上了其中一部分。那是個痛苦的經驗——雖然我們並未在北京親身體驗，但它改變了許多在美國的中國人的生活。它依然令我傷痛，因爲它形塑了我的命運。我當時想要用詩來保存那些記憶、感情以及個人的觀點。

單：《面對陰影》中出現了許多的「夢」和「陰影」，包括你對美國夢的不滿，後來《自由生活》也處理這個主題。你如何選擇

1 巴貝爾(Isaac Babel, 1894-1941)，猶太裔俄國短篇小說家，以寫戰爭小說和關於敖德薩(Odessa)的故事著稱。

哈金，《自由生活》書影。

面對這些夢和陰影？

哈：在這裡陰影意味著黑暗。在天安門慘案之後，我經常作惡夢，那些夢的場景大多在中國。漸漸地我體認到自己不可能回去，而開始接受自己作為一個移民的事實。至於美國夢，我對大眾版本的美國夢並不滿意，因為有些移民並不只是為了一間房子和兩部車

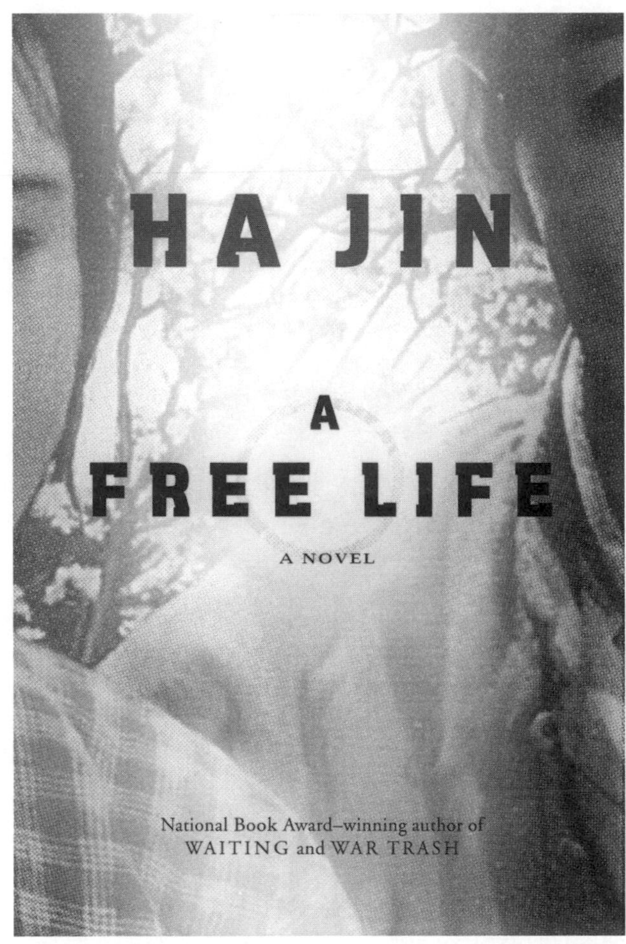

《自由生活》英文版書影。

子才來到這個國家的。我對美國夢的了解中總帶有一些形而上的成分，認爲其中應該有一些精神的成分。

單：在〈致阿曙〉這首詩中，你提到在聽了米洛舒、布洛茨基、史耐德、布萊[2]朗誦詩之後覺得幻滅，「寧願待在家裡，讀契訶夫」。而〈我歌頌一塊古老的土地〉(“I Sing of an Old Land”)讓我聯想到惠特曼。你最喜愛的作家有哪些？你從他們學到什麼？

哈：那首詩中的人物並不是我，所以他對他所提到的那些作家感到失望並不是我的失望。就我個人來講，我崇拜契訶夫，他就像是聖人一樣。我也喜愛托爾斯泰、杜斯妥也夫斯基、果戈里。

單：在《殘骸》的扉頁題辭中，你引用了美國詩人瑞奇(Adrienne Rich)的詩句：「我來探索殘骸。／文字是目的。／文字是地圖。」而這本詩集完全是處理中國歷史，尤其是它黑暗的一面，大體按照年代順序排列。在詩集之末的註釋中，你列出了提供這些歷史材料的書目。爲什麼你決定在第三本詩集中探索中國歷史的殘骸？這本詩集中的文字如何成爲你的「目的」和「地圖」？

哈：雖然這些詩是有關中國歷史，就個人而言有需要來爲我對中國的看法定位。換句話說，我有某種心理上的需要來藉著描寫中國的過去使我自己與它分離。來自瑞奇的引文是要指出，整個計畫是要藉著文字所提供的指引來探究歷史的黑暗面。

單：在你有關中國歷史的詩作中，有時加上自己的創作。比方說，在〈羊犬之間〉(“Between a Lamb and a Dog”)中，你改寫了中國著名的「指鹿爲馬」的故事。能不能談談原作與你詩作之間的關係？

哈：有時候我以一個片語、成語或插曲開始，但我不能只是跟

2 米洛舒(Czesiaw Milosz, 1911-2004)，波蘭流亡美國詩人，1980年諾貝爾文學獎得主；布洛茨基(Joseph Brodsky, 1940-1996)，俄籍猶太裔流亡美國詩人，1987年諾貝爾文學獎得主；史耐德(Gary Snyder, 1930-)，20世紀美國詩人、「垮掉的一代」代表人物之一；布萊(Robert Bly, 1926-)，美國當代著名詩人。

隨歷史，而必須從那邊起跳。那也就是爲什麼我加上個人的理解和感受來寫詩。詩不會是無關任何事物的。在中國詩的傳統中，我們強調詩不能無事而爲，而要像白居易所主張的「爲事而作」。我從歷史中得到「事」。

單：你有時在詩中提到李白和杜甫。這些古代中國詩人對你有何意義？

哈：我喜愛李白和杜甫。我年輕時背了許多他們的詩。那是一種自我教育，相當程度形塑了我的文學感性。

單：一般說來英文讀者對你的詩的反應如何？

哈：我的詩得到一些好評，但讀者所認識的我主要是小說家。我有一些詩被收入選集中，偶爾我會遇到喜歡我的詩的人。

單：你的詩有沒有翻譯成中文？中文讀者有沒有給你任何回饋？

哈：香港詩人黃燦然譯了我5、6首詩，此外幾乎沒有什麼被譯成中文，因此我沒得到任何回饋。

單：你上一本詩集出版至今已經7年了，你計畫何時出版下一本詩集？由誰出版？

哈：我在《自由生活》那部小說的末尾加了一個小詩集。寫那些詩花了我很多氣力，目前我對下一本詩集沒有計畫。

單：當你寫小說時，是從故事、角色還是主題開始？

哈：大部分是從故事開始。

單：你有許多故事是根據真人實事。你如何把這些納入你的藝術作品，尤其是像《戰廢品》中的韓戰或《瘋狂》中的天安門慘案那種巨大的人類悲劇？

哈：我所描寫的角色都是個人，大多是平凡的小人物，把他們置於某些歷史事件中，看他們如何在那個情境反應。角色必須在紙上活過來，那比任何事都困難。至於事件則是作爲脈絡。

單：《戰廢品》獻給你的父親「一個韓戰老兵」。在故事之後，你條列了二十多本提供你有關事件和細節的書目。你怎麼把個人的家庭史和集體的歷史結合在一起？

哈：我的父親雖然打過韓戰，但幾乎從未跟我談過。他的部隊被聯合國軍隊包圍了9個月，但終於尋隙脫困，返回中國防線。我在中國軍隊服役，待在延邊[3] 的一個朝鮮村落。那個經驗讓我對當地的風土民情有了第一手知識——他們的習俗、生活和文化。以回憶錄的形式呈現的《戰廢品》，用意是要成爲個人的故事，當然，一旦那個故事被以真實的方式呈現，就開始發出了集體的共鳴。

單：你有些故事非常陰鬱，有些故事則帶有喜劇的筆觸。你曾說過，寫喜劇比寫悲劇困難，能不能以自己的作品爲例加以說明？

哈：有意義的喜劇能讓人發笑，同時能讓人思索，甚至覺得不安。要在悲劇的情境中找到一些好笑的成分，有賴於更成熟的心靈。我第一本長篇小說《池塘》在本質上是悲劇長篇小說，但呈現的方式卻是喜劇，有些人甚至說它是鬧劇。其實那是一部有關精神受到禁錮的嚴肅作品。

單：你也提過寫短篇小說很難，甚至像魯迅這樣偉大的中國作家，他的名聲是建立在幾篇短篇小說之上。自己的短篇小說中你最喜歡哪一篇？爲什麼？

哈：《光天化日》中的〈復活〉(“Resurrection”)。那個故事把魯迅的〈阿Q正傳〉所建立的傳統推到極致。

單：在你所創造的角色中，最喜歡哪一個？爲什麼？

---

3 「延邊」得名於1920年的延吉邊務公署，地處中國、俄羅斯和朝鮮三國交界。1952年設立延邊朝鮮族自治州，是中國朝鮮族的主要聚居地。

哈：《自由生活》中的萍萍。她可愛，有活力，又堅強。

單：你的小說在美國贏得許多著名的文學獎。對於第一代的華美人士來說，這種成就甚至連大多數的美國作家都難望其項背。《自由生活》裡的一個角色說主角想要成爲作家，實在是野心太大，因爲他想在一代之間取得三代才能達到的成就。能不能談談你在寫作上的努力，與我們分享一些經驗？

哈：每部長篇小說至少經過30遍修訂才完成。就短篇小說來說，修改的次數更多。單單《自由生活》的校樣我就改了6遍。那也就是爲什麼我不鼓勵人以外文來寫作，因爲其中多半就看你有多堅忍。

單：「華人的漂泊離散」(“Chinese diaspora”)一詞在《自由生活》中出現了幾遍，你除了處理這個之外，也有一章寫到達賴喇嘛遭到一些中國的民族主義者挑戰。看來你在這章中所呈現的多少預示了目前正在發生的情況。

哈：我的確相信達賴喇嘛是個愛好和平的人。我跟一些中國學生在亞特蘭大見過他。他明白地說自己從未尋求西藏獨立。中國政府應該把握機會與他對話，誰知道他圓寂之後會發生什麼事？可以確定的是，年輕一代的西藏人會更具侵略性，中國政府跟他們打交道會困難得多。

單：你的書有許多人寫書評，而且這些年來你在美國各地巡迴打書。美國一般的書評家和聽眾的回應如何？

哈：情況因書而異。我得說，大體上人們喜歡我的書。但我並不是一個暢銷作家，而是文學作家，因此我的書都不是暢銷書。

單：《等待》是你第一本翻譯成中文的小說，2000年在台灣出版，與在美國出版、得獎只相差一年，並引進了一系列你作品的中譯。這本書的翻譯和出版的經過如何？

哈：其實，如果我沒記錯的話，時報出版社甚至在英文版推出之前就買到了中文版版權。我跟時報出版社的合作經驗很愉快。每譯一本書總是有時限，因此我無法自己譯，通常是找我朋友翻譯。他們譯出一些章節後就寄給我過目，作些修正和建議，然後寄還給譯者。到目前爲止都是這樣。

單：我對你中譯本的序和跋特別感興趣。像是在《好兵》、《光天化日》、《新郎》的前言和《瘋狂》的跋裡，你都透露了一些內心深處的看法和感受，而這些是英文版本中所沒有的。比方說，你在《光天化日》中譯本前言明確指出，這本短篇小說集在結構上深受喬伊斯的《都柏林人》和安德生的《俄亥俄州溫涅斯堡》(*Winesburg, Ohio*)的影響，而你所寫的「不只是地方，也是一個時代」，而且「整本書構成一部地方誌式的道德史」。能不能多談談這兩本書的影響？另一方面，你寫《光天化日》又如何幫助你回過頭來了解喬伊斯和安德生？

哈：首先，在那個傳統中，作家在開始寫每一個故事時，都要把它當成整本書的一部分來寫。這些故事最終將會彼此支撐、強化，每個故事都爲其他的故事提供脈絡。其次，有關那個地方和人們最後的呈現雖說應該是選擇性的，卻必須給一個整體的印象。最重要的是，每個故事必須能獨立。到目前爲止，我都在這個傳統下寫作。我的新書《抵達的消息》(*News of Arrival*)的設計也相似，雖說故事全都以紐約的法拉盛爲背景。我欣賞《都柏林人》傑出的藝術性，尤其是其中的詩質和文字的能量。相形之下，《俄亥俄州溫涅斯堡》的故事水準就有點參差不齊，即使如此，每個故事都能使彼此更具意義、更具趣味。

單：能不能談談你對中文讀者的期待？2001年9月《新郎》中譯本出版時你曾訪問台灣。你對台灣讀者的期盼和實際的感受之間，有沒有什麼落差？

哈：我從來不對讀者有任何期盼，但是台灣讀者把我的書當成嚴肅的文學，讓我很感動，那是我沒有預料到的。

單：身爲作家，你認爲台灣、中國和美國的知識氛圍如何？

哈：世界愈變愈小，美國依然有民主政治和知識自由的基礎結構。我只在台灣短暫停留，雖然日後也一直留意相關的消息。台灣具有民主的體制，享有意見和資訊交流的自由。相對地，中國大陸的藝術自由依然有限，而這種限制妨礙了在那裡的大多數中國作家。

單：以你自己的經驗，會如何從文學生產的角度來評量台灣在華文世界的角色？就文化、知識和政治氛圍而言，台灣有哪些優勢？

哈：台灣具有言論和出版自由，那是中國大陸有些欠缺的。而且我發覺有些台灣人對這個廣闊世界的文化和生活見多識廣。換句話說，在文化上，台灣比大陸更能與世界打成一片。當我們討論藝術時，只有個別的才華才算數，而才華幾乎是偶然的機遇，因此我們不能把那跟一個團體扯在一塊。然而，台灣確實擁有能滋長藝術和知識交流的環境。

單：你對台灣當代作家和大陸當代作家的一般印象如何？他們跟英美作家一般說來有何不同？

哈：台灣作家似乎在中文的駕馭能力上更有技巧、更精緻，而大陸作家似乎更有野心、更大膽。中國作家努力要創造一些作品能夠配合逐漸增長的國勢，但那需要時間和才華。才華是個人的事，和一個國家的發展完全無關。假如一個國家在一代中剛好有些文學人才或一、兩個天才出現的話，那純粹是運氣。至於英文作家中，美國作家依然獨領風騷，也有一些印度背景的作家，那是一群很有實力的作家，寫出了許多重要的作品。

單：除了《自由生活》之外，你所有的小說主要處理的都是中國題材，從中俄衝突到文化大革命、韓戰、天安門慘案，尤其是中國那塊土地的黑暗面。我們可以明顯看出你試著要打破沉默，爲中國大陸那些不爲人聞問的人民找到聲音，充當喉舌。由於你以英文寫作，對象是英文讀者，如何在自己的再現中避免東方化(orientalizing)或自我東方化的危險？

哈：我從來就沒有意識到讀者，雖然我的確意識到英文讀者的接受度。我開始寫書時，會有一些文學的典範、偉大的傑作作爲我的標準。當然我無法達到那麼高的境界，但那可以避免我的水準低落。

單：身爲作家，你嘗試坦然面對你的題材。但沒有人逃得過政治，尤其是在中國大陸。那也就是爲什麼有些人把你的故事當成政治的、國家的寓言。你對這種讀法的反應如何？

哈：我無法使他們改變心意，尤其是因爲在中國大陸讀不到我的小說。時間會解決這個問題，並給予一個公平的答案。我的工作就只是好好寫作。

單：《自由生活》是你第一部有關華裔美國人，或者說在美國的漂泊離散的華人，的長篇小說，似乎比你其他的作品都更帶有自傳性，尤其是主角武男和他的家人。你花了多少時間完成這本大書？你會如何將這部長篇小說和其他像湯亭亭、譚恩美這些華裔美國作家的作品比較？

哈：1992年，我看到麻州華森市一家中國小餐館的老闆自費出版了一本詩集，那時起我就開始構思。那個人是剛從香港過來的移民。我在2000年開始寫那部長篇小說，幾乎花了7年的時間才完成。它是從第一代移民的觀點來寫的，這是和湯亭亭、譚恩美的作品主要不同的地方。在每個美國家庭中，在某個時間點，都有某人有像武男那樣的經驗，被這塊廣大的土地所震撼而充滿敬畏。

單：《自由生活》特別的地方在於，書的結尾附上了武男的詩集來補充前面的敘事。你想達到什麼樣的效果？這種安排和你在書中提到的《齊瓦哥醫生》有沒有任何關係？

哈：我就知道那些詩會讓人聯想到《齊瓦哥醫生》，但我不能便宜行事，必須要顯示武男是有才華的，而且他的才華因爲移民的過程而遭受阻礙與挫折。是的，故事結尾時他得到了某種精神的提升，而這只能在他的藝術中表現，那也就是爲什麼我必須加上那些詩。

單：你的作品深深根植於中國大陸和那裡的人民。我自己也從事翻譯，知道台灣譯者很難完全掌握你的文字韻味。那也說明了爲什麼你的中譯者原先都來自中國大陸。你的第一個中譯者是金亮，他是怎麼成爲你的譯者的？

哈：金亮之前從未翻譯過任何東西。他有一次訪問我，然後寫了一篇文章討論《等待》。他文字的節奏和力量讓我印象深刻，因此我就打電話給他，問他能不能翻譯那部長篇小說。後來他太太生病了，就沒辦法繼續翻譯。

單：你提到《光天化日》的譯者王瑞芸具有「準確生動的譯筆」，而金亮看得出是「帶著歡娛之情來譯這些故事的。他的健壯、活潑的譯筆重現了一個熱鬧的世界」。你自己也涉入他們的翻譯。你涉入的程度如何？如果我們接受班雅明的說法，認爲翻譯是原作的「來生」的話，那麼在透過不同譯者的努力以及你的介入之後，你的故事擁有什麼樣不同的來生？

哈：我們總是在期限的壓力下工作，幾乎無法享受那樣的來生。我的工作就是要確認不會有什麼東西偏離原文太遠。有時候，我也加一些字或改變一些表達方式，來確保中文的真實準確。

單：《好兵》是由你和太太卞麗莎合譯的，出版在金亮和王瑞芸的譯本之後，而接下來的兩本書又是由其他人翻譯。翻譯自己的作品享有更多的權威，至少理論上如此。但在你自譯本的序言中，對自己的翻譯也不甚滿意。你以英文和中文表達時有什麼不同或困難？

哈：因爲時間有限，我們無法在每個細節上都精雕細琢。有時候我的英文帶有一點嬉戲的成分，但那很難完全翻譯出來。簡單地說，中譯本無法像原文那樣精雕細琢。

單：我們都參加了去年12月的華文文學研討會。你會怎麼樣來定義華文文學？你會把中國大陸的文學作品納入於華文文學或排除在外？華文文學是不是有個中心？你會不會把自己作品的中譯當成華文文學？

哈：我並不是這方面的專家，但我覺得我們應該使那個類別盡可能的寬廣，有足夠的空間納入那些不在預期中的作品。所有以中文寫作的文學，以及處理中國經驗、具有深度和複雜性的作品，不管是以什麼語言寫作，也都應該包括在內。如果那類文學有個中心的話，那應該是在我們能找到大多數的重要作品的地方。

單：黎錦揚在以英文寫作了幾十年之後，藉著英漢字典的幫助寫了一本中文短篇小說集《旗袍姑娘》(1996)，並在台灣出版。你有沒有任何計畫直接以母語寫作？

哈：沒有，我必須集中全力以英文存活。生命太短暫了，我無法變來變去，雖然說我覺得使用中文比用英文更自在。

單：你有多少作品翻譯成其他的語言？在不同的語言和文化脈絡之下被接受的程度如何？

哈：大約翻譯成30種語言，我沒去查，也許超過30種，因爲雖然有些書還沒以那個語言出版，但已有些個別的作品刊登在文學雜誌上。我相信我的作品在德國的接受度最好，也許因爲它們比較沉鬱、嚴肅。我的作品在一些拉丁美洲國家也滿受歡迎的。

單：你要如何比較自己的作品在英文世界和中文世界被接受的情況？

哈：我認爲漂泊離散的人喜歡我的書，雖然有些大陸人對它們有些疑慮，因爲我的書在那裡買不到。至於英文世界中，有些讀者不放過我任何一部作品，但我依然處在將要成爲某種特別作家的過程——每本書都是一次出發。

單：如果說高行健的作品沒有在台灣出版，他會不會獲得諾貝爾文學獎恐怕還在未定之天，這種說法應該距離事實不遠。但他的一些書在中國大陸依然被禁。你的書中有些題材滿敏感的，你有多少書在大陸被禁？你對那種檢查制度有何評論？

哈：除了《等待》之外，我所有的書都被禁，這使得我不願意回大陸訪問。那裡的人對我的寫作沒有通盤的認識。此外，一些所謂的文學學者，在當局的鼓勵下對我的作品發表一些負面的看法。我覺得自己被錯誤呈現，但通常我不太去留意他們。我必須集中於我真正的戰場——英文世界。

單：自從你1985年離開中國大陸之後，有沒有回去過？短期內有沒有回去的計畫？如果回去的話，你最想做什麼？

哈：我還沒回去過。2004年，我向一所重點大學申請工作，但沒有回音。我猜想我被列爲不受歡迎人物。我會很想獨自或和一、兩個朋友到中國旅行，凡事都不公開，但看來似乎不大可能。

單：能不能談談你作爲詩人和小說家的角色？

哈：詩有很多是倚賴衝動和運氣，而小說則是可以孜孜不倦地構思，然後把它寫出來。寫散文讓我覺得更像作家，因爲我能每天寫，詩則必須等待它突然湧現。

單：你如何維持這麼高的生產力？有沒有什麼特殊的工作習慣？

哈：我教書時就無法寫任何新東西，因此暑假和寒假對我特別重要。我在暑假和寒假寫稿，然後在學期中就能編輯和修訂。

單：你曾把寫作描述成一種勞動，而且強調耐性的重要。能不能請你多加闡述？

哈：這對小說來講尤其如此——你在小說上花愈多的時間，它就會變得愈好。長遠的耐性會使結果截然不同，而這經常是作家能力的考驗。

單：你強調好故事很重要，你要如何定義好故事？

哈：好故事裡面需要有豐富的生命，能夠引發生命本質的感受。它會打動人，讓人思考生命。理想地說，在讀過一篇好故事之後，有些讀者可能覺得他們的生命豐富了些許。

單：太太麗莎和兒子文是你作品的第一位讀者。你大部分的作品都獻給太太，《池塘》則獻給兒子。他們提供了哪些協助？

哈：金文從前讀我的書，現在因爲研究所的課業繁重而不讀了。麗莎的英文還沒好到能評論語言，但她能告訴我一個故事是否真實。如果她不喜歡什麼的話一定實話實說。大多數時候她都是對的。

單：到目前爲止你已經出版了11本書，而且得到了許多大獎，回顧你的人生和作家生涯，你會怎麼歸類或分期？

哈：我一直覺得，好像背後有一股比自己更大的力量，推著我完成這些作品。我的老師們對我的信心一向大於我對自己的信心。那也就是爲什麼我不勸人以借用的語言來寫作的另一個原因，他們不一定像我這麼幸運，有這麼棒的老師。

單：你目前的寫作計畫如何？你下一本書的性質如何(即將由芝加哥大學出版社出版)？

哈：芝加哥大學的《移民作家》(*The Writer as Migrant*)一書將於今年秋天出版，那是我兩年前在萊斯大學發表的3篇演講。目前我正在寫一本短篇小說集《抵達的消息》，主要是關於中國移民經驗，背景全都是紐約的法拉盛。

單：你會如何來自我定位——第一代以英文創作的華裔美國作家，有連字號的華美作家，海外華人作家，流亡的中國作家，華人漂泊離散的作家，移民作家，或只是作家？

哈：華裔美國作家(a Chinese American writer)。當然，在我這種情境下的作家可以有好幾頂帽子，我也不介意多戴幾頂。

單：你讓我聯想到薩依德對作家和知識分子的看法：具有批判意識，語言能力，而且有勇氣對權勢說真話。你對自己身爲作家和知識分子的角色有何看法？

哈：我必須說真話，必須對抗遺忘，必須關注那些比較不幸以及一無所有的人。我必須嘗試超越任何國家。

單：身爲在美國得到多項文學大獎的得主，你對未來的作家有什麼忠告？

哈：寫作時要有眼界(vision)，要嘔心瀝血地寫。

單：在華文文學會議中，你也提到技巧雖然重要，但是「眼界」更重要，爲什麼？

哈：眼界來自於作家的雄心。技巧可以教，但是眼界很難教。一旦作家的眼界寬廣，他會願意吃苦，不計一切來完成自己的藝術。

單：你對俄國作家極爲崇敬，他們爲你提供了什麼樣的眼界？

哈：對小人物的關切，豐富的生命感，人性的神聖。

單：你鼓勵人建立自己的文學系統，那麼你自己的文學系統有哪些主要成分？

哈：大多數時候來講，因書而異。基本上，我會說偉大的俄國人和中國古典詩。但我也會把自己放在康拉德和納博可夫的傳統裡，因此這兩位文豪也是我文學傳承的一部分。

單：你在2006年當選美國藝術暨科學院院士。你爲那個場合準備的講稿集中於文學與不朽，爲什麼你會在那個場合選擇這個題目？

哈：我並沒有在那個場合演講，我是後來應邀在萊斯大學發表系列演講。休士頓的華人社區邀我去爲那裡的華人專家演講，我就選擇了〈文學與不朽〉("Literature and Immortality")這個題目簡要地談一談。我相信那是文學的中心議題之一，卻是大多數的中國作家避而不談的，因此我們現在應該面對真正的議題。

單：你有個很難得的機會，爲2006年12月在紐約大都會歌劇院首演的《秦始皇》(*The First Emperor*)寫劇本。那是很不同的媒介，而且需要多方面通力合作，能不能跟我們分享你的一些經驗。

哈：我對合作的計畫根本不在行，我甚至不在製作團隊裡。那就像拍電影一樣，我只不過是其中的一個工作人員。我和譚盾非常努力爲歌劇寫腳本，但我覺得彷彿在黑暗中工作，無法在腦海裡想像出最後的成品會是什麼模樣，那不在我們的掌控之內。小說是個人的形式，而歌劇是公眾的形式。我更適合在個人的空間裡工作。

單：我最後一個問題是：你認爲訪談的性質與作用如何？

哈：去揭露受訪者心靈一些內在運作的情況，以及分享一些在正式寫作中所看不到的特殊資訊。

單德興，現任中央研究院歐美研究所研究員，著有《銘刻與再現：華裔美國文學與文化論集》、《反動與重演：美國文學史與文化批評》，譯有《知識分子論》、《格理弗遊記》、《權力、政治與文化：薩依德訪談集》等。研究領域包括美國文學史、華美文學、比較文學、文化研究、翻譯研究。

思想劇場

愛爾蘭的戲劇、劇場與劇作家

走上戲劇的時光隧道

廖美

3月19日，入夜8時，低溫，冷雨。

紐約中央公園畢士達噴泉旁的公廁燈光昏暗，我站在女廁盥洗台的鏡子旁。

首先，走進來一個穿著灰橄欖色風衣的男人，四下觀望，神色倉皇。一分鐘後，一個女人打開廁所的門走出來，三十不到，姿韻流淌。她用絲巾盤著秀髮、穿著睡袍、蹬著高跟鞋、搖臀擺腰，繞著這個有點焦躁的男人輕巧地轉了一圈；然後，彼此開始有一搭沒一搭地說話。

我慢慢領會，他們是在談買賣，其實是在談性交易。不，沒那麼簡單，他們是在討論如何設計一場「有圖爲證」的仙人跳。爲了用相機拍出清楚的角度，女人將應該站立和擺放的位置，男人將應該躲藏的據點，各自演練一番。然後，女人對著鏡子搔首顧盼，開始在鏡前補妝。她用綴著羽毛的棉墊拍打嫩臉與柔頸時，我屏住呼吸，深怕吸入揚起的蜜粉。我也刻意把雙手放在羽毛衣的口袋裡，避免碰到她的身體；因爲，當她站在鏡前，我與她只隔著半隻手背的距離。她故作輕鬆，有意無意在瞬間覷視我的雙眼，我的心跳因而無法控制地加快了撞擊的頻率。

補完妝，她開始褪下睡袍，裡面穿著無肩帶連身內衣、吊帶絲襪，露出雪白的細頸與酥胸。這時，男人突然在旁不耐地嘀咕，女人返身，頂著自信的雙峰向他走去，冷不防擺起誘引的姿態，從嘴裡唱出鶯鶯的春鳴。我看到男人臉色潮紅，女人於是在幾分鐘內更加強她的艷吼，實在叫得讓人不登峰就要墜崖。因爲靠得太近，我一時也尷尬了起來。

倏忽間，她嘎然收起嬌喘的聲浪，立刻變臉肅穆地談著今晚的計劃。已經昏昏茫茫的男人，在她身旁不自主的點頭。最後，在女人命令下，不捨地盯著女人的粉肩，幫她拉上綠色絲綢迷你洋裝的拉鏈。

大事底定。

當男人才躲進甬道內一間廁所，馬上走進來一位拿小提箱戴黑高帽穿黑色及膝大衣的X先生。認定這位X先生就是她的目標，女人開始使出渾身的媚功。不對，女人突然驚覺X先生的談話總在試探什麼，更像在查明她的身份。「你怎麼知道我的名字？」女人問。「你又怎麼知道我先生的名字？」她再問。

還沒來得及得到回應，女人本能地就要逃離廁所。此時，那位原先躲在一角和她共謀的男子，竟幫著X先生抓住她，把她拖進一間廁所內。X先生開始不急不徐地脫掉黑外套，打開小提箱，戴上屠夫的長手套並圍上圍裙，再從提箱拿出一把屠刀，走向廁所的甬道。女人拼命掙扎，急促紛亂的碎語和絕望淒厲的哭號，在刀落時，驟然停止。

X先生回到盥洗台，一方面沖掉手上的血漬，褪掉手套與圍裙，將它們放回提箱中，一方面喃喃說著：「要不是有特別的性嗜好，就不會落入這個圈套，弄到最後自己要上吊。」在穿上外套後，他提起箱子與前一位男子同時走出女廁。

我和其他十二位同在女廁的觀眾，也接著離開。在離去前，背景流瀉出黯淡焦澀的樂音，我看到女人頭朝內躺在甬道的廁所裡，燈光打著她露在門外岔開的雙腿上，她的名字叫愛默麗。

※ ※ ※

其實，半個鐘頭前，我在男廁隱隱約約聽到愛默麗顫恐的聲音和突然靜默的哀號。那時，我和其他觀衆還有愛默麗的先生——約翰，都在男廁裡。男廁中幾乎沒有光線，有的只是聚光燈很準確地輪流投射在說話者的臉上。觀衆不說話，隱身黑暗中，伸手不見五指。

約翰首先跟X先生談生意，沒談多久，就感到情況有異。當X先生一離開，約翰想到外頭探究竟，卻被X先生僱用的殺手舉槍制止。有一陣子，殺手與約翰不着邊際地說著彼此不了解也叫人引不起興趣的話題，時間就這麼耗著。再過些時候，我們依稀聽到女廁的喧鬧、女人的尖叫、以及女人停止的尖叫。

當四周回復靜默，殺手意識到自己的任務已完成，就主動離去。緊接著，來了一位新聞界的朋友，跟約翰表示，有一群人正在積極查詢他們先前發黑函給新聞界的事，這個朋友一說完，就匆匆離開。立即，有人趁黑丟進一個布袋。約翰緩慢不安的開啓，我恍惚看到一顆人頭！燈滅，在漆黑的男廁內，約翰先是驚駭的嚎啕，接著是無助的啜泣。

※ ※ ※

這齣3月中旬連續兩周在紐約中央公園畢士達噴泉旁的公廁內推出的戲劇就叫〈女廁與男廁〉，由都柏林的森坡飛(Semper Fi)劇團集合五男一女演出。此劇於2003年參加愛丁堡藝術節時，曾獲戲劇類首獎。劇本的啓發來自1957年發生在都柏林的一件性醜聞，愛爾蘭政治名人彼得・依凡斯(Peter Evans)在公廁召妓的照片被日報登出來，依凡斯後來上吊自盡。這部〈女廁與男廁〉是那個性醜聞的續篇——有人想故技重施，有人想復仇——就有了這個黑色的懸疑劇。

此張〈女廁與男廁〉的宣傳海報，簡單的圖像已經預示了這齣黑色懸疑劇中受害者的性別。

這是一部兩幕戲，每一幕的時間相同，約20分鐘。由愛爾蘭劇作家保羅．沃克(Paul Walker)編導。觀眾一到場就被分爲兩群，一半在男廁看演出，另一半在女廁；中場休憩後，觀眾各自轉到另一邊觀賞。因爲故事同時發生，換場後觀眾必須自動將戲劇的時間倒轉，才能將前一幕戲跟後一幕戲合理連結。不過，無論先看那一場戲，都不會影響對劇情的了解，只不過看的順序不同，在看的當下，對故事會有不一樣的揣想。

這齣戲的特殊處，不在它的劇情，而在它演出的場所。在戲劇史上，這可能是第一部在公廁演出的作品，這類戲劇被稱爲「特定場域劇場」(site-specific theater)。在1960年代，先被提出來的是特定場域藝術，因裝置藝術和雕塑選在特定場域創作而來。直到1990年代，歐陸與英美才有較多的劇場工作者，嘗試寫適合在特定場域演出的戲，藉此把戲劇帶出劇場。有些劇團甚至以演出特定場域的創作爲主(森坡飛劇團就是一例)，也就是，他們擺明不以固定的劇院爲家。一般而言，在特定場域演戲，最常選用的地點是公園或停工的廠房；依著劇情需要，可能在墓地、車站、街頭或市場，一邊移動一邊演出；也有把教會、廢棄碼頭、小旅館或一般公寓當表演場地。

嚴格說，特定場域劇場沒有精確的定義，不妨看作是對劇場經驗界線的進一步探索。基本上，在特定場域進行的表演，絕對不是把戲劇搬離劇院而已。充份運用場所的特色，讓參與者(不管演員或觀衆)有一個全然不同的劇場經驗，盡量運用場所的特性、品質與意義，才是戲劇離開傳統劇場的原因。

由於特定場所並不以舞台的形式存在，演員和觀衆的界線自然會被重新界定。也就是，演員因爲沒有特定的舞台，常常需要融入觀衆群，是一種在其中又不在其中的交合；同樣的，雖然近距離貼近演員，除非角色允許，觀衆也只能在其中而不在戲中。單單只是將舞台的界線移除，觀衆和演員馬上進入一種相互想像的劇碼，這個想像雖然在正式的戲劇之外，卻潛藏著危險、挑逗、異質、艷情和莫名的興奮。

除此之外，越是有特色的場地，越有其限制性，最常表現出來的是對觀衆人數的限制。以中央公園演出〈女廁與男廁〉爲例，男女廁所各別容納十三位，每場戲能接受的也不過就是二十六位觀衆而已。少數、貼近、欺身、被迫融入是這個戲的特色，也是它表現緊張和懸疑不可少的元素。場所的獨特性、場所本身的歷史、置於當下的脈絡、和參與者的個別性，讓每一次的表演帶著不可重覆的特色。易地而演，換了不同的社會現場，一切就都不一樣了。所以，特定場域劇場在本質上有很強的實驗性；另外，它雖可挑戰社會既有的建制，但也充滿散漫的性格。

道具、音樂、燈光、甚至多媒體都是現代劇場必備的元素。選擇特定場所當然是爲了符合特定劇情。不過，只是把演員和觀衆放進特定場所而沒有加入必要的劇場元素，有時反而顯不出戲劇的力道與特徵。中央公園的公廁是老式設計，完全沒有窗戶，〈女廁與男廁〉在其內演出，可以完美展現1950年代令人窒息的氛圍。黑函與謀殺是這個戲劇的重心，封閉的廁所空間可以是性壓抑者的天堂，也可以是被殘害者的地獄。如何在同一空間表現這兩種截然不同的景致，利用燈光與配樂，一面營造出爛漫恣意的風情，一面傾入冷徹脊骨的氣息，都是必要的。

受限於場地，觀眾在這齣戲裡必須比肩而立，可以清楚感受到鄰人的肢體與情緒，諸如呼吸的頻率、竊笑、輕嘆與惶惑(在傳統劇場裡，很難產生此類的親近經驗)。如果沒有一個相對儀式性的設計，觀眾可能不自覺地跳脫觀賞而軋上一角。清楚觀眾的任性參與將破壞懸疑的節奏，在進入廁所前，劇場經理花了五分鐘講述進出場規則，刻意用一種非常戲劇、非常誌怪的腔調。然後，工作人員拿著手電筒引領進場，帶觀眾進入完全漆黑的廁所內，僅用手電筒的光源，告訴每一位觀眾應該站立的位置，「你站這裡」、「你站這裡」、「你站這裡」……；將每一個人都指引到位後，最後加上一句：「不要動！」

經過這個儀式後，觀眾宛如被點上穴道一般，只在自己容身的範圍內觀看，不太可能越界；何況，戲劇時間定在1950年代，演員的服飾完全是當時的流行，現場觀眾的裝扮跟劇中人是格格不入的。所以，愛默麗瞧我的那一眼，有看跟沒看是一樣的，對她來說，我是不存在的；她活在1957年的都柏林，而且，沒有活過那一年的冬天。如果把這戲放回傳統劇場，在舞台上重建公廁，會失去它的壓迫與緊張。我相信，在公廁看過這戲的觀眾，應該不會同意把它移上舞台。

劇場經理站在中央公園畢士達噴泉旁的公廁通道，看著被分為兩群的觀眾陸續走進男女廁所內。（廖美／攝）

※ ※ ※

藉著〈女廁與男廁〉這齣源於愛爾蘭的戲劇，不妨檢視一下愛爾蘭整體的戲劇環境。其實，特定場域劇場很另類，絕大多數愛爾蘭的戲劇仍以在劇場內演出爲主。

愛爾蘭的現代戲劇史，要從1904年成立阿比劇院(Abbey Theater)算起。自阿比劇院設立至1970年代中期，愛爾蘭每年平均推出的戲劇都在15部上下，之後持續穩定成長。整個1990年代迄今，是愛爾蘭戲劇創作和表演的高峰，平均每年製作的戲劇在60部左右。以愛爾蘭600萬的人口(包括北愛爾蘭)來說，這樣的產量相當可觀；一方面因愛爾蘭經濟在這段期間快速成長，另一方面，則因戲劇一直是愛爾蘭文學裡一個重要的泉源。

不只產量多，愛爾蘭戲劇的原創力也驚人。統計來看，橫跨1904年到2006年，愛爾蘭總共產生約兩千兩百部作品，其中，只有280部左右是改編或翻譯；也就是，十之八九是原創[1]。另外，在改寫或翻譯的劇作中，主要取材自希臘戲劇、歐陸的劇作、短篇故事或小說。

法國喜劇作家莫里哀的作品，被改編的頻率最高，也許因莫里哀的喜劇貼近大衆與現實，有其普同的特質吧？西班牙劇作家加西亞・羅卡的〈貝納達之家〉(1936)僅在1990年代，就被愛爾蘭的劇作家改編過四次。羅卡的〈貝納達之家〉和其它兩部劇作〈血婚〉(1932)與〈葉瑪〉(1934)通稱「鄉村三部曲」。雖是男性作家，羅卡的這三部戲劇都在刻畫傳統西班牙女性的悲劇命運。〈貝納達之家〉是處女的悲劇，要透過完好的處女之身，才能步上婚姻的坦途；〈血婚〉是現實婚姻無法得到圓滿的悲劇，需以逃婚、離棄、背叛來尋求解脫，最終還是擋不住傳統社會的揪打與追殺；〈葉瑪〉則在爬梳不孕女性在婚姻中的無以自處、無可自在和無所定位。至於，由小說改編的戲劇，以《咆哮山莊》和王爾德的《格雷的畫像》最獲青睞。前者寫盡人性的寂寥、野蠻與粗暴，氣氛蕭索懾人，頗能鋪陳戲劇的懸盪與衝突；後者鈎鏤對青春的痴戀與對俗世的貪婪，如浮士德游移在靈與肉之間——抉擇艱難。

縱觀愛爾蘭戲劇豐沛的原創力，其來有自。在「新式」的劇院創立前，是以文學劇場(literature theater)爲號召。幾年後，才由葉慈、葛雷戈里夫人和約翰・辛(John M. Synge)推動成立阿比劇院。有了阿比爲根據地，不單創作和演出能進入常態，也發展出一場熱

1 參見 Irish Theater Institute, *Findings Report of the Irish Playography, 1904-2006*.

烈的戲劇運動。到目前爲止，葛雷戈里夫人在愛爾蘭戲劇史上，仍是創作最多的記錄保持者，總計36部，比葉慈的16部和辛的6部，多出很多[2]。愛爾蘭女性劇作家一直有相當耀眼的表現，創作量至少占四分之一，近年更有增加的趨勢。

文學與戲劇，一個以文字，一個用肢體，都在探問人的出處與歸屬。愛爾蘭現代戲劇興起之初，不僅整體社會物質貧乏，精神生活因夾在傳統與現代間無所是從，面貌也模糊。當時的劇作家，迫切想要打破窠臼，傳達庶民大衆的聲音，走的是鄉土寫實的路線。不過，篤實的鄉土雖能展現常民生命的活力，有時，也是抗拒進步的反動力。如何藉由戲劇呈現這些社會的主流與逆流，是當時戲劇運動的主要關懷。其中，又以約翰・辛的作品，最能挑戰社會的想像。

2006年夏天，林肯中心曾推出辛的全本戲劇，跑馬拉松式的，一天內就演完辛一生的作品，是紐約劇場界的盛事。我在午後2時進入劇院，看完離開已是深夜11時。辛因罹患癌症，在38歲時病逝，留下的劇作只有六部[3]。不過，幾乎每部戲推出時，不是引起觀衆的騷亂，就是激烈的暴動，或者引來主流社會對他作品的韃伐。這說明，當時的社會還沒準備好接受辛那樣激進的作家，特別在那個時代，戲劇不但被賦予反映社會精神和政治啓蒙的任務，同時還要與民間進行正面的對話。

---

2 以戲劇創作的風格來說，葉慈比較抒情、神秘，葛雷戈里夫人著重對話但散漫，辛對戲劇特性的掌握最精準。因此，雖然累積的創作不多，他對愛爾蘭戲劇的影響卻很大。

3 這次演出的六部戲中，〈悲傷的黛特〉有三幕戲，但在辛生前並未完全定稿。雖然，葛雷戈里夫人曾試圖幫忙潤飾，最後還是決定保留原貌。

當辛寫出〈西方世界的浪蕩子〉，由劇情來看，我們可以體會它離開「正面」的對話有多麼遙遠。〈浪蕩子〉講一個青年農民(克里斯堤)衣著襤褸來到一個濱海小村，在村民追問下，說出因弒父而四處躲藏，村民不但讚嘆他的行爲，還絡繹於途來探看這位英雄人物，村中酒館主人的女兒(佩金)對他心生仰慕，兩人甚至論及婚嫁。不過，克里斯堤的父親沿途追尋兒子，終於來到同一個村莊。佩金發現克里斯堤的父親沒死，指責克里斯堤是騙子。唯恐喪失愛情，克里斯堤在眾目睽睽下，再度與父親毆鬥。這一次，村民親眼看到他狂暴的舉動，不再把他當成英雄，準備以弒父的罪名吊死他。克里斯堤沒料到他的「勇敢」卻換來衆人的譴責，連佩金都慫恿群衆把他抓起來。在克里斯堤頑強抵抗時，重傷的父親又一次出現在村民面前。因父親沒死，村民自然不能以私法處置克里斯堤。最後，父子兩人一起離開村子，留下洩氣的村民和佩金沮喪地說：「我已經失去西方世界唯一的浪蕩子。」

這部戲1907年在都柏林首演時，觀衆因無法接受戲劇的內容而發生暴動。以當時的政治氣氛，這些觀衆多數是中產的民族主義者(支持愛爾蘭政治獨立，脫離英國殖民管轄)，完全無法忍受他們「純樸的鄉民」被描寫成同情弒父者的草莽。不過，這個引起暴動的戲劇是辛到艾蘭島[4]收集寫作素材時，聽島民口述，根據真人真事寫成的。辛在世時，常說他不喜歡「任何馴服的事」，也自承活在一

4 辛自幼成長的環境優渥，自認對現實的體會不深。爲了創作戲劇，辛接受葉慈的建議，連續5個夏天(1898-1902)到艾蘭島(Aran Islands)長住，採集「沒有被英國統治所污染的愛爾蘭文明」。葉慈告訴辛，只有在那裡，他才可能找到自己的聲音。據說，葉慈曾企圖到艾蘭島收集寫作素材，最後知難而退，因爲他沒有受過基本的蓋爾語訓練。

熙攘、好奇、充滿粗率的生命力是〈西方世界的浪蕩子〉中群眾的特色。(Keith Pattison攝)[5]

個膽怯、虛僞、勢利和貪婪的時代，我們因此可以了解他要如實呈現一個田野訪查的決心。作爲一個戲劇創作者，爭取劇場的自由，對他來說是不可妥協的。另外，他也不認爲戲劇必須承載教誨的功能或對生活提出批判，他明白表示不喜歡「易普生和德國作家」在戲劇裡處理倫理的或社會學的問題；他還用交響樂來比喻戲劇，強調音樂本身不需證明或用來教導任何事，戲劇也一樣。

〈浪蕩子〉當然不在歌頌弒父。濱海漁村的鄉民一開始所以掩護一個弒父的逃亡者，與鄉民對當時法律制度的不滿有關；再者，

5 Keith Pattison是活躍於倫敦和紐約劇場的專業攝影師，慷慨提供本文使用他的作品，在此特地向他致謝！

群衆在特定情境下產生的盲動，也會讓他們做出用「私刑」處置的野蠻行徑。亞瑟・米勒的戲劇〈激情年代〉(The Crucible)和布列頓的歌劇〈彼得・葛萊姆〉(Peter Grimes)，說的都是孤立的個人，在群衆壓力下，一會兒被認可，下一刻就被徹底拒斥的荒誕。辛應該很清楚，他想傳達的，就是在集體的喧囂中，人的溫柔和想像力如何輕易地就與生命脫離。

辛於1890年代大部分時間住在巴黎，曾研究社會主義和無政府主義。對辛來說，艾蘭島是一個近似烏托邦的社會。他可能是第一個把鬧鐘帶到島上的人，當時，島上的居民還以觀察太陽的位置來判定時間。辛除了在島上採集故事，也用相機記錄島民的生活。後來，辛以雜記寫下在艾蘭島的觀察，加上他的攝影，出版了《艾蘭島》一書[6]。在書裡，辛提到他對島民的一個觀察，令人印象深刻。他說，因爲艾蘭島日日單調的生活、枯瘠的地貌、無可改變的貧窮，使得居民對細微的變化不但敏感，而且充滿不可思議的想像力。這個觀察與一般人的常識相違：那就是，只有接受更多的刺激，才會有豐富的想像。雖然不同於一般想法，我卻非常贊同辛的觀察。的確，沒空想，難道不是許多人失去想像力的主因？

無疑的，艾蘭島提供辛寶貴的創作泉源。在辛六部劇作中，除了〈悲傷的黛特〉改編自歷史傳說，其它幾部戲的創作靈感都源於島民口述的逸事。他的戲劇主角不是漁民、農夫、乞丐、盲人，就是補鍋匠和流浪漢。他盡可能用文字描述他們說話的腔調和姿態，以嘹亮純樸的語言來表達他們性情的熱切與愛恨。對辛來說，這些鄉民說話時天真的質感讓他着迷，特別是在憤怒和詛咒的時候，他們說的話活脫脫有莎士比亞語言的魅力，在現代戲劇裡並不多見。

6 此書有中譯本《艾蘭島》，許國衡譯，麥田出版。

看戲以前，我刻意先讀過辛的作品全集，以便體會演員在戲中的用語和一般英語的差異。

都伊德劇團(Druid Theater)近年在愛爾蘭全境和國外以演出辛的全本戲爲使命。這個劇團的據點在海港城市高威，是愛爾蘭第一個成立於都柏林以外的劇團。創立者蓋莉・海恩斯(Garry Hanes)是紐約百老匯有史以來，第一位得到東尼獎最佳導演的女性(1998)，得獎的作品是〈麗南的漂亮皇后〉(The Beauty Queen of Leenane)，訴說一對母女的愛恨關係：年邁的母親自私、操控，女兒因照顧母親，直到中年依舊單身。就故事發生的地點——麗南(臨近高威)，可歸爲地方戲；但就內容來說，是普同人性的讖言[7]。

當時扮演女兒的演員馬麗亞・慕倫(Marie Mullen) 在這次辛的全本戲裡角色吃重，六部戲中有她出場的就佔五部，其中又以在〈下海的騎士〉扮演母親一角，最是令人動容。辛在這齣戲運用荒涼的手法，把生命活絡跳動的肌血，在一時間壓榨成乾癟的肉屑，毫不留情地讓人看見孤獨與絕望在人類身上留下的疤痕。一個一生住在漁村的女人，丈夫和四個兒子陸續死於海難。戲劇開場時，第五個兒子在海上行蹤不明，最小的兒子(巴特利)執意在暴風雨時出海，生氣的母親不但不給他祝福，還對他詛咒。最後，證實了五兒子的死訊，最小的兒子也難逃一劫。這個戲劇沒有懸疑，而是避免不了的命運，讓悲劇有了豐富的意義。母親最後酷冷頑強的聲音：「他們都走了，大海再也奈何不了我了」……「沒有人能夠永遠活著，我們應該感到滿意」，更增加這個悲劇的迴腸之氣。

7　這是我在紐約看的第一部愛爾蘭戲劇。戲中有著綿綿不絕的下雨天，是臨近海港城市的特性，也象徵隨時籠罩在人際的陰霾。十年了，我沒有忘記那個雨聲，雖然是在舞台上！

馬麗亞・慕倫在〈下海的騎士〉扮演母親，非常稱職。(Keith Pattison 攝)

看這部戲時，我們可以體會辛當年創造「阿比手法」(the Abbey method)的特色——簡單寫實的舞台設計和表演風格。除此之外，辛也賦予自然、地貌強烈的性格與生命，它們不但湧著鮮血、博著脈動，也是吞噬人的魔鬼。看得出來，都伊德劇團的舞台設計也趨向阿比手法的簡潔作風，〈下海的騎士〉是第一部出場的戲，那個用來擡放巴特利的棺板，在其餘每一部戲因不同的用途都出現在舞台上，仿佛在提醒觀衆，死亡的陰影無所不在。

辛的其他幾部戲，沒有〈下海的騎士〉蒼涼，而是運用拉布雷式(Rabelaisian)的粗俗，來表現野蠻的諧趣[8]。如〈聖者之泉〉(一

8 在辛留下來的導戲筆記本上，對每一幕戲中的每一個小場景，該表

對盲人夫妻重見光明，看到人世的醜陋後，寧願再度失明回到想像的世界)、〈補鍋匠的婚禮〉(男女補鍋匠想請牧師福証，讓他們的婚姻「合法」，牧師要求費用太高，男補鍋匠的母親又從中作梗，最後還是結不成)和〈浪蕩子〉。

至於〈幽谷中的陰影〉則介於上述兩種風格之間。劇情是一個老邁的丈夫裝死，想藉此逮到年輕妻子(娜拉)不忠的證據，但蹚到路過借宿的流浪漢來打混。當妻子帶回年輕的情人計劃遠走，卻讓丈夫抓個正著，而被逐出家門。情人因娜拉沒有丈夫遺留的房產與田地，拒絕跟她在一起。最後，娜拉只好與流浪漢一同離開，她的丈夫則和她的情人一起對飲。這戲推出時，引起觀衆憤怒的騷動，認爲辛在醜化愛爾蘭人，因爲這不是愛爾蘭人的故事，而是法國人或「東方佬」才做得出來的。的確，伏爾泰的《查第格》(Zadig)和莫里哀的〈奇想病人〉都有相仿的情節，至於「東方佬」類似的傳說，也時有所聞(年輕女子嫁了老邁的丈夫，拿到錢後，跟小伙子私奔)。辛對法國文學很熟悉，當然不能排除他從中衍引。不過，在《艾蘭島》一書，他的確提到島民對這個故事的口述。娜拉在劇中的一段自白，將觀衆帶離了窺視奇聞的層次：

「除了迷霧繾綣移向沼澤，再也沒有別的東西，
而迷霧又繾綣離開了沼澤；
除了疾風在暴雨留下的殘枝上號叫，再也聽不到什麼，
而溪流又隨著驟雨陣陣咆哮。」

(續)

現什麼樣的情味，會特別強調。不管是喜感、悲調、詩情、個性化，或者應該有多少的拉布雷風(一般的、或重味的，指粗野的程度)，都有註記。

這裡表現日復一日不變的生活，如何窒息原本幽微的氣息，而渴望活出生命的吶喊用的也只能是抒情的呢喃。辛的戲劇，總是很不平常地融合苦情與詩意，在呆板的故事裡注入令人驚喜的話語。他的戲劇文脈，一方面使用簡單大膽的市井對話，另一方面也用文字鐫刻令人難忘的視覺雕像。無怪乎，喬伊斯和貝克特都非常喜愛辛的作品。貝克特坦承，辛營造的乞丐、補鍋匠和流浪漢的世界，對他的創作有不可磨滅的影響。

※　※　※

從辛和葉慈等人草創阿比劇院，到在紐約的公廁看到愛爾蘭的另類戲劇，這相隔一百多年的兩種戲劇類型，現在似乎沒有芥蒂可以同時並存。戲劇的道路由人一步一步走出來，其中既伴隨著騷動、鼓噪、暴亂，也有讚嘆、喝采和久久不歇的掌聲。這條路一旦被走出來，異聲異調都可快意留存，我們只要遊走在它的時光隧道裡，就能恣意往返正統和另類劇場之間。

無論停歇在戲劇時光隧道中的哪一個舞台，不管一般劇場或特定場域都好，幻滅即是劇場的本質。沒有一齣戲是相同的，即使它一演再演，觀衆也不可能看到絕對相同的戲。這種唯一的特性，是戲迷忍不住要進劇場的原因。同一齣戲不同的觀衆也造成戲的差異；竊喜、私語、沉默、感傷、嚎啕、飲泣、爆笑、狂吼、拍掌，等級有別，分量不一，都有醞釀劇場氣氛的能力。書寫劇場並不能重現劇場，書寫只能勉強保留戲劇的骨架，至於其中的血肉，需要演員與觀衆來填充。每一齣精彩的表演都是註定要被遺忘的，今晚的演出和昨夜可能有很大的不同，所以「歡迎再來！」是劇場司儀永遠真實的台詞，即使在超現實的戲劇中。

戲劇作為心靈之鏡

廖美

「喬……喬……想著每一件事情嗎？……沒忘記任何一件事？……你現在好吧，欸？……此刻沒有人能看到你…也沒有人可以找到你……。」

穿著睡衣和著拖鞋，喬坐在床沿，呆愣地「想」著縈繞在腦中的聲音。

「……爲什麼你不上床呢？……那床有問題嗎，喬？……你改變了它，是吧？…沒差別的？……或者你的那個心已經？……破碎……當你躺在黑暗中…最後乾癟腐朽……欸，喬？」。

〈欸，喬〉(Eh Joe) 是愛爾蘭大門劇場今夏在林肯中心藝術節演出貝克特三部劇碼之一(另外兩場則是〈初戀〉和〈我將繼續〉)。這個戲原本專爲電視演出而寫，經過加拿大電影導演伊格言對影像的創意處理，搬上舞台後，更顯其戲劇張力。一齣單人獨幕戲，男主角喬在長達30分鐘的扮演裡，沒說一句話，卻斷斷續續聽到來自幕後一位女聲的詢問，觀眾慢慢了解她是喬以前的情人。根據貝克特的腳本，戲劇一開始是以長鏡頭攝取喬在房中焦急搜索的樣貌，等到喬一無所獲頹背曲肩坐在床沿，女聲的逼問才開始，自此，喬再也沒有移動落坐的位置。當女情人講述過往的聲音越來越綿密，指控喬的事例越來越多，鏡頭同時輕緩拉近喬的身影，靜靜特寫喬臉上細微的表情：臉頰顫動，嘴唇發抖，眼睛時而驚懼、時而空洞、或在無可忍受時緊閉(宛如想關掉那來自內心的聲息)。觀衆在喬獨坐的時光(那不說一句話的30分，心理的時間顯然比物理的時間來得冗長)，一步步參與喬的想像、喬的心情、喬的掙扎。喬慌亂，但不狂亂。

貝克特原初的設計的確很適合電視有限的方框，而不適合寬廣的劇場舞台。於是，導演伊格言針對劇場的表演做了修正：他在舞台正前方拉下占據整個場面的綿紗薄幕，以攝影機將喬投射在薄幕上，一開始是喬的上半身，慢慢隨著戲劇的發展，臉孔越來越近，最後是整個頭部的特寫。因此看戲時，觀衆可以「同步」看見喬在舞台左後方孤坐在床邊脆弱單薄的身體，也可以看到喬在薄幕上非常微細的臉部表情。出生於愛爾蘭的連恩•尼遜(電影《辛德勒名單》和《金賽性學教室》的男主角)扮演喬。從1976年出道以來，尼遜豐富的舞台經驗，使他能以非常精準的方式來詮釋這個需要極端低調的角色。幕後的女聲是英國演員佩內洛普・威爾頓，她用低沉冷澀的音質迷亂喬的心思，掐緊喬的咽喉。不過，她沒有用「斷音」的技巧來營造一個彷彿鬼魅的氛圍，如1960年代貝克特在排演時指導演員時強調的：「我們要把這個女聲變成死人的聲音！」

戲劇即將終了，喬以右手先是遮住半邊右臉，然後用手指緩慢往下拉扯他的右眼及臉頰，以致扭曲變形。觀眾在那個瞬間，也許會想起孟克的《尖叫》。

喬，沒有尖叫。

當生命的苦惱與折磨，被陰鬱、焦灼、寂寞、孤獨與罪惡感籠罩，那時人生的路不在起點，也不在終點。尖叫無法疏通心靈的阻塞，也不能宣告惡夢的終結。明天，所有的磨難還要重來一遍。欸，喬。

※ ※ ※

可以這麼說，戲劇從傳統進入現代，直到貝克特以前，舞台人物都在對宏觀結構的行動(macrostructure of action)作出反應：什麼時候可以回到綺色佳？遠離俄國？弟兄背叛怎麼辦？該不該和情人吞藥自殺？離開丈夫？煩惱嫁不出去？跟家庭教師結婚因爲老婆瘋了？需要謀殺我的叔叔嗎？那我的母親呢？這些強調人際關係、強調與社會和國家的關係——這些「大」的問題——才是戲劇主角人物要面對的[1]。

貝克特是第一個徹底拋開上述「大」問題的劇作家，而投入一輩子的心力把微觀結構的行動（microstructure of action）戲劇化：從現在起到下一分鐘，我要做什麼？那下一秒呢？一口氣要吸多久？是不是應該拿出梳子來？椅子剛好在屋子的正中間嗎？沒有太偏左或太偏右？會不會太超前或太往後？要換個握手的方式嗎？一直等不到的人還要繼續等哦？該哭嗎？要站起來？嘆氣？不說話？講個笑話吧[2]？

貝克特的劇中人都在爲細瑣的事物煩惱，決定要不要做那些細微的事，是他們人生的主題，也是他們生命的難題。奇妙的是，這些微細的事物，絕大部分跟我們的存在與生存緊密連結。因爲它們基本，所以根本。

---

1 此處戲劇人物面對的主題，依序分別出現在〈奧德賽〉、〈烏托邦彼岸〉(The Coast of Utopia)、〈奧賽羅〉、〈羅密歐與茱麗葉〉、〈玩偶之家〉、〈慾望街車〉、〈簡愛〉和〈哈姆雷特〉等戲劇中。

2 在〈吸氣〉、〈終局〉、〈快活日〉、〈來來去去〉、〈等待果陀〉裡，這些微小的煩惱一再困惱著劇中人。微觀結構的行動多半是存乎個人的「小」問題；不過，縱使沒有表現出與他人頻繁的聯繫，個人受到外在的鉗制與影響，依稀可辨。

把這些基本的事情展現在戲劇裡，引發觀衆共鳴，是貝克特創作的本意。不過，很多基本的事，適合做無法說，或者也說不清楚。因此，貝克特不能像以往的劇作家，單單用文字，滔滔不絕地，就把事情「講」透徹，他必須尋找不同的表達方式。「形式就是內容，內容就是形式」便成了貝克特創作戲劇(同時也是小說)的信條。

在〈欸，喬〉中，可說把這個信條的精髓發揮到近乎完美的狀態。也就是，貝克特創造這樣一個戲劇形式，以便展現被私語與密境囚禁卻無可言對的心靈，有個逼人的聲音總在腦中盤繞、不斷追問但從不露臉；而孤獨的心靈不單是寂寞的，通常也是諳啞的——任由言語的波濤沖蝕、啃噬，不想辯駁，不屑自語。這是喬。貝克特就是以這個獨特的形式，試圖把喬的內心活生生掏出，擺在觀衆眼前。

除了〈欸，喬〉之外，還有那些戲劇形式讓貝克特的作品閃爍著特殊的光芒？

——一場〈呼吸〉，持續25秒，嬰兒的哭聲混濁在隨燈光明滅而作的吸氣與呼氣中，當第二個啼哭再現，劇終。只有散落平擺的廢物、雜物，沒有人出現在舞台上。

——一張嘴巴，〈不是我〉的。除了被聚光燈探照的嘴巴，舞台各處一片漆黑。女演員以兇猛又喋喋不休的速度，由口中吐出破碎混亂的句子，說著一個七十歲婦人的故事。這個嘴巴回憶婦人生命中的四個事件：躺著將臉貼近草地，站在超級市場中，坐在克洛科耕地的土堆上，還有「那時候」在法庭裡。引出每個事件前，都重複被壓抑的第一景——一場四月在田野中發生的事情，觀衆不清楚那是怎麼一回事，不過，就是那一回事，讓她開口說話。在這個戲劇中，她，那個婦人(或那張嘴巴)，感覺不到痛苦，因爲她也感覺不到快樂。

——一台錄音機，播著〈克拉普最後的錄音帶〉。69歲的克拉普聽著39歲的克拉普在最後錄音中回憶剛聽完二十幾歲克拉普的錄音同時評論二十幾歲的克拉普是一個主觀而不切實際的人縱使二十幾歲的克拉普在錄音中也說對青少年的克拉普感到不滿。倒帶、換帶、飛快前進、迅速回轉、重複播放，透過這些動作尋找遺失的記憶。只是錄音有時比記憶不可靠，雖然被理性的手操控，還是把情緒錄了下來。

——三個中年女人〈來來去去〉。只用120字左右的對話和在舞台上的來去走位，就精確表現出這三個女人自幼年以來的情感，和對彼此不敢言說的憂慮。然而，不管發生什麼事，顯然，她們的友誼仍將繼續。

——三具骨灰罈裡各坐著一男兩女在〈演戲〉。男人說：「我現在知道了，過往所有的一切只是在……演戲。」三個人同時發話，各說各話，不在對話，也不再對話。男人夾在兩個女人中間，一個是老婆，一個是情婦，還有什麼話說？貝克特爲什麼設計讓他們坐在骨灰罈裡？許是一種人生僵局，再多辯駁、爭吵、說辭，都不是外人(觀眾)可以參與；那是一個行屍者的戰場，還沒開戰，人的關係就死了一半。

——聽著九步〈落腳聲〉，轉身走九步再轉身再走九步再轉身……。夜深無法入眠的女兒，陪著長期臥病的母親(偶爾出聲但不在舞台上)。母親問女兒：「妳現在幾歲了？」「40歲。」女兒說。「還是90歲？」母親問。一個從沒出生過的女兒？或者一個還沒有長大就已經老了的女兒？我們不清楚，因爲母親也不清楚。不過，那個暗夜的落腳聲，九步一回轉，我們都聽到了。

——〈快活日〉把一個叫維莉的女人埋在土堆中，上半場埋到腰部，下半場埋到頸部，頭頂被烈陽曝曬，永無落日無可遮蔽；從頭到尾，維莉絮絮叨叨地說著生活瑣事。貝克特沒有說明維莉如何陷入土礫中，就像很多時候，我們也不知道爲什麼會落到特定的情境裡。貝克特想創造一個一直活在「沒有終止的當下」的女人，「過去」對她來說是不存在的，因此，她對時間也是沒概念的。這個場景的設計很怪異，不過很實際、真實、充滿神秘。

——在〈終局〉裡，空盪陰翳的房間正中，性情酸澀狂暴的瞎子(漢姆)坐在推椅上站不起來；一個被呼來喚去的跛腳僕人(克羅夫)坐不下來；漢姆的老邁父母納格和妮兒沒了腿各坐在一個垃圾桶內，能夠記住的只是過往的希望與懊悔。每個人看來都已活過了有用的歲月——人生將盡。所以，漢姆在〈終局〉開口的第一句話就說：「該我了！」

※ ※ ※

「該我了」(Me to play)乍聽之下不是淒涼的慨嘆，倒像是遊戲、下棋、競賽、賭博，輪到了興致沖沖、躍躍欲試的一方。漢姆的母親妮兒說：「沒有任何事比不幸更有趣的了。」這是對未來傷慟無望的嘲諷，但當她回憶往日時光，則說：

「啊，昨天！」。

是啊，昨天！既無限又動人。

〈終局〉的開場不在顯現終局。布魯克林音樂中心哈維劇場的舞台鋪著灰黑的水泥，兩個鐵灰的大垃圾桶擺在左前方；舞台稍後立著一面特別挑高凹陷彎曲斑駁暗灰的石牆，高牆左右各被兩扇窗鑿穿，一扇朝向土灰的泥地，一扇望向灰藍的海洋。觀衆從這般黝黑神秘的外觀，慢慢進入主角內心的地景；以灰色爲主體的戲劇，並不以悲觀爲主題。面對灰暗，劇中人沒有膠著在悲淒裡，重複鬱鬱悶悶的調子；相反地，他們既狂笑又號叫，像卓別林一樣玩雜耍，也以自嘲的幽默，引人發笑。在〈終局〉裡，縱使無可避免的互賴關係讓人挫折、絕望；不過也是在絕望中，解脫終於成爲可能。

貝克特〈終局〉的微妙處在於——就算彈奏悲情的哀調，也要敲出滑稽的趣味。他認爲劇場不應對人生的孤獨、絕望、無常、無意義作出解釋，而要以鬧劇來表現悲劇。於是，人物的對話，即便涵蓋生死議題，卻常常穿插日常生活的小事，諸如腳踏車、餅乾糖果、和海邊的散步。

在劇院內，我坐在懸高的陽台(balcony)上，可以清楚看到緊貼屋頂外露的排水鋼管布滿鐵銹，四處牆壁不僅斑駁，更毫不遮掩地讓龜裂自在地呈現。我因爲坐的位置離〈終局〉演員的臉孔很遠，於是一面豎起耳朵仔細聽他們流瀉著詩韻的對話；另一方面，則用眼睛逡巡這個四周刻意擺出破落相設計的劇院。突然覺得這一切，從戲劇到劇院，都有引人微笑的荒誕。

寫於1957年的〈終局〉，公認是貝克特繼〈等待果陀〉(1953)後，最好的作品。〈等待果陀〉的招牌技巧是「重複」與「對照」。例如對語言、主題、姿態、和行動的重複；利用迪迪(Didi)和果果(Gogo)身高的對比，衍伸他們兩人在個性和對事情判斷的差異；另外，用坡佐(Pozzo)威嚇的口音及支配的態勢，突顯拉基(Lucky)的順從與沉默。

在同樣荒涼暗澹的世界裡，〈終局〉則是一首歌，或者是一篇很有節奏的長詩。假設我們仔細聆聽，可以聽到幾個主韻，並由那些主韻帶出一組又一組的旋律。據說，貝克特在寫作這齣戲時，的確非常刻意於經營其中的音樂性(他對聲音的高度敏感，也表現在〈落腳聲〉一劇中)。縱使沒有親身觀看〈終局〉的經驗，只要把劇本拿來閱讀，會發現貝克特在這個劇本裡，註記最多的一個字眼是「停頓」(pause)。爲什麼要有那麼多的停頓？爲什麼不能只是簡單地說那些台詞，讓演員自由發揮？因爲，這是吟詠、是唱詩、是哼曲。曲調是不是正確，必須看有沒有對著譜唱。當貝克特親自導演這部戲時，話要怎麼說，抑揚頓挫怎麼安排，都有一個清楚的底。他認爲，只有起準了調，整個對話聽起來才是對的[3]。柯慈(J.M. Coetzee)曾說：「所有托爾斯泰的作品，無論虛構的或非虛構的，關心的都是真理的問題。」然而，不論小說與戲劇，貝克特關心的是——『要怎麼樣才不會失去詩意』。」這個說法，用在〈終局〉裡，真是再恰當不過了。

1960年，貝克特在德國法蘭克福遇見阿多諾。阿多諾運用語源學和哲學發展出一套對〈終局〉「深奧」的分析。其中，他認爲由主角人物漢姆(Hamm)的命名，可以知道〈終局〉的創作根源來自哈姆雷特。貝克特當時很直接地告訴阿多諾：「抱歉，教授，我在取漢姆這個名字時，從來沒有想到哈姆雷特。」不過，阿多諾仍然堅持自己的發現，他在同一天稍後的演講，不但強調漢姆來自哈姆雷特，還加上克羅夫(Clov)是導源自小丑(clown)的說法。貝克特全場耐心聽講，最後忍不住跟鄰座的朋友耳語說：「這是科學的進步，那就是，教授可以繼續著他們的錯誤！」[4]

縱觀貝克特一生的劇作，可以看出，他試圖用不同的戲劇形式，去探討情感(emotions)這個主題。從最早創作〈等待果陀〉起，貝克特持續找尋的，即在透過「一種接近悲劇的喜劇形式」來處理情

---

3 1970年代中期，貝克特導演〈終局〉時，曾對扮演克羅夫的演員強調，當漢姆說：「這不好玩！」他要馬上接口說話。因爲，如果在話與話之間留有空檔，觀眾在一剎那，有可能立即產生同意(或不同意)漢姆感嘆的情緒。他不希望觀眾在那個時候，就採取了態度。

4 參見 James Knowlson (1996), *Damned to Fame: The Life of Samuel Beckett*, p. 428. 阿多諾本來準備把他最後一部著作《美學理論》題獻給貝克特，不過，直到他去世以前仍未成書。

今年春末，布魯克林音樂中心的哈維劇場推出貝克特的〈終局〉，演員表現出色，頗獲紐約劇場界好評。

感。他一直在拋棄邏輯的敍述，有時甚至視充滿條理的陳腔「有罪」，因此在作品中，提出許多合理的荒謬結論來懲罰它。因爲這些荒謬的論述，貝克特被歸入「荒謬劇場」的流派。一方面用胡扯亂説來質問和嘲諷，藉此展示語言的有限性；同時也盡量以簡約的方式來表達。

不過再怎麼簡約，也不可能將戲劇這種時間性的藝術(temporal arts)完全化約。僅僅用接續的影像，說一大串充滿智慧的雋語，沒有辦法成就一個戲劇。也就是，戲劇(甚至小說或電影)可以不說故事、不陳述，但是，它們不能用零碎或沒有邏輯序列的方式呈現在空間和時間裡。例如，一些錄影藝術(video arts)可以純粹爲藝術而藝術，表現藝術的形式和美學，它們不說故事，我們不作解釋，只要觀看(或聆聽)就是，但它們不是戲劇。

對貝克特來說，他不願像席勒一樣把劇場當作一個道德機構。他說：「我既不想指導、也不想促進、更不想避免觀衆無聊。」他想做的是把詩意帶進戲劇中，透過在劇場結構裡營造出的空無，進而凸顯詩性的面貌。「我在思考的是新的向度，基本上，我並不擔心是否能被跟隨。」所以，貝克特不提供別人期望的答案，只想經由細心的組織，篩選各種散漫素材，將外在的雜亂一一剝除後，成就出清晰易辨的劇場景觀。奇怪的是，這種冷言、冷眼、冷漠的形式，卻能帶給觀眾綿密的情感波動，並且通常不是在看戲的當下，而是在事後的回想裡；或因驅散不了劇中影像的激蕩，被層叠圍裹縈擾著。劇作家愛德華・奧比(Edward Albee)認爲貝克特的戲劇不難懂，他在許多場合導過貝克特的〈快活日〉、〈克拉普的最後錄音帶〉和〈俄亥俄即興〉，對他來說，貝克特的劇作充滿自然主義的要素，他的作品不但清楚，而且一點都不含糊。

事實上，面對困境與難題，貝克特在戲劇中的做法，就是讓觀衆自己去體會人生的纏繞。藉著觀看的過程，你彷彿一一在打開生命的羈絆，不過，當戲劇終了，你忽又發現，那些被你打開的糾結，又一一自動地捆綁在一起。溝通不可能，說明無效果，解釋是多餘，越是沉默越是逼你不能喘氣，而高分貝的爭辯通常只帶來充耳不聞。這種撰寫的風格，一而再、再而三地出現在他的作品裡。而且，他的戲劇主角多是倔強頑固之人，某種程度，也是貝克特本人的寫照。

※　※　※

1950年夏天，貝克特長期受巴金森症折磨的母親，跌斷了大腿骨，貝克特從巴黎趕回都柏林探望。照顧母親幾個星期後，心力交瘁的貝克特不但發高燒，牙齦也腫脹的非常厲害，醫生開給他磺胺錠抑制感染。被牙痛折磨的不成人形，他決定非看牙醫不可。用一向面對逆境的幽默態度，貝克特寫信跟朋友說，牙醫可以抽掉任何東西，除了他的球球(the balls)。不過，緊接著，他馬上又寫道：「但爲什麼要有這個限制呢？」

沒有限制，不斷自問，貝克特就是這樣固執堅持走他戲劇創作的道路。

不僅在寫作戲劇時，力求形式的多樣，貝克特本身也是一個閱讀廣泛的作家。他的作品有來自文學、藝術、電影、音樂、哲學和心理學豐富的隱喻，同時也對這些領域做出迴響。〈落腳聲〉是關於楊格心理學的反思；〈影片〉是對哲學家柏克萊「存在就是被感知或去感知」概念的實驗；〈等待果陀〉的主要場景，尤其是兩幕迪迪和果果一起在枯樹下看著明月高懸的剪影，是貝克特觀看佛萊德利希(C. D. Freidrich, 1774-1840)的畫作——〈男人與女人共同觀月〉，而得到的靈感。另外，以〈快活日〉的作品爲例，維莉在戲一開場，下半身被埋在粗礫滿布的土丘中，上半身曝曬在炙熱的酷陽下。這個奇特的舞台設計，讓人聯想是啓發自布紐爾與達利合拍的《安達魯之犬》。在《安》片末尾，兩個女人(不只一個)被沙土埋至胸部，影片特別注明那是春天時節，不過，畫面凝聚著令人驚詫的靜默與死寂。《安》片的劇本曾刊登在1930年代巴黎《這一季》(*This Quarter*)的雜誌上，當時，貝克特的翻譯作品也出現在同一期。

30歲不到的貝克特來到巴黎，因爲特殊的因緣，幫當時正在撰寫《凡尼根守靈》的喬伊斯收集寫作材料，也讀書給瞎了大半的喬伊斯聽。他們的友誼，爲文學史，寫下非常特殊的一章。雖然不同校，兩人前後都在都柏林接受大學教育，主修的也都是法文和義大利文。他們熱愛語文，包括它的聲音、韻律、形狀、語源和歷史。喬伊斯能從許多不同的語言導出豐富可怕的字彙(這個能力在《凡尼根守靈》中表露無遺)，同時也對不同語言的當代俚語充滿興趣，這些都是貝克特欣羡而想效法的。

貝克特早期的著作，不管是散文、評論、短篇或中篇小說，都用英文撰寫。不過，越是投入創作，貝克特發現喬伊斯變成他必須非常努力，才能逃開的陰影。最後，爲了脫離喬伊斯的影響，貝克特找出的方式是——用法文創作。對他來說，他以法文撰寫比較沒有風格(without style)，正好符合他要的戲劇形式：簡單、貧瘠、匱乏、不說教。〈等待果陀〉最早以法文寫就，也在巴黎首演，後來才由貝克特本人譯成英文。往後的著作，多半也是先用法文寫，再轉英文；只有少數是先寫英文，再改爲法文[5]。喬伊斯曾經讚賞貝克特是他見過極少數聰慧的人；貝克特也認爲，讓喬伊斯知道的越多，他能做的就越多。事實上，喬伊斯採用無所不知、無所不能的取向在寫小說[6]。正好相反，貝克特的作品多半在處理無能與無知的情

5 除此之外，貝克特也能說流利的德文，但並不用德文寫作。他在1970年代中，曾親自到柏林執導德文版的〈等待果陀〉，是歐洲劇場界當時的盛事。

6 喬伊斯曾自豪地宣稱，他的《尤利西斯》出版後，因爲他在小說中放了很多的謎與難題(enigmas and puzzles)，足以讓專研文學的教授

愛爾蘭大門劇場在林肯中心藝術節總共演出三部貝克特的戲劇，都是獨腳戲，可以分開觀賞，周末則提供在一天內「跑馬拉松」連看三場。(廖美／攝)

境：他用剝除、消減、而不是增加的方式來創作。在他去除情節、情境，甚至角色後，劇中人或玩弄字句、或滑稽嬉鬧，一樣能叫觀衆覺得有趣和感動。

大門劇場在林肯中心藝術節推出的另外兩部單人獨白戲——〈初戀〉(First Love)和〈我將繼續〉(I'll Go On)，都不是貝克特的戲劇作品；前者由雷夫・范恩斯(電影《英倫情人》的男主角)在舞台上如實陳述同名的短篇小説，後者則由貝克特的三部中篇(他的小

(續)

們忙碌個幾百年；「這是保證一個人不朽的唯一方法！」喬伊斯說。

說三部曲——《莫洛伊》、《馬隆正在死去》和《無名》)摘取精華而成一場獨白，由當今詮釋貝克特的權威貝利·麥克加文獨挑大樑。因爲這兩部戲都不是貝克特的戲劇作品，而是改編自他的小說，正好用來比較把貝克特的小說搬上舞台的效果。

這兩個獨白劇，演員的演技沒話說，都是實力派，而且分寸拿捏恰到好處。不過，戲劇之所以不同於小說，就在戲劇有很強的視覺元素，不管是服裝、道具、燈光、配樂或舞台設計，都不是以文字爲主的小說，能夠交待清楚的。貝克特寫作劇本時，在舞台指引(stage direction)方面，可說鉅細彌遺。同時，他在排演期間還要不斷修正，因爲看到劇本實際被演出，跟純粹撰寫劇本是兩回事。貝克特對劇本的修改，直到想產生特定的情緒效應出來爲止。跟很多劇作家比，貝克特更動劇本的幅度應該不大，主要是他對演出的效果，一開始就有很好的掌握。許多國家的大城市都上演過貝克特的戲劇，接觸過貝克特版權單位的人，應該都很清楚，他們對演出團體的要求，簡直嚴苛到不可妥協的地步。

還好〈初戀〉和〈我將繼續〉是兩部獨角戲，沒有對戲的問題。演員只要自身掌握得宜，離原作的精神不至於太遠。雖是由小說改編，觀看這兩齣戲時，還是可以感受到專屬貝克特的語彙與幽默，不過，整體感覺的確比較像把小說拿到舞台上「唸」，而沒有展現貝克特創造戲劇時，那些在劇場裡獨樹一幟的特性：停頓、留白、沉寂、斷句、刻意的重述、不斷的反復[7]。

目前在世的小說家和劇作家中，有不少深受貝克特的啓發和影

7 雖然，貝利·麥克加文在述說如何把四個口袋中合計16顆石子作不同方式的搬移，也達到字句反復的幽默，但畢竟是屬於耍嘴皮的饒舌，而不是表現於戲劇中「藝術性的重復」。

響，其中包括2003年諾貝爾文學獎得主柯慈。因爲喜愛貝克特的作品，柯慈掌握貝克特的創作之路也格外清晰。他認爲貝克特在完成小說三部曲——《莫洛伊》、《馬隆正在死去》和《無名》——之後，遇到了創作的僵局：「往後30年，我們看到貝克特在小說上，無法前進——卡住了。」何以柯慈能夠這麼篤定，貝克特在當時遇到了創作的瓶頸？我們不妨看看貝克特1950年代初完成的三部曲，究竟寫些什麼？

這三部曲前後花了貝克特7年的時間(1947-1953)。他自述所以著手寫《莫洛伊》，是有一天突然發現自己的愚蠢，因此想深刻探索自己的靈魂，把真實的感受寫下來。在情節上，《莫洛伊》算是一部偵探小說，主要透過兩部獨白組成：上半部由流浪漢莫洛伊敍述，下半部是私家偵探莫冉的陳說。一開始，莫洛伊在他母親房中講述來到房間以前的經歷：他以腳踏車浪遊，一鄉一鎮，沿途遇見許多性格古怪的人，包括拿著拐杖的老人、警察、慈善志工、帶著狗的婦人(她的狗被莫洛伊的腳踏車輾斃)、令他墜入戀愛的女人(卻記不起她的名字)；然後，他丟掉腳踏車，漫無目的地走著，遇見了一位「年輕的老人」，一位住在林子裡燃燒炭木的人，莫洛伊猛力敲擊他的頭才殺死他，最後，出現一個人把他帶進房間。

莫冉是被派出搜尋莫洛伊的私家偵探，出任務時帶了個性頑固的兒子同行。他們在鄉野尋找，無畏惡劣氣候的挑戰，直到食物短缺，莫冉突然病倒，只好派兒子去買一輛腳踏車回來。當兒子離開後，他遇見一個奇怪的男人突然出現在他面前，於是在謀殺那個男人後，把屍體藏在森林內。不過，兒子從此也失蹤了。莫冉經歷千辛萬苦蹣跚回到家中，逐漸地，他似乎瘋了。那之後，他的獨白變成在描述自己的精神狀態，而在獨白之外，有一個聲音開始告訴他應該採取的行動。小說最後，是莫冉描繪他的報告是如何開始的，事實上，是那個聲音告訴他寫下來的。

所以，讀者開始疑惑，莫冉的獨白和莫洛伊的獨白是同時進行的嗎？不然就是莫冉的獨白發生在莫洛伊獨白之前。如果以偵探小說的情節來定位，《莫洛伊》是有一定懸疑性的。不過，如前所述，貝克特寫作這小說的目的，旨在了解人的內在。至少，我們還不能從小說的情節裡，體會到他的用心。

於是，保留著獨白的形式，貝克特的第二部曲——《馬隆正在死去》，向自我的挖掘更下功夫。這一次，貝克特著重談的是「死亡」。馬隆正在死，我們沒有比馬隆更清楚究竟發生什麼事。整部小說沒有情節，也沒有詳細的人物刻畫(主流小說一定要經營的兩個重點)。馬隆快死了，而且在書末他真的死了。在將死未死之際，他告訴我們一些故事，不過，故事裡的人名變來變去，故事人物的身影也模糊，他們可能是不同的人或相同的人？或者是馬隆的虛構？真是叫人弄不清楚。(我們如何苛求一個垂死的人給我們精確的描述？)於是，整個敍說由一場冗長的夢魘，慢慢導向狂暴、擠壓和幻覺。作者在此停筆，因爲馬隆死了。這本小說聽起來單調無味，尤其認爲小說應有引人入勝情節的讀者。不過，對比於前一部小說，貝克特透過這個小說形式，的確把人的意識與內在風景，又向前推進一層。

三部曲的最後一部——《無名》，敍述者不只沒有名，不能被命名，也徹底無名。在這部小說中，貝克特早期小說和前兩部曲提到的人物，如莫菲、莫冉、莫洛伊、和馬隆，都相繼回到無名者的獨白裡，這位無名者甚至宣稱前兩部曲是由他撰寫。整部小說不但沒有情節，連場景都不存在，只是無名者一連串不聯貫的個人獨白。他講的最長的「一段話」，是以「我，這個人是不知道任何事情的……。」爲開頭，然後，說了109頁後(是的，「一段話」占109

頁)[8]，用下面句子終結：「……在打開我的故事之門以前，那會讓我很驚奇，如果它真的打開，將會是我，將會是沉默，我在哪裡，我不知道，我將不會知道，在沉默裡你不可能知道，你必須繼續，我無法繼續，我將繼續。」

在小說上，貝克特無法繼續；不過卻在戲劇裡，找到前進的動力。貝克特發現，戲劇的形式比小說的形式有利於審思個體的存在狀態，也比較能顯現內在的情感。他的戲劇無時不在提醒觀眾，人的軀體與心靈是孤立的、腐朽的、自我蠱惑的、無自知之明的；生命不但不給人安慰，也沒有優雅尊嚴可言。在這樣的情況下，我們唯一的責任是不要自欺。所以，對貝克特來說，人的自覺是一切。他的作品雖然描寫相對有限的外在經驗，卻把我們帶進一個寬廣的內在。問班雅明如何形容他所了解的卡夫卡？他會說，卡夫卡像是花一輩子的時間在疑惑自己的長相，卻從沒發現有鏡子這麼一回事。貝克特，20世紀現代主義最後一個作家，從來就清楚人的樣貌；他不在尋找長相之鏡，而在搜索心靈之鏡——向內自省。

廖美，研究興趣為經濟史。目前在布魯克學院商業與政府研究中心工作，專事勞動經濟分析。閒餘研習戲劇、電影。曾參與里巷影像工作室，攝製記錄片《台胞》(1994)。

8 參見Samuel Beckett (2006), *Samuel Beckett: The Grove Centenary Edition*, Vol. II, *Novels*, pp. 298-407.

社會主義的想像

本專輯係由張君勱學會理事長孫善豪教授規劃促成，

謹此向孫教授以及各位作者致謝。

在「社會民主」以外：
關於社會民主主義歷史的筆記

楊偉中

1990年代前期，新自由主義全球化似乎勢不可擋，蘇聯東歐斯大林主義政權的崩解，讓柴契爾主義的名言「別無選擇」(There Is No Alternative，TINA)看起來難以動搖。歷史已然終結，資本主義已經取勝，誰還想探索更平等、更民主的社會經濟體系實現的可能性，大概不是被視為「脫離現實」，就是「死守教條」。

何以談「社會民主」？——新自由主義之外可有替代方案？

不過，人類進行政治辯論、展開社會行動的歷史並未終結。新自由主義全球化帶來的貧富鴻溝擴大、民主與社會權利的倒退、生態破壞等惡果，越來越引起非議。1994年1月1日，北美自由貿易協定正式生效，正是在這一天，墨西哥薩帕塔民族解放軍發動了武裝反抗，這是全球範圍內反對新自由主義的第一個影響重大的反抗行動。

另一方面，從1980年代以來，由於工會組織率減少和罷工低落等原因，許多專家學者們斷言：「工人階級」已經是個過去的事物，它已因全球化、彈性化和碎片化而癱瘓、瓦解。在工運傳統斷裂，階級運動微弱的台灣，這樣的見解更為普遍。不過，也正是在1990

年代中後期，這樣的斷言似乎有所動搖。從歐陸、拉美、東亞，甚至是北美，工人運動有了復甦的兆頭，其中1995年法國和1997年韓國的大罷工，以及巴西戰鬥性的工人運動，尤其受到矚目，知名的工人運動家和研究者基姆．穆迪(Kim Moody)便以「新工會主義」或是「社會運動工會主義」稱呼這股潮流。

1997年亞洲金融危機爆發後，國際主流輿論(如《金融時報》、《華爾街日報》、《經濟學人》等)便開始擔憂大眾轉向反對全球化。1999年西雅圖世界貿易組織會議場外，展開了大規模而多元的抗議，更是重要的轉折點：對新自由主義全球化的質疑與反抗，不再局限在某個國家、某個領域，或少數激進學者腦中，而成爲跨國、跨社運領域的群眾性力量，知識界批判新自由主義的呼聲也來自不同立場、不同流派的學者。

重要的是，反對新自由主義的力量，不僅僅停留在批判；相反，有各種各樣正面的替代方案提了出來。抵抗運動的重要集會「世界社會論壇」，便是一個明顯的例證。它的主要口號正是「另一個世界是可能的」。新自由主義全球化的知名批判者，曾任ATTAC[1]法國支部副主席的蘇珊．喬治(Susan George)提出「有數千種選擇」(There Are Thousands of Alternatives，TATA)，來與柴契爾夫人的TINA相對抗。

在諸多不同的新自由主義的替代方案中，「社會民主」始終是重要的選項。在那些認爲資本主義不可能被完全取代、不贊成革命道路的人當中，有部份人認爲某種「社會民主」模式(傳統凱恩斯主

1 知名的國際性反新自由主義全球化運動組織，全名為「課徵金融交易稅以協助公民組織」(Association for the Taxation of Financial Transactions for the Aid of Citizens)。

義、第三條道路或是全球層面的社會民主等)，依舊值得追求。一個較新近的例子是去年美國次級房貸風暴之後，倫敦政經學院教授羅伯特・韋德(Robert Wade)撰寫〈金融危機：破裂的泡沫，磨損的模式〉一文，在分析了危機的來龍去脈、影響及代價後，他認為危機後或許能促使新自由主義共識的轉向，更加重視政府在管理市場中的角色，而這種對市場的管制需要通過具有「社會民主願景」的政治過程來達成。

「社會民主」在海峽兩岸

近來，在台灣及中國大陸，「社會民主」(或「民主社會主義」)也成了討論的課題，雖然在兩岸有著相當不同的脈絡。

在台灣，由於輿論普遍關注「M型社會」的問題，加上兩個主要政黨均抱持親資產階級的右翼立場，一些政治人物開始談論「中間偏左」和「社會民主黨」，強調要「照顧」中產階級和弱勢團體。雖然過去民主和社會運動中始終有主張社會民主主義的力量，但政界關於「中間偏左」的談論，完全不是在群眾運動復甦和知識界激進化的背景下展開的。一方面是越來越多政治人物出於選舉政治的考慮，對談論「中間偏左」感到興趣，一方面卻是知識界批判性和社會運動力量的持續衰落，以及民眾對新自由主義意識形態的普遍接受。在這方面，「台灣經驗」恐怕也是相當獨特而耐人尋味的。

在中國大陸，由於市場化改革的推進以及社會矛盾的尖銳化，並以亞洲金融風暴為契機，觸發了關於新自由主義的爭論。根據汪暉的概括，這場被許多人簡化為「新左派與自由主義論戰」的爭論，集中討論了自由主義傳統及其當代問題、對歷史資本主義的理論探討和歷史分析、WTO和發展主義、民族主義以及亞洲問題與中國革命等幾個面向的課題。

十多年來，爭論並未結束。隨著科索沃戰爭和中國駐南斯拉夫使館被炸(1999)，圍繞著WTO而來的相關事件(1999年中美達成世貿協議，2001年中國入世和2005年WTO在香港舉行部長級會議)，以及大陸內部諸多矛盾的發展，如政治腐敗升級、下崗失業蔓延、國有資產流失、「新三座大山」(即住房、醫療和教育的商品化)重壓等，爭論持續發展。2004年郎咸平批判國有企業產權改革過程中國有資產流失所引起的風暴，2005年的《物權法》爭論，2006年喧騰一時的「新西山會議」事件等，可說都和97年以來的爭論一脈相承。

在這場的辯論中，可以看到不少被歸類於「左翼」的論者具有推動財富重分配、完善社會保障、維持公有制主導地位等類似「社會民主」的傾向。他們希望中共的路線能有所調整，在一定程度上克服新自由主義改革帶來的國家能力下降，社會兩極分化，從技術、經濟甚至到外交路線上淪爲西方國家附庸等弊病。不過發生於中共十七大前後的「民主社會主義論戰」，似乎有著更爲複雜的背景。

2007年2月，前中國人民大學副校長謝韜撰寫的〈民主社會主義模式與中國前途〉刊登在《炎黃春秋》雜誌上[2]。文章認爲「保留資本主義生產方式，和平長入社會主義」的民主社會主義，才是「馬克思主義的正統」。他以暴力社會主義和民主社會主義的對立來詮釋社會主義運動史，呼籲中共向以憲政民主爲核心的民主社會主義轉變。

2 該文原標題為〈只有民主社會主義才能救中國〉，在網上早已流傳，《炎黃春秋》上刊登的是刪節潤飾過後的版本。

有中國特色的「民主社會主義論戰」

在中共十七大召開前的微妙時刻，這篇文章引起了不小的爭論。和長期以來國際左翼陣營中的「改良與革命」論爭不同，這場論戰並不是關於當前中國資本主義應用何種力量、何種手段、何種途徑加以變革的討論，而是光譜複雜的左右翼各派知識份子對於作爲唯一「合法」執政黨的中共該往何處去的爭論。

在這場「民主社會主義論戰」中，正面擁護民主社會主義的一方，主要是希望中共實現憲政民主，並正式放棄消滅私有制和資本主義的目標[3]，「承認當今社會中的資本主義的出現是改革開放題中應有之意，名至實歸，不再指鹿爲馬」[4]。在質疑、批判的陣營中，雖然同樣高舉「社會主義」的旗幟，但要捍衛怎樣的「社會主義」(如科學社會主義、「中國特色社會主義」、標舉「無產階級專政下繼續革命」的毛澤東主義等等)，彼此間的立場看起來頗爲分歧。

有趣的是，論戰各方的立場，雖然看起來對立無法調和，其實彼此間的共同處，恐怕比他們自己以爲的多。主編《社會主義還是社會民主主義？》一書的曹天予，認爲謝韜等人是企圖「換旗」，這股思潮的出現反映了中國改革開放以來在經濟基礎、思想意識以

3 〈民主社會主義模式與中國前途〉一文的重點是建立民主憲政，謝韜隨後又和辛子陵(本名宋科，國防大學研究員)合寫〈試解馬克思重建個人所有制的理論與中國改革〉，刊於《炎黃春秋》2007年第6期，重點則擺在私有制問題。

4 辛子陵，〈合成一個新東西—我看中國特色社會主義的偉大實踐〉，《炎黃春秋》，http://www.yhcqw.com/html/yjy/2008/710/08710151029KJ462881D3A3DDDKF7IAD60.html

及中共階級性質等各方面的變化。有趣的是，曹天予雖然捍衛「馬克思主義」，否定社會民主主義，但他所重新解釋的馬克思主義，卻是要以「勞資合作」的「勞動力產權論」，來達到最後消滅雇傭勞動的社會主義目標。如果從國際的角度來看，這樣的立場究竟是屬於革命社會主義的傳統、還是與社會民主主義有更親近的血緣關係，其實還有很大的討論空間。

如果談到「實踐路線」，論戰各派就更爲接近。他們主要是透過各種輿論管道來擴散影響力，積極鼓吹胡溫當局推動變法，實現自己的主張。胡錦濤主政以來，中共官方一面不斷聲言堅持改革開放的道路絕不動搖，一面陸續提出「以人爲本」、「科學發展觀」、「構建社會主義和諧社會」、「關注民生、重視民生、保障民生、改善民生」等口號，而「民主法治」又被列爲構建和諧社會的總要求和原則之一。所以，各派都可以援引中共官方文件和胡溫言論中對己有利的部分。

不管在思想上宗奉社會民主、馬克思主義，甚至新自由主義，大家都是當代的「變法維新」派。各派的共同點在於它們都是眼光向上的「改良派」，草根組織、社會運動、群眾路線，基本上不在考慮範圍，而中共政權階級性質和中國社會性質等這些攸關實踐方向的重大問題，似乎也無需多加討論。這也讓我們發現，僅用國際社會主義運動史中「改良還是革命」、「革命社會主義還是民主社會主義」等爭論的角度，是無法真正理解發生在中國的辯論的。

無論如何，不管是爲了探索新自由主義的替代方案，或是處理兩岸各自獨特的政治課題，如何評價「社會民主」(或「民主社會主義」)實踐的成就與限制[5]，是個無法迴避的問題。「改良還是革命」

5 在國際社會主義運動史上，社會民主主義和民主社會主義兩詞並不是長期以來國際社會主義運動中討論社會民主主義的一條軸線，前些年反新自由主義全球化運動中關於「奪取國家權力」的辯論，甚至是關於邁克爾・哈特和安東尼奧・奈格里合著的《帝國》一書的討論，都多少涉及了「改良與革命」爭論中的一些論題。在這裡，我們暫時繞開改良與革命的論爭，從歷史和實踐的角度來探討社會民主主義者曾許諾了什麼願景，又得到了怎樣的結果。

1951年，重建的社會民主政黨國際組織——社會黨國際，在法蘭克福舉行第一次代表大會。會上通過了被稱爲〈法蘭克福聲明〉的文件〈民主社會主義的目標與任務〉[6]，其中揭櫫了社會民主黨的四大任務，大致內容如下：

一、政治民主：以民主手段建立自由新社會，捍衛民主制，反對私人利潤和專制政治的獨裁統治。

二、經濟民主：推動經濟計畫化，同時要實行經濟權力的民主監督與非集中化，根據各國結構來決定生產資料公有制的範圍和計畫化的形式，在不侵害議會權力的前提下，讓工會、生產者與消費者的組織參與經濟政策制定。

三、社會民主和文化進步：強調以滿足人類需要、而非滿足私人利潤爲指導原則，爭取經濟與社會權利，取消各種歧視。

(續)

容易明確區分，往往交互使用。德國社會民主黨理論家Thomas Meyers在1991年出版的《民主社會主義－社會民主主義：導論》(《民主社會主義導論》的第三版)中寫道，「社會主義」的概念往往帶有過多的空想因素，而大的「社會替代方案」實際上難以實現。他還表示在民主社會主義歷史上，自始就有三個具同等價值的名稱用來指涉同一件事：社會民主主義、民主社會主義、社會(的)民主主義。本文也不嚴格區分這三個名詞，將視場合來使用。

6 社會黨文件集編輯組編，《社會黨國際文件集(1951-1987)》(哈爾濱：黑龍江人民出版社，1989)，頁1-9。

四、國際民主：反覆重申民主社會主義運動的國際性，反對各種形式的帝國主義，同時推進世界財富重分配和鼓勵不發達地區的發展，建立集體安全體系，希望形成民主的國際共同體。

〈法蘭克福聲明〉主要是由英國和斯堪地那維亞國家社會民主黨所主導，法國社會黨所提一些帶馬克思主義色彩的意見，大多未被採納。參加此次大會的，尚有德、奧、荷、比、盧、西班牙、瑞士、日本、以色列、加拿大各國的社會民主政黨。〈法蘭克福聲明〉作爲二次大戰後，國際社會民主政黨的第一份共識性文件，可以用來檢證社會民主主義者理想與實踐的差距。

社會民主黨：從民主先驅到金權政治囚徒

社會主義者不但曾是民主革命中的先驅，更批判資本主義下代議民主的虛假性，追求更廣泛的民主。然而，俄國十月革命之後，一度活躍的蘇維埃民主夭折。德國社會民主黨革命家羅莎·盧森堡曾預言：

> 隨著政治生活在全國受到壓制，蘇維埃的生活也一定會日益陷於癱瘓。沒有普選，沒有不受限制的出版和集會自由，沒有自由的意見交鋒，任何公共機構的生命就要逐步滅絕，就成為沒有靈魂的生活，只有官僚仍是其中唯一的活動因素。[7]

7 〈論俄國革命〉，收入中共中央馬克思恩格斯列寧斯大林著作編譯局國際共運史研究室編，《國際共運史研究資料增刊(盧森堡專輯)》(北京：人民出版社，1989)，頁90。

盧森堡不幸言中，這是國際社會主義運動史上的一大悲劇，而如何認識蘇聯的蛻化變質，也成了各派社會主義者爭論不休的課題。

一次大戰時，各國社會民主黨都拋去了國際主義的理想，支持本國政府參戰，與敵營的「工人階級兄弟」對壘。面對戰後一度勃興的革命浪潮，當時最強大的德國社會民主黨採取了壓制態度，縱容右派殺害盧森堡和李卜克內西，不但鞏固了資產階級秩序，更間接迎來法西斯主義，這是社會民主派不名譽的一頁歷史。到了二次大戰後，這段歷史似乎被遺忘。對社會民主主義的討論，越來越集中在戰後福利國家的建立和議會民主的實踐。於是，和蘇聯、東歐及中國等「實存社會主義」相比，社會民主主義在政治民主問題上普遍被認爲紀錄優良許多。的確，社會民主主義的工人運動，曾經以大規模的群眾動員與鬥爭，從資產階級手中取得重大讓步，包括了普選權和各種社會經濟權利。二次戰後，包括英國工黨、法國社會黨、泛希臘社會主義運動等社會民主政黨執政後，在擴展公民自由上做了不少努力。例如法國社會黨在1981年上台後，陸續廢除死刑、特別軍事法庭、反同性戀法律以及遊行示威法中的不當條款，並確立非婚生子女的平等權。

不過，馬克思主義者曼德爾(Ernst Mandel)在指出社會民主黨的「部分成果」時，曾提醒我們，由於所有這些改良都沒有超越經濟上的資本主義性質，因此它們無法防止週期性經濟危機，週期性的大量失業及廣泛貧窮，以至週期性的限制或廢除民主自由與人權，還有週期性的戰爭或其他困難。

1972年，爲了安撫右翼，維利．勃蘭特領導的德國社會民主黨政府通過〈反激進法規〉，規定被列爲敵視憲法的黨派組織成員，不得擔任公務員，連「勃蘭特的孫輩」、曾任總理的施羅德都在回憶錄中批評這項法案「在實踐中成了國家對付異議者的大棒」[8]。2001年911事件後，英國工黨政府和德國社民黨、綠黨的聯合政府，都以國家安全爲由通過了限制人權的反恐法案。今年6月，英國工黨政府更主導通過將未起訴恐怖疑犯延長扣押42天的爭議法案。此外，社民黨參與的德國大聯合政府，也計畫修改反恐相關法案，擴大情報機關權限。看來，革命派的曼德爾並沒有危言聳聽。

許多人期待中共的黨內民主能成爲政治體制改革的重要起點，但西歐社會民主黨的民主倒退，卻往往先表現在黨內民主的問題上。社民黨領導層往往一方面減少召開黨員大會的次數，或是經常不召開大會，另方面開始限制或廢除組織內討論和批評的自由，甚至向警察情治機關求助，以打擊少數的異己份子。等到社會民主黨陸續轉向擁抱新自由主義之後，黨內民主問題更加惡化，走「第三條道路」的英國工黨是典型的例子。

布萊爾的新工黨強調自己是商界的政黨，它們雖然還標舉社會民主主義的價值，諸如團結、安全、平等、福利等，不過卻代之以新自由主義的實際內涵，並在實踐中一步步摧毀它們曾經取得的「部分成果」。爲了「重組」工黨，也爲了因應基層的不滿，工黨領導層開始逐步削弱基層黨員權力和工會影響力，去除以往工會和選區黨組織能夠影響黨的政策決定及領導成員的各種機制，基層黨組織淪爲俱樂部和選舉後援會，黨內會議徒具形式，執行機構則被領導層牢牢控制。黨員越來越難在黨的不同層次機構中進行討論與爭辯，工黨年會淪爲領導、專家的秀場和演講會，而不是黨員自下而上做出決策的權力機構。

8 《抉擇：我的政治生涯——施羅德回憶錄》（南京：譯林出版社，2007），頁18。

工黨左翼分析，英國的危機顯示資本需要新的政黨政治形式來執行其意志，於是布萊爾的新集團取代了保守黨，而工黨的新舞台則是爲這批承諾實行新自由主義政策的新集團而搭建的。工黨老左派托尼·本(Tony Benn)一針見血地指出，這個新工黨在拆解福利國家，並以勞動彈性化和全球化的名義，削減公共開支和工資等方面，將比保守黨更爲強而有力。從英國工黨的蛻變，我們可以看到政治民主的退化和社會民主的崩壞，兩者相互促進的過程。

布萊爾和施羅德都擅於操弄媒體政治，也都是媒體寵兒，在政治辯論的內容與形式實際上被媒體強烈左右的情況下，政治民主和社會民主都受到了很大的挑戰。德國社民黨理論家托瑪斯·邁耶憂心忡忡地談到了「媒體社會中的改良政黨」，他認爲「在受傳媒決定的民主制裡面」，社會民主黨的改良政策又多了新的限制。

布萊爾很大程度上是運用傳媒來獲得勝選，然而如果傳媒顧問比黨內的決策機制更能決定黨的宣傳手段和內容，「那麼社會民主主義政策的實質就所剩無幾了」。如果僅靠黨的領袖在大眾媒體上的形象與作秀就能取得成功，「那麼社會民主黨在它們第一個世紀的歷史上主要賴以取得成功的兩項資產：值得相信的改良綱領和群眾性政黨中積極投入的黨員隊伍，就成爲次要的因素」[9]。邁耶提出警告：這種媒體政治的氾濫，將使得社會民主黨喪失以基本價值爲導向的政治特性，黨員也將失去動力並與黨疏遠，黨更將變成魅力型領袖支配的黨，實際上媒體將取得對黨政策和領袖的廣泛支配力。

屈從於資本的權力，喪失改革的意志，實行親資本的新自由主義政策，基層群眾監督力量的衰退以及玩弄媒體政治所需的龐大金

9 Thomas Meyers，《社會民主主義的轉型：走向21世紀的社會民主黨》(北京：北京大學出版社，2001)，頁116-121。

錢，在在使得社會民主黨政府腐敗問題逐漸加劇。1990年代以來，歐洲幾個主要社會民主黨不約而同地爆發腐敗醜聞。在比利時，社會黨官員涉嫌接受義大利軍火公司阿古斯塔的賄賂。在西班牙，先後爆發多件社會主義工人黨官員的貪污及金融舞弊案，該黨內部甚至存在一個包括數十名黨內高官在內的集團，非法募集競選資金。在英國，布萊爾政府時期爆發多起以「金錢換爵位」的權錢交易醜聞，布朗繼任首相後，工黨副主席、秘書長、就業及養老金大臣和衛生大臣相繼涉及非法政治獻金的案件。

放棄挑戰資產階級經濟權力的苦果

在義大利，1980年代以來，政治加速腐化，人們以「壞疽病」或「潰爛」來形容貪污舞弊的普及。各黨財務的黑箱作業成了政治領導人物致富的不二法門，社會黨尤其是箇中老手。該黨領袖並擔任過總理的克拉克西，涉及多項金融詐欺與貪污案件被判刑，潛逃海外，義大利社會黨就因爲金權腐敗而宣告解散。

非常諷刺的是，從義大利金權政治中獲利的政治力量竟是該國鉅富、被稱爲「集煽動家與民粹主義者於一身」，曾和新法西斯主義攜手合作的右派政客貝魯斯柯尼。他不但趁民眾對社會黨等既有主流政黨不滿時崛起，三次出任總理，起家更是靠克拉克西護航。擔任總理的克拉克西與貝魯斯柯尼進行互惠交易，前者放任後者不受反壟斷立法等規則的限制，建立起龐大的企業王國：房地產、批發、百貨和廣告業，最後跨入影視業，建立壟斷性的傳媒帝國。後者則利用龐大的傳媒機器，爲前者提供大量的支持。

在法國，社會黨政府執政十多年後，包括總理貝雷戈瓦在內的官員捲入多起金融交易醜聞和貪腐案件，社會黨在執政地區的非法斂財也不斷曝光，致使該黨在1993年國民議會選舉大敗，得票僅17.6%，席次銳減205席。社會黨和共產黨雖在1997年組成聯合內閣執政，但這個「打左燈、向右轉」的政府，基本上和右翼同樣實行新自由主義政策。2002年總統大選，社會黨候選人在首輪選舉中慘敗，讓極右派進入二輪選舉，震驚世界。選後，法國知名刊物《世界外交論衡》主編依格納西奧・拉莫內撰文痛批左右兩大主流政黨「組織渙散且無完整的政治藍圖，缺乏中心思想並失去治國方針和政黨屬性」，而社會黨

> 其領導階層甚至多的是腰纏萬貫的巨富，整個政黨走向似乎與尋常百姓完全脫節，猶如活在不食人間煙火的另外一個世界……社會黨對此一法國社會表象下的眾多受苦群眾完全視若無睹。[10]

社會民主黨會走到這步田地，當然有很多因素，而每個國家的政治社會狀況也有所不同。不過，一個關鍵的原因是：社會民主黨基本上放棄挑戰資產階級的經濟權力。在資本主義社會裡，由於生產資料私人所有制，由於收入和財富的巨大不平等，資產階級擁有各種手段來影響政治，包括控制媒體和智庫、提供競選資金、賄賂、投資罷工和撤資等等。在一人一票的假象下，資產階級實際掌握了主要的政治權力，可說是資本主義社會中的特權階級。

〈法蘭克福聲明〉中曾提到：「社會主義的目的是要把人們從

---

10 Ignacio Ramonet，〈瘟疫〉，《世界外交論衡》（*Le Monde diplomatique*）中文版，http://cn.mondediplo.com/article32.html

對占有或控制生產資料的少數人的依附中解放出來，它的目的是要把經濟權力交到全體人民手中」。社會民主黨人提出了擴大生產資料公有制的範圍，並讓勞動者與消費者參與經濟決策等主張來實現經濟民主。本文無法全面評價社會民主黨實踐經濟民主的經驗，不過，總的來說，各國社會民主黨在經濟民主上前進得極其有限。

英國工黨成員、史家唐納德·薩松在《歐洲社會主義百年史》一書中就指出，沒有任何西歐的左翼政黨曾對取消至少某種生產資料私有制進行過詳細規劃，一些國家推動的國有化政策，其實並不是獨特的社會主義政策，而是有許多其他因素促成了國有化的實行：促進資本主義經濟的現代化、合理化(如透過國家投資來更新設備、改進技術，發展運輸、通訊等部門，降低資本家生產成本)，懲罰納粹合作者(法國)，阻止國有資產流失(奧地利)等等。國有化，被視爲創造富有效率的資本主義經濟，安排經濟發展的工具，而不是社會改革的手段，利潤和競爭的原則往往還是支配國有部門。

生產資料公有制在實踐中被等同於國有化，而不是實行高度社會自治，由工人自我管理，並吸收來自社區、消費者、環保團體等代表參與管理的「社會化」。薩松也認爲，引入更多工人民主或是工人控制，從來沒被社會民主黨認真思考過。很多人推崇社會民主黨推動的工業民主，如德國的共決制、法國社會黨在1980年代推動的奧胡法(Auroux)等。然而所謂工業民主，僅是給予工人知情、諮詢以至於協商的權利，而不是基層工人對生產過程的掌控與自我管理，不是對資產階級經濟權力的限制。奧胡法原本希望加強工會權力，增強工人在工廠與車間的協商與建議權。不過隨著社會黨從「與資本主義決裂」轉向妥協與讓步，這項法案還是歸於失敗，政府官員也承認對工人生活沒有造成多少改變。

不觸動資產階級的經濟權力，自然難以限制資產階級的政治特權，也反過來讓資產階級得以徹底改變社會民主黨的性質。密特朗傳記作者弗朗茲－奧利維埃．吉埃斯貝爾在述及貝雷戈瓦的金權醜聞時，嘲諷地寫著：

> 新時代屬於金錢和金錢的信徒，貝雷戈瓦已經皈依了市場經濟，所以，他完全無愧地同商界人物頻頻來往，其中不乏唯利是圖的人。[11]

貝雷戈瓦是基層工人出身，他的墮落不僅僅是道德問題，而是社會民主黨變質歷程的一個縮影，有著結構性的成因。

另方面，長期被視作「社會主義性質」的國有企業，由於缺乏社會化的願景，所以不但沒有帶來人們期待的公正，更成了新的等級制度和官僚專制。這樣的國有制，又反過來成爲新自由主義者推動私有化的主要口實。從歷史的眼光來看，社會民主黨沒有當資本主義的掘墓人，反而成了自己的掘墓人。

國際層面：「社會」與「民主」兩面旗幟的褪色

二次世界大戰結束初始，各國社會民主黨沒有共同的對外政策，多數西方社民黨都信奉建立在國家利益基礎上的主流思想：跟隨該國的「共識」，或選擇中立，或選擇站在美國一邊。社會黨國際成立後，仍相當鬆散。當時冷戰已經開始，可是社會黨國際的角

11 Franz-Olivier Giesbert，《密特朗傳》（上海：上海譯文出版社，2000），頁870。

色不是團結各國左翼政黨和第三世界的民族解放運動，在資本主義和斯大林式社會主義兩大陣營外，扮演獨立的進步力量。相反，社會黨國際基本上是個冷戰組織，對社會主義運動而言，它主要的功能就是通過一些沒有實際作用、往往充滿妥協的聲明。

就當時的現實條件來說，多數西方社民黨在冷戰雙方中選邊站，似乎是難以擺脫的命運。誠如薩松所言，「只有當特殊的地緣政治環境和歷史環境占據優勢時」，如芬蘭、瑞典、奧地利，才有第三種選擇[12]。他還指出「社會主義政黨未曾認真思考過在可預見未來消滅資本主義的問題，因此，它必然聽命於西方。在這種條件下，根本不可能發展一種『社會主義的對外政策』」，[13]而奧地利或瑞典，之所以能更自由地獨立處理廣泛議題，是因它們無法發揮多大作用，美國可以勉強加以容忍。

即使考慮到歷史條件的限制，還是得指出，「聽命於西方」的結果是，社會民主黨必須爲支持美國對外侵略、在國內部署核子武器、支付龐大軍事預算、爲了反共而維持工運分裂等而負責。韓戰時，執政的工黨政府派兵支持美國的干涉，並在影響公醫制健全的情況下增加國防預算。1950-51年，工黨治下的英國，其人均國防支出還超過美國(當然，這也和英國要維持其帝國角色密切相關)。

越戰期間，雖然面對全球性的反對聲浪，北約各國社會民主政黨的共識仍是支持美國。季辛吉曾在《白宮歲月》中提到，在越戰期間，即使在最私密的談話中，也沒有歐洲領導人曾對美國提出批評。當時歐洲兩位最重要的社會民主派領袖：英國工黨的威爾遜和

12 瑞典社會民主黨政府的對外政策的確相對進步，它在冷戰中奉行中立主義，並批判美國介入越南戰爭。

13 Donald Sassoon , *One Hundred Years of Socialism* (London : I. B. Tauris Publishers, 1996), p. 325.

德國社會民主黨的勃蘭特，也表示同情尼克森所闡述的美國對越戰略，而英國工黨政府外相邁克爾·斯圖爾特甚至比許多美國人，都更有技巧地捍衛美國在越南問題上的立場。

事實上，社民黨政府或社民黨參加的聯合政府，在印尼(荷蘭工黨)、印度支那和阿爾及利亞(法國社會黨)等地進行了殖民戰爭。爲了捍衛殖民帝國，它們嚴厲限制殖民地人民的民主自由權利，甚至對反抗運動成員動用酷刑。殘酷的阿爾及利亞戰爭和愚蠢的蘇伊士運河事件，是法國第四共和史上的兩大污點，以居伊·摩勒爲總理的法國社會黨(工人國際法國支部)政府，不但要承擔主要責任，他們的作爲也大大耗損了工人國際法國支部的政治吸引力。附帶一提，知名的法國社會黨領袖密特朗，在阿爾及利亞戰爭期間先後擔任內政部長(所謂「法國首席警察」)和司法部長，對於那些針對民族解放運動成員的酷刑、非法監禁等，負有最直接的責任。

因爲「現實」的考慮，絕大多數的社會民主黨把他們所許諾的「國際民主」、「反對一切形式的帝國主義」拋在了腦後。而在評價社會民主主義時，如果我們只看到西歐社會民主黨在本國內實現的「政治民主」和福利國家，卻漠視了它們在殖民地問題上的雙重標準，對民主自決、人權等「普世價值」的踐踏，對不平等國際政經關係的維護，這樣的評價又豈是全面的？[14]在這裡，主要還不是從「道德」與「背叛」這樣的視角來重估社會民主主義的歷史。事實上，社會民主黨把自己局限在民族國家疆界內的思考，最終給自己帶來莫大的困難。歐盟，是最清楚的例子。

14 試想一下，如果斯大林主義者或毛澤東主義者，僅拿蘇聯或中國相對平等的社會、普及的醫療與教育等來為其體制辯護，卻絕口不提蘇聯對匈牙利、捷克和阿富汗的干涉入侵，不提中共對赤東暴行或者侵略越南應負的責任，這樣的辯護能有多大的說服力？

戰後開始的歐洲整合歷程，各國的社會民主黨基本上都僅從自己民族國家利益的角度來面對。「任何國家都不能孤立地解決它的全部經濟和社會問題」，「必須超越絕對民族主權的限制」的原則，寫進了〈法蘭克福聲明〉，也載入了社會黨國際關於歐洲聯合的決議，但大多數時間，這些原則僅僅是文字。

英國工黨政府不想放棄大英帝國的利益與榮光，德國社民黨擔心歐洲一體化有礙國家統一的前景，瑞典社民黨則遵循該國傳統的中立主義。支持整合的政黨也不是爲了打破民族國家的狹隘界線。法國社會黨就是從該國傳統國家政策——關注法德關係——的角度，來思考歐洲整合；許多國家的社民黨人支持經濟整合，但主要是基於讓資本主義歐洲經濟現代化的立場。德國社民黨領袖舒馬赫正確地批判歐洲一體化是要建立一個保守的、教會的、資本主義的和壟斷的歐洲，然而不管是支持者還是反對派，都從未試圖爲歐洲一體化爭取一個社會主義的內涵，或是提出一個替代的前景和實踐的途徑。

幾十年過去了，當前所有的歐洲社會民主黨都擁護歐洲一體化的進程，支持既有的歐盟。但是這個歐洲卻是個在新自由主義支配下反社會、反民主的歐洲。在大資本主導下的歐洲一體化，一步步摧毀一個半世紀以來工人階級鬥爭取得的社會成果，社會福利和公共經濟政策大幅削減，公共服務和社會保障私有化，也就是由私人利潤動機來主導，這些都已是人所共知的事實。正是在歐洲貨幣整合的壓力下，被認爲是社會民主派中最堅持抵抗新自由主義壓力的瑞典社會民主黨，改變了幾十年來以捍衛充分就業爲優先的政策，動搖了人所稱頌的瑞典模式。從歷史的眼光來看，某種程度上正是社會民主黨人自己讓社會民主主義中「社會」這面旗幟褪色的。

現在不少社會民主黨人自稱「社會(的)民主主義」，那麼，「民主」這面旗幟呢？主流政治學者已經在辯論歐盟「民主赤字」的問題：民主基礎薄弱、脫離基層百姓、缺乏透明決策和公民監督、民選的歐洲議會不具實權等等。許多歐洲左翼批判歐盟憲草的制定是由各國政府關起門來制訂一部憲法，強加在歐洲4億5,000萬人民的頭上，後來更以《里斯本條約》來規避公民複決的程序。精英的種種決定「破壞了自17、18世紀民主革命以來的議會政治傳統」，「歐盟的權力並非來自公民或人民，而是來自各國政府，這是個顛倒的世界」[15]。在這個過程中，社會民主主義者不是積極參與其中，就是視之爲「較少的禍害」，接受了這樣的現實。

結語

1990年代以來，由於蘇聯東歐「實存社會主義」的崩壞，社會民主主義的倒退，新自由主義成爲支配性的意識形態，國際社會主義運動面臨了重大的信譽危機。即使在左翼陣營，許多人士事實上已經不再追求民主平等的社會主義制度。資本主義之外有沒有更好的替代方案？這個問題無法簡單地得到答案，尤其是在這個新的時代，資本主義的替代方案恐怕也不是簡單地重新標舉過去的政治旗幟，如社會民主主義、斯大林主義、毛澤東主義、托洛茨基主義等等，就足以因應新時代的需要。我們必須對過去國際社會主義運動的理論與實踐，進行全面的評價，當然也需要對當代資本主義以及許多重大的課題(如新自由主義全球化背後的經濟社會趨向、生態危

15 European Anti-Capitalist Left, “A different Europe is possible! A different European Left is necessary!” *International Viewpoint Online magazine*, http://www.internationalviewpoint.org/spip.php?article112

機、不同的經濟民主方案、新政治制度的可能性等等),進行更多的研究。

正是在這個意義下,我們需要對社會民主主義進行全面而公允的評價,應該要避免只泛泛地稱頌福利國家的成就,卻忽略它得以實行的社會歷史條件,無視各國的差異,尤其是歷史發展的變化。當我們說「民主」是社會主義的核心時,固然是毫無疑義的,但「民主」,恐怕不能局限爲既有的「民主憲政」、「代議民主」。在最具專制色彩的工作場所中,民主迄今很少有容身之處,但工作場所卻直接影響了大多數人的生活、安全、健康和幸福。在今天,金融資本取得了支配性的地位,其影響滲透到全球各個角落,左右了各國政治經濟的穩定和普通百姓的生存。所以,如何尋找出一個經濟民主的制度,能夠實現工作場所和投資分配的民主化,是極其關鍵的課題。

在兩岸,不管是探討哪種模式的社會民主主義,往往僅關注民族國家範圍內的社會政策,至於社會民主黨如何面對國際層面上的重大問題(南北關係、殖民地解放、美國的全球霸權、新自由主義全球化下的各種國際協定與組織等等),幾乎不被重視。然而,社會主義始終是個國際性的運動,是要超越民族國家的限制,來思考人類的前途,忽略這方面的課題,等於無視社會主義思想與實踐中最核心的組成部分之一。

最後,美國社會主義者哈爾·椎珀(Hal Draper)早在四十年多前寫成的小冊子〈社會主義的兩種精神〉(The Two Souls of Socialism)中就提醒我們,有兩種不同典型的社會主義:由「由上而下的社會主義」和「由下而上的社會主義」,他認爲部分空想社會主義、斯大林主義和不少社會民主主義者都屬於前者。社會主義也好,新的替代方案也好,不應該是一小撮救世主(黨的領袖、官僚、知識精英、學者專家)及其僕從由上而下救助苦難大眾的教義，而是勞動人民自己組織起來，掌握政經和社會生活決定權的思想與實踐。「由上而下的社會主義」即使一時獲得某種成功，最終也會蛻化變質，成為它們原本想要「解救」對象的異己力量。

楊偉中，長期從事工人運動，曾任全國產業總工會宣傳及研發部主任、全國自主勞工聯盟執行長等。關注社會主義運動史、全球化與工人運動、中國革命史、中國歷史分期問題等，政治與社會評論散見台灣各大報刊。

「民主社會主義」討論的現代中國背景

傅可暢

一、前言

《思想》這次座談會的主題是「民主社會主義在台灣與中國大陸」。雖然並未限定具體議題或範圍，主持人孫善豪先生事先還是建議與會者，可以參考一本名爲《社會主義還是社會民主主義——中國改革中的「民主社會主義」思潮》的文集[1]。這本新近出版的文集與一場辯論有關，緣起於謝韜的一篇文章[2]，主張以「民主社會主義」代替「暴力社會主義」。論爭的核心表面上看來是「民主社會主義」，實際上卻蘊含著對中國革命與中共政權合法性的批判攻防。編者曹天予將各方評論、訪談實錄以及其他相關論文分類蒐羅，編輯成冊，造成了一定的影響。事實上，相關的爭議早已進行多時。從九十年代中期「告別革命」的宣示，到世紀之交的自由主義和新左派之爭，類似的質疑與辯護不斷出現。這過程顯示出某種思想交

1　曹天予編，《社會主義還是社會民主主義——中國改革中的「民主社會主義」思潮》，香港大風出版社2008年4月初版。

2　謝韜，〈民主社會主義模式與中國前途〉，原載《炎黃春秋》2007年第2期，收錄於曹天予所編文集，頁29-44。

鋒形勢的相持不下，卻由於政治因素的影響而始終未能充分開展，甚至還產生義理扭曲的現象[3]。「民主社會主義」論戰只是又換了一個主題，但本質未變。對革命持批判態度者以「暴力社會主義」的頭銜來總結中共，對革命持肯定態度者則依舊高舉著「科學社會主義」的大旗。至於所謂「民主社會主義」，似乎只被用來作為一件新的批判武器。到底有多少倡議「換旗」者關心其本義、或在中國實踐的可能性？這恐怕是一個難以回答的尷尬問題。

身處當代中國大陸「語境」之外的我們，對於作者們字裡行間的言外之意雖然不如大陸讀者感受敏銳，卻也避免了不少的無謂糾結。有些朋友認為這種旁觀者的處境，正是我們能「介入」大陸內部討論的優勢所在。可以擺脫實際政治考量，直接以理論的真偽、對錯，提供一個「客觀的」判斷標準。形式上或許有此可能，但也並非絕對。如果我們對產生這一「語境」的歷史脈絡缺乏基本的認識，更遑論具備起碼的同情與尊重，我們的這項旁觀者優勢很快便會轉為認知盲點。在此情況下，無論我們對「民主社會主義」作出如何完整細密的論述，恐怕終將不免與現實脫節，甚至只會更增強某些人以身處中國「語境」之外為幸的虛妄優越感。因此之故，請容許我針對中國現代史上若干有關社會主義或革命的議題提出一些梗概評述，希望對這一主題能夠起到一點背景鋪陳的作用。

3 可參考大陸學者秦暉的兩篇文章〈自由主義、社會民主主義與當代中國「問題」〉、〈當代中國的「主義」與「問題」〉，早在2003年即上傳至網路公共論壇，很容易找到。作者指出，在中國目前的「語境」中，西方自由主義和社會民主主義所關注爭論的焦點，根本就未觸及到中國的真實問題。另一方面，中國的「新左派」與西方「新左派」在立場上也迥然不同。這些情況導致當代中國的論壇出現了許多「偽話語」，相同的辭彙往往指涉相異的，有時甚至是相反的，內容或意涵。

二、自由主義在現代中國的命運

既然是討論不同的社會主義路線，爲什麼又要提自由主義？這問題可從兩方面回答。首先，從歷史淵源來看，社會主義和自由主義本來就像是一對雙生子。它們共同的母親是自18世紀末期工業革命以來席捲全球的資本主義體系。面對現代世界的新問題，它們各自堅執某些基本信念與價值原則，尖銳對立卻又相互借鑑對話了近兩個世紀。儘管根本歧異依舊，這兩套意識型態在各方面早已彼此滲透交融，且互以批判者的角色並存共進。檢討中國的社會主義道路，實在無法不追問自由主義在現代中國爲何始終難成氣候。另一方面，就實質動機而論，這場辯論中的「民主社會主義」旗幟後面，似乎總潛藏著自由主義的真切目的[4]。可以確定的是，無論是「民主社會主義」還是自由主義，在那些否定革命的人心目中，都代表著一種較高的文明標準，比起革命的暴力與強制當然更令人嚮往。

中國自清末以來國勢危殆，傳統思想資源已不足以救亡圖存。自義和團悲劇之後，中國的「新知識分子」開始積極學習並引介西方制度與思想。辛亥革命以共和取代帝制，正顯示了對傳統政治制度的徹底否定以及對新文明的初步嘗試。歐美資本列強所崇尚的憲政體制和自由主義原則，在當時似乎已經普遍被視爲文明進化的最高標準。中國之所以參加一次大戰，也是希望藉由遵循現代文明國家的遊戲規則，以具體行動逐步贖回過去所喪失的權益與尊嚴。歷史曾經給予自由主義在中國深植發展的機會，如果那些「文明的」

4 關於當代中國自由主義的理論評析，絕非本文所能涵蓋處理。本節所謂自由主義，只是概指前述那一條非社會主義的思想路數。

措施真能夠達成國家發展與社會正義的目標，又有多少人願意採取激烈的手段？

戰後巴黎和會的衝擊，使得中國人徹底認清西方列強的真面目，人們對英美等所謂文明國家的「雙重標準」感受深刻。他們在國內確實維繫著一定程度的文明標準而成就卓著，但在國際場合卻基本踐履著叢林法則。進而言之，他們的發達成就必須建築在確保其他地區相對不發達的基礎之上。在資本主義內在邏輯的作用之下，位居世界體系核心的文明諸強，終究無法免除這一偽善與壓迫性的根本特質[5]。面對「帝國主義」的議題，自由主義總是顯得蒼白無力。對於淪入世界體系邊陲地位的中國來說，自由主義成了緩不濟急的奢侈美夢。

與此同時，出現了另一項影響重大的關鍵因素，那就是俄國大革命。馬克思主義雖然早在世紀之交已被引介入中國，真正開始廣泛傳播卻是在十月革命之後的事。蘇聯的建立不僅使世界各地的社會主義者受到鼓舞，更有效地將各種被壓迫人民的反抗訴求匯聚到一面共同的旗幟之下。它在當時黑暗的國際環境下，還是唯一對中國表示同情並提供實質援助的主要外國力量，帶給了中國人又一新的希望，促使大批中國知識分子轉向社會主義。自由主義在現代中國的發展空間因而更受擠壓，甚至在庸俗社會進化觀的推波助瀾之下，被描繪成資產階級專屬的護身符。這當然是不正確的評論，但是在那革命狂飆的時代背景下，接受這一觀點的人確實不在少數。

---

5 所謂「資本主義內在邏輯」，指的是追求利潤最大化、競爭、操控、獨占等資本主義的基本運作原則。任何人進入這一體系，只能遵照其遊戲規則行事，否則難免失敗的命運。成功者無論其主觀意願是否良善，終將成就一份偽善與壓迫性的事業模式。無論資本主義體系如何企圖自我完善，這一根本特質始終未變。

自由主義和社會主義這一對西方近代思想的雙生子，在特定歷史條件下先後傳入了中國。爲什麼是輸入而不是原生自發？道理其實很簡單，因爲當時的中國根本不是資本主義社會，產生不了相應的問題意識與思維。即使理論引介完整，若無法觸及主要社會脈動，影響終歸有限。自由主義在現代中國的命運大抵如此，其理論本身並非不重要，只能說在中國的機緣尚未成熟。此外，社會主義儘管初期有蘇聯的護航，也走得跌跌撞撞，最終仍需靠自己摸索出一條專屬中國的道路。

三、革命是否不可避免

中國在19世紀後期未能趕搭上資本主義發展的最後列車，陷於落後與被動的局面。如果是單純的落後，任何時候只要奮起直追就有趕超的可能。但如果這落後牽涉到世界政經體系的結構性需要，問題就複雜多了。事實上，當今世界的七大主要工業國，最晚也是在1870年代就完成其第一階段的工業化進程，並在世界體系成型的關鍵階段及時佔據了一席核心座位。此下一百多年，世界格局大體未變。冷戰時期「四小龍」的成功故事，只能算是大架構下的小案例，不足爲世人效仿，也威脅不到主要工業國的根本利益。但是任何一個稍具規模的落後大國若企圖掙脫貧窮，改善處境，勢必嚴重衝擊世界體系的既定格局。這在過去一個世紀中還沒有成功的例子，眼下中國的興起也只是略顯端倪，談不上重大突破。可是當代中國的這股發展勢頭，不可否認地正是受益於20世紀的革命成果。

史學家霍布斯邦將19世紀視爲一個「長世紀」，以1780年代爲其始，至1914年爲止。相對來說，20世紀就是一個「短世紀」，從

1914年至1991年[6]，基本上符合蘇聯國祚。不容諱言，中國在20世紀中期之前，只能算是現代世界舞台上的絕對配角。英美掛帥的自由主義陣營、蘇聯引領的國際共產運動、以及德義日鼓動的法西斯風潮才是真正主角。前者可說是西方文明的主流，後二者則是來自左右兩翼針對其弊的挑戰嘗試[7]。當時中國人已失去了對傳統的信心，游移於三者之間，難以自我定位。無論是在現實處境或是在思想領域，都居於邊陲地位。然而以中國之廣土眾民，終將醞釀出左右世局的巨大能量，只是需要一段摸索與凝結的時間。

魯迅曾說：「被壓迫者對於壓迫者，不是奴隸，就是敵人，決不能成爲朋友」（《且介亭雜文二集・後記》）。回顧1920年代的中國，革命確實不可避免。嚴峻的社會經濟形勢迫使人們尋求變革，爲追求個人和社會的發展與進步，必須先除去內外壓迫。而壓迫者通常不會自己停止壓迫，暴力因而成爲這段歷史的宿命。在蘇聯和共產國際的指導幫助下，國共兩黨聯合發動了「國民革命」。儘管他們對於革命目標、策略有不同主張，內部衝突不斷，國共合作所掀起的革命巨浪還是充分表達了當時「反帝、反封建」的民心所嚮。

後人可以列舉各種高尚的理由去否定革命，卻多半忽略了一項基本事實。在特定的歷史條件下，人們所憑藉的資源與能作爲的空間往往非常有限。1920年代的中國人，不是不知道革命的殘酷與風險，也並非無視於革命可能招致的惡果。他們走向革命，只因爲他

---

6 參考霍布斯邦(Eric Hobsbawm)所著《19世紀三部曲》(《革命的年代》、《資本的年代》、《帝國的年代》)以及《極端的年代：二十世紀史》(上、下冊)，台北，麥田出版社。

7 霍布斯邦以蘇聯的興亡為20世紀主軸，充分顯示他對這場運動的重視。列寧式政黨的社會主義實踐雖以失敗告終，並不表示社會主義的基本價值也隨風而逝。

們別無選擇。

四、新民主主義

1927年國共全面決裂，國府取得勝利後由革命陣線退卻下來，牢固掌握城市。中共被迫進入農村並產生質變，由工人政黨轉化爲以農民爲主的政黨。經過十多年的理論準備，在1940年代初期以毛澤東名義發表了「新民主主義」理論[8]。針對中國社會性質問題與革命方略，提出了一整套深具說服力的論述，成功爭取到了大多數中國人的支持。中共日後之所以能夠建立政權，絕非僅靠策略或陰謀，主要還是得力於這套理論的完成。

「新民主主義」的理論基礎來自於陳翰笙及其領導的「中國農村經濟研究會」成員，這是一個運用現代社會科學方法進行農村社會經濟調查的研究團體。在1929至1933年間，他們收集了大量的農村數據資料，以中共官方立場——中國社會是「半殖民、半封建」的性質——爲假設前提，進行分析驗證，並逐步建構理論。他們認識到，中國社會經濟的核心議題是土地兼併問題。與歐洲經驗不同的是，封建勢力(地主階級)在現代中國不但沒有因爲資本主義的發展而衰亡，反而因爲外在帝國主義勢力的支持而更加鞏固。與此同時，官僚、軍閥、買辦、放高利貸者都與地主階級緊密結合。帝國主義勢力需要他們的合作與幫助，以便更加深入中國內陸，同時也幫助他們鎮壓任何來自中國內部的反抗和挑戰。因此，所謂「半殖民、半封建」不是指兩個分別並存的特質，而是一個共同特質的兩

8 主要論點見〈中國革命和中國共產黨〉、〈新民主主義論〉，收錄於《毛澤東選集》第二卷。以下引述這兩篇文章時，不另註明出處。

個面向。民族資產階級裡外受敵，很難有機會茁壯成長。現代中國不是沒有發展資本主義的條件，只是受制於內外結合的強大力量，被迫停滯在封建狀態。這情況絕不同於歷史上的封建社會，外力因素(帝國主義)在這情境中起著決定性的作用。

在上述社會分析的基礎上，中共以毛澤東之名推演出相應的革命理論：「中國現階段的革命，其性質應該是資產階級民主革命，而不是無產階級社會主義革命」。「但它又不同於舊式的資產階級民主革命，不造成資產階級的專政，而是造成無產階級領導之下的幾個革命階級聯合起來的專政」。「它一方面替資本主義掃清道路，另一方面又替社會主義創造前提。它是一個過渡階段，是在無產階級領導之下的人民大眾的反帝反封建的革命」。

整個中國革命運動包含兩階段：「當時階段」(資產階級民主性質的革命，意即「新民主主義革命」)，「將來階段」(無產階級社會主義性質的革命)。「這兩階段革命有區別又有聯繫，二者的領導權都在中國共產黨身上。只有完成了前一個革命過程才有可能去進行下一個革命過程，只有認清了二者的區別與聯繫，才能正確地引導中國革命」。

「新民主主義」理論本無深奧之處，但卻意義非凡。它的出現，顯示有一群中國人終於在世界體系與歷史脈絡的迷障中明確找到了自己的位置和方向。他們用這理論匯聚民心，凝結力量，不久便爲中國開出了一條可行之路。至少對於「當時階段」的具體目標，人們普遍同意中共的觀點，「反帝、反封建」的階段任務若不先完成，其他願景都屬空談。中共在組織、動員、宣傳、戰略各方面都展現出了高效率與新氣象，因而成爲這項任務的當然領導。至於何時才是啓動「將來階段」的適當時機，爲什麼兩個階段的領導權都該在中國共產黨身上？這些問題在1940年代尚非迫在眉睫，只有到了中共建國後的1950年代，爭議才逐一浮現。

「新民主主義」理論是一個宏大革命藍圖下的階段計畫。它把爭議暫時推向未來，將力量集中當下。眼前的任務雖然艱鉅，卻由於社會能量的集結而出現突破希望。惟有先完成當前任務，未來的新形勢與新問題才會更顯明晰，並足以提供研擬下一階段新任務的具體依據。這種將大計畫分段處理的想法其實非常穩健務實，並非短視或不負責任。平心而論，中共對於「將來階段」的具體計畫始終未有定論，再加上毛澤東個人意志的介入，建政後不久就出現了嚴重的路線之爭。但是這些都不足以否定他們在「當時階段」所取得的成就。

五、毛澤東的遺產[9]

毛澤東具有強烈平均主義傾向，這一特質貫串他一生的思想與作爲。從1950年代中期開始，他就對第一個五年計畫(1953-1957)所帶來的政治後果(官僚化)與社會後果(新形式的社會不平等和分化：包括新官僚精英的出現、工人內部差異、城鄉差距擴大)感到極度憂心與不滿。起先他寄望用來自黨外的監督批評(雙百運動)來予以補救，但不久情勢失控，他又發動「反右」，結果終結了中共與知識分子間的善意與合作關係。

毛思想中的浪漫主義因子隨後開始發酵。不顧多數人的反對意見，他提早結束了「新民主主義」的建設階段，積極推動向社會主

9 本節論點主要參考莫里斯・邁斯納(Maurice Meisner)的《毛澤東的中國及其後：中華人民共和國史》(香港，中文大學出版社，2005)，以下引文不另註明頁碼。

義的過渡，甚至發動超英趕美的大躍進運動。顯然他是希望能夠跨過資本主義的發展階段，直接進入社會主義。大躍進的平均主義和民粹主義含有深刻的反官僚內容，這是毛澤東的核心價值所在。對於後來大躍進帶來的災難後果，他雖然承認犯下操之過急的過失，卻從不認爲自己在根本方向上有錯誤。「隨著大躍進的崩潰以及自身在政治權力中心的孤立，毛開始擔心革命前途。他越來越相信，社會主義社會產生著新的資產階級，還存在著階級和階級鬥爭」。

如果說1960年代初期劉少奇、鄧小平二人是在走資本主義的道路，這評論對他們未必公允。他們終究還是馬克思主義者、共產黨人。「毛路線」與「劉路線」[10]依照今天的標準來看，實質差別並不大。但是在當時的時空背景之下，分歧非常尖銳。1960年代初劉、鄧所實行的政策，假以時日，必然導致巨大質變。我們從改革開放30年的歷史經驗以及今天中國大陸的社會現狀來看，毛澤東當年的疑慮確實並非杞人憂天。

關於社會主義原則，毛澤東時代除了基本達成了生產資料的「公有制」(和「集體所有制」)以及「按勞分配」的原則之外，另一項重要前提卻付之闕如：那就是「政治權力由全體勞動群眾行使；允許生產者自己控制勞動條件和勞動產品」。換言之，民主的缺乏是毛澤東時代的一項關鍵問題。儘管在「雙百運動」和「文化大革命」中，毛本人都企圖處理「領導者」與「被領導者」之間的矛盾問題，但始終只是依靠他的個人威望，並未能建立一個有效的反對官僚統治的民主機制。所以，「在毛時代終結時，中國處在一個由官僚支

10 劉少奇新經濟政策(1961-1965)在農業方面允許各農戶擴大自留地，在工業方面強調「利潤」指標、加強廠長和技術人員的權威、重視物質刺激更甚於精神鼓勵。

配社會的狀態下。它既不是資本主義也不是社會主義。」

建國之後的毛澤東總是與黨內大多數同志唱反調，他的主要措施(雙百運動、大躍進、文化大革命)也多以失敗告終。然而，相對於他的成功之處，毛澤東在共和國時期的失敗經驗更具啓示作用，值得後人深思。毛的大膽嘗試事實上反映出一個時代的集體願力，觸發了人性中對正義與平等的強烈呼喚。如果沒有群眾由下而上的廣泛響應，毛澤東個人的奇思異想也不至於產生那麼大的能量。毛的失敗並不代表他所關注的問題失去了動力，他所點燃的火種只是暫受壓抑，有朝一日仍有燎原潛能。

六、結語

所謂「解放」其實應該包含兩層意義，一是民族的集體解放，另外則是個人的解放。不僅在制度層面要結束壓迫和剝削關係，在心靈層面更需解脫思想桎梏。20世紀中國人的兩大歷史願望——反帝、反封建——在中共建政初期都以迅雷手段達成了。新政權將帝國主義的政治、軍事、經濟勢力徹底逐出中國，並對社會進行全面改造，爲下一階段的建設鋪奠基礎，各方面成就無庸置疑。然而，在追求中華民族集體解放的過程中，軍事動員與強制手段不可避免地嚴重妨害了個人解放，這也是中共政權不容辯解的罩門所在。

革命通常發生在不得不然的情況下，充斥著暴力與強制。受益者感念它，受害者詛咒它，革命家藉由對它的不斷歌頌而鞏固權力。革命並不能保證它所揭示的目標必然達成，它的陣營中也始終不乏野心家，時時想著篡奪權位、享用果實。革命解決舊問題，卻又製造新問題。革命更可能變質，甚至會完全走到它的對立面。總之，一場已經發生的革命不可能完美無暇，但也不至於一無是處。對革命的客觀評述極爲不易，常因牽涉多端而顧此失彼。分門解析、實事求是固然是基本要求，但有時還必須觀照到理性之外的其他考量。當我們這些旁觀者肯定一場革命的特殊貢獻時，並不意味著無視其中也「漂滿了死者彎曲的倒影」(借用北島詩句)。同樣的道理，受困於革命政權強制暴力下的人們，是否應該警惕自身可能同時也受限於個人經驗與成見，以至無法還歷史以本來面目？歷史不會屈從於人的主觀意願，惟有先理解歷史，才有可能改變現狀。

以上對中國革命的論述，與當前的主題——「民主社會主義在台灣與中國大陸」——究竟有何關聯？從其他與談人對「民主社會主義」理論與實踐的介紹內容來看，我們可以確定，那些經驗全發生在工業發達的歐洲。在左翼思想與勢力微不足道的台灣，「民主社會主義」的前景其實並不樂觀。在今天60%以上人口仍屬農村戶籍的中國大陸，更明顯缺乏相應可行的社會條件。此時此刻提出「民主社會主義」的建議，真有一種上不著天、下不著地的荒謬感，這也就是爲什麼我會在「前言」中認定它可能只是一件針對現政權的批判武器。我選擇評介「新民主主義」與毛澤東現象，無非是要說明主義(思想)與社會現實間的關係。正因爲「新民主主義」理論是建立在充分理解現實的基礎之上，它才得以發揮出推動歷史前進的正面力量。儘管1950年代中期以後的毛澤東確實捕捉到了若干影響革命前途的關鍵因素，他卻逐步脫離對現實因素應有的尊重與考量，又過度強調人的主觀意識和意志力的作用，終於導致災難性的後果。當然，人類社會永遠需要一些人從事天馬行空的思維探索，只有當那些人擁有像毛澤東一樣的影響力的時候，事情才會變得危險起來。

改革開放30來年的中國有兩大基本訴求——發展與穩定，大體上符合現階段的主流民意。兩相配合的結果，成就有目共睹。這一階段的發展，其重要性絕不下於「新民主主義」階段的革命。務實和堅持自我是這兩階段的共同特徵。改革開放的可稱之處就在於因勢利導，設定自己的目標與步驟，不隨他人的節奏起舞。面對無前例可循的局面，只能「摸著石頭過河」。不知不覺間，中國已由世界舞台上的絕對配角轉化成爲第二或第三主角。接下來又該如何？是爭奪第一主角的虛銜？還是繼續務實的腳步，從現實出發，讓主義引導，開始下一階段的征程？

傅可暢，東吳大學歷史系助理教授。主要興趣為中國近現代思想史、中國革命史。目前從事馬克思主義中國化的相關研究。

從社會民主到社會主義民主

萬毓澤

一、「民主社會主義」的虛實

社會主義運動史上，「社會民主主義者」或「社會民主」一詞，最早出現於1848年歐洲革命時期。當時的「社會民主主義者」或「社會民主黨人」意涵較廣，大致涵蓋幾類政治派別，如(帶有社會主義色彩的)小資產階級民主派、無產階級革命派等。馬克思、恩格斯曾參加德國革命，希望把資產階級民主革命推行到底，爲過渡到社會主義革命創造條件，因此也自稱社會民主主義者(Sozialdemokrat)[1]。1860-70年代以降，歐洲各國陸續成立的社會主義工人政黨，皆認爲政治問題與社會問題不可分割，皆將「爭取民主」視爲實現社會主義的先決條件，並據此來爲政黨命名，如社會民主黨、社會黨、社會民主工黨等。李卜克內西於1869年5月發表的演說〈論社會民主黨的政治立場〉中便云：「正因爲我們了解社會

1 馬克思和恩格斯就是在1850年的〈共產主義者同盟中央委員會告同盟書〉中提出了「不斷革命」(die Revolution in Permanenz)的說法，認為工人階級在與小資產階級民主派合作時，不能淪為附庸，必須維持工人階級政黨的獨立性。

主義和民主之間的不可分割，我們才自稱社會民主黨人。我們的綱領就在這個名稱之中」[2]。1889年，這些社會主義政黨聯合建立了第二國際。因此，在早期階段，「社會民主主義」和「社會主義」基本上是一致的，至少都同意(1)生產資料的社會化；(2)國際工人階級的團結合作；(3)組織無產階級政黨參加議會活動，爲奪取政權做準備。

當然，眾所皆知，由於「合法鬥爭」漸有成就，各國社會民主政黨內部逐漸出現路線鬥爭，其中的「改良主義」或「修正主義」一派認爲，只要透過合法的議會活動與改良措施，就可和平過渡至社會主義。第一次世界大戰前夕，第二國際各黨皆同意，若爆發帝國主義戰爭，必須堅決反對這場不義之戰，並利用危機來推動革命。但1914年8月戰爭爆發時，大多數歐洲社會民主政黨領導人卻轉而支持本國政府與本國工人參戰，國際社會主義運動也就此分裂。在這種態勢下，列寧於1917年4月首度提出，馬克思主義的工人政黨必須放棄「社會民主主義」這個名稱，改稱共產黨，並於同年9月號召成立了共產國際，即第三國際。

兩次大戰間，各國社會民主黨有時將「民主社會主義」當作「社會民主主義」的同義詞，以凸顯自己與「非民主」的社會主義(即蘇聯)的歧異。各國社會民主政黨於1951年聯合建立「社會黨國際」，成立大會上通過的聲明標題就是「民主社會主義的目標和任務」[3]，強調「政治民主」、「經濟民主」、「文化進步」與「國際民主」。

2 演說全文見http://www.marxists.org/deutsch/archiv/liebknechtw/1869/05/01.htm

3 聲明全文見 http://www.socialistinternational.org/viewArticle.cfm?ArticleID=39。中譯見http://www.marxists.org/chinese/06/marxist.org-chinese-2Interational-1951.htm

從此，人們逐漸用「民主社會主義」一詞來概括各國社會民主政黨的政策主張與意識型態。

然而，蘇東劇變、「現實社會主義」瓦解後，「社會主義」一詞也聲譽盡失。因此，某些社會民主政黨在自我描述時，便傾向避免使用「社會主義」一詞；「社會民主主義」毋寧是比較安全的標籤。十幾年來，社會民主政黨的檔案和相關論著中，「社會民主主義」有逐漸取代「民主社會主義」一詞的趨勢，或至少是並列或交互使用。如德國社會民主黨內有些成員便主張，應以「社會民主」來取代「民主社會主義」一詞。他們認爲，「社會主義」一詞容易導致引發不當聯想；此外，在「現實社會主義」證明失敗後，不宜再將「社會主義」理解爲某種「模式」或「社會經濟結構」，而是應該將之視爲某種「由基本價值加以界定的規範性政治和理論思想」[4]。2007年1月德國社會民主黨發佈的新綱領草案(「不來梅草案」)的標題便是「21世紀的社會民主」[5]。換言之，值得追求的，是具有

4 社會民主黨執委會基本價值委員會，〈社會主義：關於處理一個概念的困難〉，收於中央編譯局世界社會主義研究所編，《當代國外社會主義：理論與模式》(北京：中央編譯出版社，1998)，頁234。

5 但綱領內文並沒有放棄使用「民主社會主義」一詞。標題為「民主社會主義」的一節中有這樣一段文字：「蘇聯國家社會主義的終結，並沒有證明民主社會主義(demokratischer Sozialismus)這個理念的錯誤，而是深刻確認了社會民主的基本價值。對我們來說，民主社會主義仍代表了一個自由、公平、團結的社會願景，這是我們將不斷奮鬥的目標。我們的行動原則，是社會民主(Soziale Demokratie)」。顯而易見的是，這份綱領是從「價值」(自由、公平、團結)的角度來論述「民主社會主義」，而盡量不觸碰比較敏感的問題，如私有產權。綱領德文全文見：http://programmdebatte.spd.de/servlet/PB/show/1727778/230907_Empfehlung_Antragskommission.pdf

「社會」內涵的「民主」(體制)。然而，究竟什麼是民主？可不可能發展出一種(或多種)社會主義的民主理論與實踐？以下，我們先從戰後資本主義的變化與社會民主派的角色談起。

二、「福利資本主義」的常變

全球化對「福利資本主義」確實有直接或間接的影響，如以下幾個層面：(1)**商品資本**與**產業資本**的全球化，使產品與服務出現激烈的全球價格競爭，而福利國家的勞動力成本又相對偏高，難免受到衝擊；另一方面，跨國企業可赴海外尋找成本低、潛在獲利高的地區投資，故本國工人亦面臨激烈競爭。(2)因此，各國政府若要「提升競爭力」，便不免透過租稅優惠等政策來創造「良好」的投資環境，以吸引跨國資本投資、防止本國資本外流。然而，沒有充足的稅收，就不會有良好的福利政策。(3)在**金融資本**的全球化之下，民族國家越來越難以透過貨幣政策來調節經濟、解決失業問題，例如當本國調降匯率和利率、試圖擴張經濟時，往往導致通貨膨脹和資金外流，也因此難以透過貨幣政策來減緩失業。

在這些背景下，1980年代以降，歐洲許多福利資本主義國家相繼提出「改革」措施，如削減社福開支、尋求預算平衡、延長退休年齡、減少外來移民享有的福利待遇等。用社會福利學者埃斯平－安德森的用語來說，福利資本主義國家原有的「去商品化」的趨勢減弱[6]，甚至出現新一波的「再商品化」。

---

6 「去商品化」指的是：公民獲得了某些機會、資格或條件，可以不必透過市場商品交易，就能得到某些貨幣的或非貨幣的福利服務，以維持一定的生活水準。埃斯平－安德森便認為，歷史上有關社會

要特別說明的是，這不代表福利資本主義模式已全面瓦解，或在新自由主義全球化的壓力下完全「趨同」。美國政治學者斯汪克在其重要著作中就曾指出，一國的政治環境(包括對福利政策持不同意見的社會團體的力量對比、組織程度、對政策制訂的影響力，以及選舉制度等)在相當程度上會形塑國民的價值、規範與行爲，從而形塑國內的政治辯論環境、影響福利政策的走向。例如他發現，在埃斯平－安德森所謂的「自由福利國家」(美、加、英、澳、紐等)，國內的制度結構有系統地偏向競爭性的資本主義，因此在面對全球化時，便傾向制訂各種反福利的、親市場的政策。相比下，所謂的保守型或統合主義福利國家(如德、奧、法、義)及社會民主型福利國家(如瑞典和挪威)，其政治制度則偏向合作與共識，且公民廣泛支持福利政策所蘊含的價值，因此這些國家的政策制訂者在回應全球化時便與英美等國有所差異[7]。當然，這不是要否認全球化的影響，只是要說明：每個國家內部過去所形成的制度安排、價值規範與社會力量，確實會產生一定的路徑依賴效應，從而在「外在壓力」與「政策回應」之間形成中介[8]。

(續)

政策的爭論，大部分都是針對「市場豁免權」的強度、範圍和性質等問題而發。也因此，一般在衡量福利國家的「去商品化」程度時，看的便是該國福利政策在多大程度上，能讓失業者、殘病人士及老年人口等不受純粹市場力量的影響，而保有基本的生活水準。

7 Duane Swank, *Global Capital, Political Institutions, and Policy Change in Developed Welfare States* (Cambridge, UK: Cambridge University Press, 2002).

8 另兩位知名的社福研究者休伯及史提芬斯也強調，各國政黨在面臨全球化的壓力時，是在既有的選舉制度、政策遺產與政治經濟動員下做出選擇，而各國既然有其特定社會歷史脈絡，回應方式也就有所差異。他們也發現，福利國家當中，最常見的是「擴張減緩」，其次是「停滯」，最少見的則是政府補貼的全面削減(如英國及紐但整體而言，戰後原有的那種以「鑲嵌性的自由主義」(embedded liberalism)爲基礎的福利國家模式，不論在意識型態或制度安排上，確實已逐漸讓位給「競爭型國家」[9]。我們看到的，不是超全球化論者眼中那種簡單的「趨同」，也不是比較政治經濟學中採取「資本主義多樣性」取徑者所強調的「分歧」[10]，而毋寧是「趨

(續)

西蘭)。英國學者麥葛瑞格亦指出，福利政策的支持力量越衰弱的地方，「改革」就進行得越猛烈。見Evelyne Huber and John D. Stephens. *Development and Crisis of the Welfare State* (Chicago: The University of Chicago Press, 2001)；Susanne MacGregor, "The Welfare State and Neoliberalism," in Alfredo Saad-Filho and Deborah Johnston (eds.) *Neoliberalism: A Critical Reader* (London: Pluto Press, 2004).

9 「競爭型國家」(Wettbewerbsstaat)或「競爭型民族國家」是德國學者赫許於1990年代中期左右提出的用語，用來與原先「德國模式」下的「安全國」(Sicherheitsstaat)做對比。「競爭型國家」的方針，是「在全球化的積累過程中，使民族國家層次的資本投資達到最適化，以不斷與其他民族國家『投資地』競爭」。見Joachim Hirsch, *Vom Sicherheitsstaat zum nationalen Wettbewerbsstaat* (Berlin: ID-Verlag, 1998), p. 33。因此，國家必須創造有利的投資環境(如推動產業升級、逐步解除勞動力市場的管制、為企業減免稅賦、促進勞動關係的「自由化」與「個人化」等等)，以吸引資本、提升國家「競爭力」。

10 1990年代以來，許多比較政治經濟學的研究皆採取「資本主義多樣性」的研究取徑，來理解先進資本主義經濟體之間的制度異同。部分論者認為，先進資本主義國家在(路徑依賴下的)經濟發展與經濟政策上，大致可區分為兩種理念型，一種是「自由市場經濟」，如英、美、加、澳、紐，一種是「協調式市場經濟」，如德、瑞典、瑞士、荷蘭、挪威、奧地利、丹麥、日本等。根據這種取徑，這兩種資本主義下的經濟行動者(主要指廠商)在勞資關係、職業訓練與教育、金融與投資、廠商間的競爭合作關係等各方面採取了不同的回應策略。但近年來，這種取徑所隱含的靜態、制度決定論式的觀點，已逐漸受到挑戰。

同下的歧異」。因此，與其繼續強調新自由主義全球化下的「資本主義多樣性」，不如把焦點擺在「新自由主義的多樣性」，亦即原先各種(不同模式的)福利資本主義國家如何在「趨同」的過程中呈現出「歧異」。畢竟，即使是瑞典、德國這類「新統合主義」、「協調式市場經濟」或所謂「萊茵河」模式的最後堡壘，其政策產出(即政策標的團體所實際得到的資源)也已出現重大變化[11]。就區域的層次而言，歐盟理事會2000年3月制訂了里斯本議程，宣稱要全面「改革」商品與勞動力市場，以提高歐洲「競爭力」，讓歐洲在2010年成爲「全球最具競爭力與動力的知識經濟體」，更是新自由主義意識型態下的「競爭型國家」在歐盟層次上的具體表現。而諷刺的是，1990年代，特別是1990年代後期，也恰恰是社會民主派在歐洲各國「神奇回歸」(在多國執政或加入聯合政府)，將「第三條路」、「新中間」等口號喊得震天價響的時期。

三、社會民主派的浮沉

上文粗略勾勒了「福利資本主義」的變化，以下則要集中討論社會民主派扮演的角色。先以法國爲例。1995年席哈克當選第五共和的第五任總統不到半年，總理居佩主導的社會保險與退休金改革方案便引發了大罷工。該年11月起，鐵路、郵政、電信等公部門500萬工人陸續罷工達三週，間接導致兩年後保守派在國會改選中敗

11 Philip G. Cerny, et al. “Different Roads to Globalization: Neoliberalism, the Competition State, and Politics in a More Open World,” in Susanne Soederberg et al. (eds.) *Internalizing Globalization: The Rise of Neoliberalism and the Decline of National Varieties of Capitalism* (New York: Palgrave, 2005).

北，席哈克不得不任命社會黨黨魁喬斯潘出任總理，形成法國第三次「左右共治」。但喬斯潘所領導的「多元左翼」執政聯盟(社會黨、共產黨、綠黨)在社經政策上卻與右翼沒有根本的歧異。如右翼政府於1993年7月開始推動的重大私有化方案，2000年時已幾乎由「多元左翼」執行完畢。社會黨理論刊物《社會主義評論》甚至自豪地表示：「在私有化政策的推動上，左派聯合內閣於三年內的政績，堪稱法國歷來政權之冠」，並強調政府在制訂每週法定工時35小時的法律前，已將雇主需求納入考量，包括讓企業改善彈性工時制度等[12]。在此背景下，喬斯潘在2002年的總統選舉第一輪投票中竟敗給極右翼「民族陣線」候選人勒朋；2003年又出現大罷工；2005年公投否決歐盟憲法草案與郊區青年暴動；2006年出現抗議「首次雇用契約」就業法案的學運與工潮；社會黨在2007年總統選舉中敗北……等，則都是後話了。

再如德國與瑞典。德國戰後各政黨、工會與企業界所共同打造的「德國模式」，近年來已開始向右傾斜，故1998年底上任的前社民黨主席、財政部長拉封丹原先希望規範金融市場，但在德國企業與歐洲中央銀行群起圍攻下，不到五個月便辭職。拉封丹於2005年離開社民黨，加入「勞動與社會正義——選舉新選擇」，後又與左翼黨——民主社會主義黨(Die Linkspartei/PDS，前身爲東德共產黨，即「社會主義統一黨」，兩德統一後改名爲「民主社會主義黨」)合併爲左翼黨，目前爲德國第四大黨。拉封丹1998年發表在《新左評論》的一篇文章，還曾宣示「全世界和德國的社會民主黨人都知

12 見Serge Halimi，〈當左派政黨不再是社會主義者〉，法國《世界外交論衡》(*Le Monde diplomatique*)中文版，http://cn.mondediplo.com/article35.html

道，改革就意味著人民的生活在改革後要比改革前過得更好。……社會民主主義的新世紀即將到來」[13]。對照目前的形勢，真可說是不勝欷噓。即使在瑞典，新自由主義的修辭與政策亦已逐漸確立地位，導致瑞典在總體經濟與貨幣政策上的改弦易轍，儘管其原有的福利國家體制尚未全然崩解[14]。

四、教訓何在？

經濟上，社會民主代表的是混合經濟，強調建立進步的稅制與社會安全體系，來緩解資本主義的不平等；政治上，社會民主則強調議會民主。整體觀之，二戰後，社會民主所推動的「福利資本主

13 Oskar Lafontaine，〈德國社會民主主義的未來〉，收於洋雪冬、薛曉源編，《「第三條道路」與新的理論》（北京：社會科學文獻出版社，2000），頁57。

14 限於篇幅，這裡無法處理另一項重大課題，即社會民主派的「國家主義」及其衍伸的外交政策。我願藉註腳引述曼德爾的一段描述：「除少數幾個值得稱讚的例外……，各國社會民主黨幾乎都以『民族防衛』為藉口為第一次世界大戰的血腥屠殺辯護並向其提供支援……。社會民主黨政府或有社會民主黨的代表參加的政府組織或者維護了在印度支那、馬來西亞、印尼和阿爾及利亞進行的殖民戰爭。它們組織或者庇護了刑訊拷打，尤其是在阿爾及利亞。它們嚴厲限制民主的自由權利，尤其是在印度、印尼、埃及、伊拉克和新加坡。它們粉飾並支持在南非保留慘無人道的種族隔離政權。……國際社會民主黨參與冷戰達數十年之久。它贊同在西歐部署核武器，支援北大西洋公約組織，並以陳腐的反共主義為理由維持了工人運動的分裂。……它一如既往地與帝國主義勾結在一起，共同致力於維護能對第三世界各國人民進行超額剝削的國際經濟結構」。這些都是在評論社會民主的成就與侷限時無法迴避的課題。見Ernest Mandel，〈社會主義的狀況和未來〉，收於《未來的社會主義》（北京：中央編譯出版社，1994），頁137-9。

義」在一定程度上成功推動了「去商品化」，確實改善了工人階級的處境。但「混合經濟」名曰混合，實際上仍仰賴資本主義部門(表現爲商品與工資形式的生產活動)及其稅收。因此，一旦資本主義部門利潤減弱、成長趨緩，就會衝擊整體稅基，也就連帶動搖原有的福利國家基礎。這正是1970年代以來各國社會民主派面臨的基本問題。

我相當同意研究「瑞典社會民主的危機」的學者萊納的看法。一方面，我們不應將社會民主的危機化約爲外部約束條件的結果，也不應誤判現實，以爲外部環境毫無改變，把一切問題都歸於社會民主派政治菁英的「背叛」。前者忽略了行動者在戰略上可能犯下的錯誤，也忽略了行動者可能有**不同的選擇**，儘管選擇範圍總會因外部環境而改變；後者則無視於全球資本主義的質變，未能認識到這種變化早已重新界定了社會民主派的政治環境[15]。

英國知名的社會民主派學者赫斯特認爲，社會民主的目標「過去是，現在也是使資本主義穩定、人性化」，且其中包含三項要素：(1)試圖透過經濟成長、促進就業及社會安全體系等措施，盡量降低資本主義對個人的損害；(2)試圖削減權力與財富分配的不平等；(3)**試圖在議會民主、私有產權與市場經濟的架構內，來實現這些目標**[16]。赫斯特正面闡述了社會民主的精神，並認爲社會民主有能力適應資本主義的發展、面對全球化的挑戰。

15 見Magnus Ryner, "Neoliberal Globalization and the Crisis of Swedish Social Democracy," *Economic and Industrial Democracy*, 20 (1999), pp. 39-79.

16 見Paul Hirst, "Has Globalisation Killed Social Democracy?" in Andrew Gamble and Tony Wright (eds.) *The New Social Democracy* (Oxford: Blackwell, 1999), p. 87.

然而，我們已經看到，在社會民主式的資本主義下，資本主義的運動規律與內在矛盾並沒有停止運作。儘管不同的資本「積累體制」[17]會呈現出不同樣貌的彈性與適應性，但畢竟仍在一定範圍內，一旦超過限度，就會遇到反撲。同樣重要的是，資本主義是一個動態發展、全球緊密聯繫的體系，不斷隨歷史的發展而表現為不同的發展階段：在戰後資本主義的黃金時期中，經濟高度成長，工人充分就業，組織化程度高、力量強大，這正是社會民主派得以建立社會福利體系、使資本主義「人性化」的基礎。但1970年代以來，全球資本主義已進入低成長的階段，資本與勞動之間的力量對比已不斷朝資本一方傾斜，工人組織程度停滯或衰退，工人運動則多半屬於防禦性質，戰後勞資雙方的「歷史妥協」越來越成為勞動者單方面的「妥協」[18]。

因此，我們面臨的不是簡單的政策選擇問題，關鍵不在於我們是否選擇某種版本的社會民主模式或新自由主義模式(若政治菁英選擇後者，則代表他們的「背叛」)。在全球資本主義下，不同的民族國家會因(1)資本主義不同發展階段下的內在動力，以及(2)該民族國家在世界分工體系與國際關係中的位置，而面臨不同範圍的政策選項。

就(1)而言，全球化(作為新的資本主義發展階段)雖然並未完全侵蝕原有的福利資本主義模式，但二戰後那種以民族國家為中心、

---

17 可粗略理解為生產體制、消費體制、勞動體制、國家干預模式與國際分工型態等面向的綜合。

18 如「改革／改良」這個字，原本指的是限制市場資本主義的運作範圍，以擴張公民權利(如T. H. Marshall的古典用法)，但在當前的脈絡下，卻往往意謂擴張市場邏輯，如所謂「工時改革」、「福利制度改革」等等。

強調需求管理、充分就業、或多或少重視財富重分配的資本積累模式，確實已越來越難以維繫。

就(2)而言，以目前的資本主義新中國爲例。中國除了透過不受民主監督的國家機器壓低勞動條件與環境標準以吸引外資、扶植本國資本(多半是賤賣、侵吞集體與國有財產式的「假公濟私」或「化公爲私」)外，又具有一定的工業基礎與強大軍事政治力量，因此讓中國在世界上具有其獨特位置。其特色如工人組織程度奇低；貧富差距奇大；對環境生態平衡極不利；依賴外資與外國市場；具有一定的資本輸出實力；軍事政治力量強大，與其他世界強權的競爭關係可能加劇……。從這些**現實條件**出發，我們知道，即使是在中國強調「社會民主」模式，似乎都有些脫離現實。社會民主模式的前提是「階級妥協」，但資本對勞動的「妥協」從來不是少數溫厚的資本家或國家機器的施捨，而是工人組織與工人運動(包括經濟與政治上的)挑戰下的產物。但中國的工人組織在哪裡？工人的政治代表在哪裡？因此，中國若有真誠的社會民主派，要務應是發展工人運動與各種社會運動，推動工人的組織化與政治化，並在更廣泛的平面上(政治與經濟；中央與地方)推動民主化，而不是只把民主化限縮在「民主憲政」的架構內，甚至把「中國特色的社會主義」妝點爲「民主社會主義」，以強調中國正在走正確的道路。

總之，我們看到，近年來，各國若有左翼執政，不論是較早期的法國社會黨密特朗或晚近的德國社民黨拉封丹、巴西工黨盧拉、加入義大利中左聯合政府的重建共產黨(PRC)，當他們企圖規範資本的力量時，都受到了資本(尤其是金融資本)的反撲，甚至延續了右翼的內政或外交政策(如重建共產黨便支持義大利在阿富汗駐軍，並支持義大利的美軍基地擴建，導致黨內的左翼出走)。當然，這不意謂對資本的規範(或改良)不可能，但比較理想的狀況，是在國際的平面上開展這種規範，而不是期待個別國家內的政治行動者能夠憑己力完成重大的改良措施。但社會民主派的意識型態，卻恰恰是以單一民族國家內(由政治菁英領導的)的規範／改良爲基礎；即使近年來不少社會民主派喜談「全球治理」，但多半只是修辭。

我認爲，我們應該在(某些革命左翼強調的)改良無望與(某些社會民主派強調的)改良萬能之外，找到第三條路。改良的確可能，但卻有其限度，在資本主義陷入衰退時尤其如此；因此，若要確保各種社會戰果，最好強調改良與革命之間的連續性：若不根本挑戰全球資本主義體制，個別國家內的改良成果就難以真正鞏固[19]。套句老話：「我支持真正的改良，所以我是革命派」[20]。

五、重新詮釋民主社會主義

英國政治學者史塔莫斯在考察社會民主派的歷史之後，認爲社會民主在意識型態與組織運作上有六項特色，分別是：(1)認同自由

19 就在撰寫此文之際，法國傳來了消息：法國國會上議院於7月23日通過了號稱要「改革工時」及「復興社會民主」的法案，允許企業不必受制於每周35小時工時的規定，允許企業就工時與加班問題與工會訂定個別(而非產業層次或全國層次的)協議。35小時工時原是社會黨政府於1998年推動實施的法案，如今已正式走入歷史。

20 羅莎·盧森堡早在1900-1910年間的政治著作中，就討論過「改良」與「革命」、「部分成就」與「最終目的」之間的虛假對立。革命社會主義者始終支持、並試圖領導各種爭取改良的鬥爭(如擴大民主自由權利、改善群眾的物質生活條件等)；更重要的是，許多情形下，革命社會主義者為了鞏固或深化改良的成果，還不得不對抗社會民主派，因為社會民主派往往為了避免根本動搖資本主義體制，而反對群眾提出「過激」的要求，甚至主動壓制群眾。這類事蹟，史上斑斑可考。

主義民主的政體；(2)認爲資本主義市場經濟既不可避免，也是創造財富與經濟成長的泉源；(3)認爲資本主義市場經濟導致了不平等，但相信可以透過某種形式的經濟／社會治理來有效減少其危害；(4)從菁英主義、由上而下的角度理解群眾與政治領導之間的關係；(5)在內政與外交政策上，皆採取國家主義的立場；(6)採取方法論的國族主義，多以民族國家爲分析單位，較爲忽略在地、區域或全球的層次[21]。上述(2)(3)(5)(6)點前文已有所討論，此處我只想針對「民主」的問題略做引伸。

法國馬克思主義政治學者普蘭查斯曾深刻地指出，不論社會民主派和斯大林主義如何互相攻訐，兩者其實有兩項共通點：它們(1)都迷信國家主義，都是國家拜物教下的產物；(2)都不信任群眾[22]。美國社會主義者椎伯(Hal Draper)在著名的〈社會主義的兩種精神〉(1966)一文中，也持相同見解。他指出，社會民主派渴望由政治菁英來**由上而下**地將資本主義「社會化」，以爲國家對社會與經濟的**干預本身**就是「社會主義」；斯大林主義也同樣將鋪天蓋地、無孔不入的「國家化」等同於「社會主義」。換言之，社會民主與斯大林主義都是某種「由上而下的社會主義」的理論與實踐，儘管前者至少還信守基本的形式民主原則。

據此，普蘭查斯和椎伯都認爲，若要同時挑戰資本主義、社會民主派與斯大林主義，關鍵在於倡議一種強調群眾自我管理的「民

21　見Neil Stammers, "Social Democracy and Global Governance," in Luke Martell et al. (eds.) *Social Democracy: Global and National Perspectives* (New York: Palgrave, 2001), pp. 30-3.

22　Nicos Poulantzas, "Towards a Democratic Socialism," *New Left Review*, I/109, p. 75. 此文為Poulantzaz名著*State, Power, Socialism*的最後一章。

主社會主義」。換言之，我們不應天真地將「社會民主」的理論與實踐等同於「民主社會主義」，而是要**重新界定「民主社會主義」的內涵**。社會民主派在二戰後自我標榜的「民主社會主義」，其實仍帶有強烈的菁英色彩，更無力對自由主義民主與資本主義的危機提出深刻的反省。我們應從椎伯所謂的**由下而上的社會主義**爲標準，來檢視一切關於「社會主義」的辭令、理論與實踐[23]；左翼不應坐視社會民主派壟斷「民主社會主義」的解釋權。

且讓我們回到民主的古典意涵。民主一詞，最初源於古希臘文的demos和kratia，前者指「人民」、「多數人」，後者指「權力」或「統治」，兩者構成「人民的統治」。但什麼才是人民的統治？

首先要指出的是，馬克思始終是激進的民主派，是官僚體制或「國家拜物教」的堅定批判者。他在《法蘭西內戰》初稿中，是這樣評論巴黎公社的：

> 這次革命的對象不是哪一種國家政權形式——正統的、立憲的、共和的或帝制的，而是國家本身這個社會的超自然怪胎。這次革命是人民為著自己的利益而重新掌握自己的社會生活的

23 被椎伯劃歸在「由下而上的社會主義」範疇之內的，包括馬克思、恩格斯、莫里斯(William Morris)、盧森堡、德布斯(Eugene V. Debs)、列寧、托洛茨基等；「由上而下的社會主義」的代表則包括空想社會主義者、拉薩爾、貝拉米(Edward Bellamy)、伯恩斯坦、費邊社、斯大林、無政府主義者等。值得注意的是：雖然無政府主義似乎體現了某種自由放任、尊重個體的社會主義，但無政府主義的代表人物，如蒲魯東和巴枯寧，實際上卻是不折不扣的菁英主義、威權主義者，且極為蔑視群眾。這部分可參考椎伯對無政府主義的經典研究：Hal Draper, *Karl Marx's Theory of Revolution*, Vol. IV (New York: Monthly Review Press, 1989)。

行動。它不是為了把國家政權從統治階級這一集團轉給另一集團而進行的革命，它是為了粉碎這個階級統治的兇惡機器本身而進行的革命。[24]

因此，他在〈哥達綱領批判〉中便寫道，「自由就在於把一個站在社會之上的機關變成完全服從於這個社會的機關」。這裡的「機關」指的當然是國家機器。

古典馬克思主義的傳統[25]是這樣理解「社會主義」與「革命」的：(1)社會主義是一種群眾逐步自我解放與自我管理的過程，「由下而上」的社會主義才是真正的社會主義，「由上而下」的社會主義只能是「包辦替代主義」；(2)社會主義鬥爭是一種對抗國家的革命，必須瓦解既有的官僚國家機器，代之以最大程度的工人普遍自治，因此「國家社會主義」或「一國社會主義」只能是矛盾修辭[26]；

24 馬克思，〈《法蘭西內戰》初稿〉，《馬克思恩格斯選集》，第三卷(北京：人民出版社，1995)，頁93-4。

25 這裡指的是馬克思、恩格斯、列寧、托洛茨基、盧森堡、葛蘭西等人的傳統，強調的是將政治經濟學批判與現實的工人運動與革命戰略緊密結合起來。古典馬克思主義的根本精神，是馬克思為第一國際(國際工人協會)起草的章程的第一句話：「工人階級的解放，必須由工人階級自己去爭取」。

26 用馬克思在《法蘭西內戰》中的話來說，這不是要否定一切代表機構與行政機關，而是要讓它們徹底民主化、不再是「民族軀體上的寄生贅瘤」。中央政府仍將保留「為數不多但很重要的職能」，其餘的職能則應盡量由地方自治機關來行使。這時的「國家」，已不再是原來意義上的「國家」，而是恩格斯為《法蘭西內戰》1891年單行本寫的導言中所謂的「新的真正民主的國家政權」。列寧的《國家與革命》基本上也不脫這條思路。斯大林曾在蘇聯國家出版社出版的列寧《國家與革命》的封面上批註：「消除(國家)的理論是極其危險的理論！」托洛茨基在《恐怖主義與共產主義》一書中論及

(3)社會主義鬥爭的主要行動主體是工人階級(薪資勞動者)。據此，托洛茨基在《俄國革命史》中，便特別強調：「革命的歷史，首先乃是群眾強行踏進自己命運之主宰圈的一種歷史」。

但要強調的是，對抗國家，不等於把經濟領域交由市場支配。這是新自由主義意識型態下最盛行的「國家」vs.「市場」二分法。「現實社會主義」瓦解後，許多左翼也不加批判地接受了這種說法。古典馬克思主義對資產階級民主的經典批判，就是指出資產階級民主將政治與經濟領域截然二分，「民主」僅限於政治領域，且即使在政治領域，公民的參與也極爲有限[27]。相比之下，社會主義者所追求的民主，則「一方面肯定代議民主和個人自由這種傳統的民主

(續)

巴黎公社時，指出公社的任務「是在全法國建立以真正的生產者自治為基礎的，而不是以形式上的民主原則為基礎的公社組織」，而斯大林在「生產者自治」的相關論述旁則批註：「沒有前途」。見尼・西蒙諾夫，〈斯大林對馬克思著作所作批注引起的思考〉，收於李宗禹編，《國外學者論斯大林模式》(下)(北京：中央編譯出版社，1994)，頁795-7。

27　晚近的參與式民主、審議民主等各種理論，皆相當強調民主的深化，強調公民偏好的形成、對話與自省，且許多國家的審議民主論者皆有體制內的實務經驗。但在我看來，這些民主理論往往有兩項弱點，一是未能積極回應古典馬克思主義對「資產階級民主」的批判，二是鮮少觸及資本主義的政治經濟學課題。這當然不是說他們不曾批判「自由主義民主」。如審議民主理論便大力批判代議民主制度下的加總式民主；再如赫爾德(David Held)界定下的「參與式民主」論者，從麥克弗森(C. B. Macpherson)到佩特曼(Carole Pateman)，或提出「強勢民主」的巴柏(Benjamin Barber)，都曾在政治哲學的層次上深刻檢討了「自由主義民主」，如麥克弗森便對「占有式個人主義」提出了經典的批判。但關鍵在於，古典馬克思主義的傳統在討論「資產階級民主」時，不只是在政治哲學的層次上操作，而是涉及實質的政治經濟學課題，如資本主義國家的性質與作用等。

形式，一方面也籌畫**獨立於國家之外的新穎的社會權力形式**；也就是：在社群和工作之中負民主責任的自由。經濟民主的這些層面，包括**對投資和生產的民主控制**，不僅是值得渴望的，更是維持對政府的民主控制之能力的日趨必要的條件」。[28]先讓我們回歸經典吧：恩格斯的說法，是讓「社會公開地和直接地占有已經發展到除了適於社會管理之外不適於任何其他管理的生產力」。[29]用馬克思的話來說，則是要「把現在主要用作奴役和剝削勞動的手段的生產資料、土地和資本完全變成**自由的和聯合的勞動的工具**，從而使個人所有制成為現實。……聯合起來的合作社按照共同的計畫調節全國生產，結束無所不在的無政府狀態和週期性的動盪這樣一些資本主義生產難以逃脫的劫難」[30]。以下，我願意簡單談談當代社會主義者如何構思這裡涉及的「民主計劃經濟」的問題。限於篇幅，我只簡略討論其中的兩個思路。

英國曼徹斯特大學經濟系的榮譽研究員戴文，曾籌組紅綠研究會(Red Green Study Group)，是英國重要的經濟學者與生態社會主義者。他區別了「市場力量」與「市場交換」：人類歷史上存在形形色色的市場交換，但只有在資本主義生產方式中，市場力量才占支配地位。在資本主義之下，「市場力量」[31]成為力量強大的社會

---

28 Samuel Bowles and Herbet Gintis，《民主和資本主義》，韓水法譯(北京：商務印書館，1999)，頁228。但這裡引述的兩位作者不願使用「社會主義」一詞，而是使用所謂的「後自由主義民主」。

29 恩格斯，《反杜林論》，《馬克思恩格斯選集》，第三卷，頁629。

30 馬克思，《法蘭西內戰》，《馬克思恩格斯選集》，第三卷，頁59-60。

31 戴文對「市場力量」的界定是：「個別決策制訂者全然出於自利，未經事先有意識的協調，而獨立做出原子化的決策……在這種狀況下導致的〔經濟〕變化的過程」。見Pat Devine, *Democracy and Economic Planning: The Political Economy of a Self-governing Society*

機制，而它帶來的不是主流經濟學所傳唱的「均衡」福音，而是人與人的疏離與壓迫、週期性的經濟危機與戰禍，以及難以彌補的生態破壞。

戴文等人提出的「商議協調」模式，就是主張保留市場交換，但排除市場力量。這種模式以生產者、消費者與其他社會利益之間分散、水平的關係爲基礎，並將經濟計劃納入**商議協調的政治過程**，而計劃的決策者是直接或間接受決策影響的人。這種民主計劃經濟將大幅拓展民主的範圍，使主要的經濟過程服從於集體決策(即「商議協調」)；且決策過程是分散化的，由地方層級(在地的生產單位)逐步匯集到中央層級(政治代表機構)，而非集中在官僚機構[32]。簡言之，「商議協調經濟」與「資本主義市場經濟」的差別就在於：在商議協調模式下，個別生產單位的決策會在民主制訂的經濟／社會優先順序的架構下，與其他的社會利益(即絕大多數「利害相關者」，如企業員工、企業所在的社區、消費者、同產業的其他企業、主要的供應商、其他公民團體等)相互協調；但是在此架構之內，決策權是分散的，個別生產單位仍能自由決定自己的生產活動。因此，即使價格和貨幣仍是不可或缺的計價手段，但由於價格訊號已鑲嵌在更豐富的制度環境之中，故「市場力量」也不會占支配地位。

的確，許多社會主義者已重新將**民主**提上議事日程。法國左翼

(續)

(Cambridge, UK: Polity Press, 1988), p. 23.

32 戴文特別指出，由中央官僚發號施令的指令經濟必然失敗，因為「現代經濟極為複雜，因此絕不可能由中央來彙整真實經濟運作中的在地資訊」。見Pat Devine, *Democracy and Economic Planning*, p. 61。當然，這是海耶克乃至諾夫(Alec Nove)早已討論過的問題，只是他們未能在「國家」與「市場」之間設想任何其他的可能性，也沒有將「市場交換」與「市場力量」區別開來。

經濟學者古特侯在其近著《民主反對資本主義》中全面論述了民主與資本主義之間的關係。他指出，在國家社會主義喪失信譽後，「唯有以民主的激進化爲目標的方案，才能重建一個全面的另類觀點」[33]。對他來說，這種激進化的民主，不能僅限於工作場所內的民主(雖然的確有人只從這種角度來理解「經濟民主」)，而是要貫徹到整個經濟領域，在經濟領域中推動柏林所謂的「積極自由」：在微觀層次上，讓企業受到工人、消費者、在地社區與一般公民的監督與控制，例如讓工會對企業的雇用與投資決策有否決權；在宏觀層次上，則要使主要的生產資料由社會占有，並使投資優先順序的決策過程民主化。這就是古特侯等人倡議的參與經濟民主[34]。另一位法國左翼阿赫圖斯也認爲，當前的社會主義運動，應圍繞著「**去商品化**」與「**民主化**」兩條軸線來進行，來挑戰既有的財產關係、發展社會所有權，將民主審議、決策與控制的範圍擴大到各種生產性資源的運用之上[35]。

---

33 Thomas Coutrot, *Démocratie contre capitalisme* (Paris: Dispute, 2005), p. 8.

34 有些法國學者則從「團結經濟」的角度討論這個主題，見如Laurent Fraisse, "Économie solidaire et démocratisation de l'économie," *Hermès*, no. 36 (2004), pp. 137-45. 另外也有某些論者認為可透過「普遍化的民主」來使「市場社會化」，見如Manuel Domergue, 2006, "Pour une démocratie économique participative," http://manueldomergue.over-blog.org/article-2295092.html 英國社會學者埃爾森曾針對「市場的社會化」與「市場社會主義」的區別提出過精闢的見解，見Diane Elson, "Market Socialism or Socialization of the Market?" *New Left Review*, I/172 (Nov/Dec, 1988), pp. 3-44. 用戴文的話來說，「市場社會主義」模式仍將受制於「市場力量」，而無法達成真正民主自治的計劃經濟。

35 Antoine Artous, "The LCR and the Left: Some Strategic Questions," *International Socialist Tendency Discussion Bulletin*, no. 7 (January

法國的生態社會主義者勒威則進一步納入了生態觀點。他認爲，「民主計劃」不等於「專制化」，而是全社會的自由決策，是脫離資本主義經濟法則(市場專制)與官僚統治(國家專制)的唯一出路。他發揮了馬克思在《政治經濟學批判大綱》中的思想：「民主計劃」與「勞動時間的減少」(閒暇時間的增多，以及在此意義上逐步開展的自我實現與豐裕)，是人類走向「自由王國」的關鍵，且此兩者相輔相成：唯有透過「民主計劃」合理調配、運用既有的資源，使經濟活動不再由利潤支配，而是爲人類的需要以及生態的平衡服務，才會爲後者創造實現的條件。他提出了實現「生態社會主義」的三項必要條件：(1)生產資料的集體所有(「集體」意謂公共的、合作式的或社群共享的財產)；(2)民主的經濟計劃，由社會來界定投資與生產的目標；(3)生產力以(對生態環境友善的)全新技術體系爲基礎。這當然是一種革命性的社會與經濟變革[36]。

不管這些社會主義者提出的具體方案爲何，總之是要對生產性資源進行**民主控制**，或曰**經濟民主**。經濟民主不等於凱恩斯主義式的「國家干預經濟」，更不等於斯大林主義下的官僚計劃經濟(指令經濟)。托洛茨基在批判指令經濟時早已指出，天下沒有一個「萬能的頭腦」，能夠「制訂一個沒有錯誤的、什麼都包括在內的經濟計劃，從麥田的畝數開始，一直到背心上的最後一個鈕釦」。[37]這恰

(續)

2006), p. 6.

36 見Michael Löwy, “Eco-Socialism and Democratic Planning,” in Leo Panitch and Colin Leys (eds.) *Socialist Register 2007: Coming to Terms with Nature* (London: Merlin Press, 2006). 多數生態社會主義者都認為，必須把全球社會正義、政治與經濟民主、生態平衡等問題緊密扣連在一起。

37 引自Catherine Samary, “Mandel’s Views on the Transition to Socialism,” in Gilbert Achcar (ed.) The Legacy of Ernest Mandel

恰反駁了新自由主義意識型態的偏見，即以爲左翼等同於「大政府」，以爲「社會主義」必然通往「到奴役之路」。[38]另一種「民主」的社會主義不僅在歷史上出現過，[39]也是無數社會主義者追求、思索的理想。

六、結語

聯合國2007-2008年的《人類發展報告》指出，當前有25億人(近全人類的一半)每天生活費不到2塊美金；8億5千萬人長期營養不良；平均每小時有180名兒童死於飢餓，1200名兒童死於可預防的疾病；每年有50萬名女性死於懷孕過程及分娩，其中99%是南方國家的女性；超過10億人住在都市貧民窟，居住環境與衛生條件極度惡劣；13億人沒有安全的飲用水，其中每年有300萬人死於相關疾病。《人類發展報告》還特別警告，氣候變遷可能使窮國與窮人的生活

(續)

(London: Verso, 1997), p. 181.

38 除了上文提到的著作外，我還推薦其他幾種來自英美、歐洲與拉美的觀點，如Michael Albert, *Parecon: Life after Capitalism* (London: Verso, 2003)；Robin Hahnel, *Economic Justice and Democracy* (New York: Routledge, 2005)；Heinz Dieterich, *Der Sozialismus des 21. Jahrhunderts: Wirtschaft, Gesellschaft und Demokratie nach dem globalen Kapitalismus* (Berlin: Homilius, 2006)；Antoine Artous et al, *Marxisme et démocratie* (Paris: Syllepse, 2003)；Ernesto Screpanti, *Comunismo Libertario: Marx, Engels, e l'economia politica della liberazione* (Roma: Manifestolibri, 2007)；Takis Fotopoulos，《當代多重危機與包容性民主》，李宏譯(濟南：山東大學出版社，2008)；Dawn Linda Raby, *Democracy and Revolution: Latin America and Socialism Today* (London: Pluto, 2006).

39 可參考萬毓澤，〈「當前的問題即歷史問題」：90年後回顧俄國十月革命〉，《思想》，7期(2007)，頁19-53。

狀況每下愈況，數億人將持續面臨營養不良、缺乏用水的惡劣環境，甚至失去生計。如聯合國開發計劃署總幹事德爾維什所言，「氣候變遷是對全人類的威脅。但最直接面對、付出最嚴酷代價的，卻是無須爲現有生態債務負責的窮人」。

持平來看，這已經接近盧森堡所謂的「野蠻」狀態了。加拿大生態社會主義者、「氣候與資本主義」(Climate and Capitalism)網站總編輯安格斯說得好：「一個允許這種情形發生的社會，不配稱爲文明社會。一個導致這種情形發生的社會秩序，不容繼續存在下去」[40]。的確，在(生態的、民主的)社會主義與野蠻狀態之間，選擇已越來越少。在社會民主派視「社會主義」一詞如燙手山芋之際，也是「由下而上」的社會主義傳統奪回詮釋權的時機。將生態的觀點納入，重新界定、拓展「民主」與「社會主義」的內涵，此其時矣。

萬毓澤，現就讀於台灣大學社會學系博士班。譯有《全球化：馬克思主義的觀點》、《神經質主體》、《創造歷史》、《再會吧！公共人》等書。主要學術興趣在社會理論、政治經濟學、科學哲學、社會主義運動史。

40 Ian Angus, 2008, "If Socialism Fails: The Spectre of 21st Century Barbarism," http://www.monthlyreview.org/mrzine/angus010808.html

民主社會主義是東亞的選項嗎？：以中國大陸與台灣的福利體系為例

呂建德

最近在中國大陸，謝韜先生在《炎黃春秋》上一篇關於民主社會主義與中國前途的文章，引發了知識界廣泛的辯論。這篇文章被視為繼〈實踐是檢驗真理的唯一標準〉一文後，在中國大陸第二次具有思想解放性標誌的重要文章，值得台灣關心大陸思想動態者的注意。本文主要是就謝文中關於福利國家與降低社會不平等的相關問題提出討論，並分析中國大陸與台灣的實踐經驗。

民主社會主義基本上具備兩個成分，一是民主，二是社會主義。前者指涉的是一套關於集體決策的形成過程，後者則是關於生產結果的分配方法。前者在石之瑜教授的文章中將有專門的討論，本文將集中於生產結果的分配此一面向。

一、福利國家的兩個面向：「去商品化」與「去階層化」

社會主義(無論是何種形式的社會主義)的產生，具有一定的歷史條件。在資本主義誕生後，由於「勞動力的商品化」此一過程，造成了人類勞動的抽象化。在資本主義萌芽階段，勞動者離開了原先所倚賴的土地，逐漸向都市集中，最後成了純粹靠自身勞動力在勞動市場上賺取薪資的「自由」勞工。這個歷史過程在柏藍尼(Karl

Polanyi)關於英國「圈地運動」的傑出描述中，有具體的說明。社會主義乃是對這個過程的反應。這個過程的最大問題有兩方面：一是關於勞動剝削的問題，二是關於社會不平等與社會不安全性的程度增加的問題。福利國家要處理的，就是第二個問題。當人們與他們所賴以依存的土地與生產工具分離開來、並被迫投入一個「自由」選擇的勞動市場時，這些表面上一個個獨立的勞動者個體，其實是暴露在一個充滿不確定性的風險環境裡。爲了解決這個問題，自上個世紀以來，我們約略可以發現三種回應的策略：

一、保守主義：主張維持既有社會秩序，保留國家角色與階層秩序，以及重視一種不平等的再分配福利原則。保守主義的統治者菁英會和一些政治與經濟優勢團體，共享壟斷國家權力所帶來的好處。至於一般公民的福利，保守主義者認爲要靠國與國之間的貿易、戰爭上競爭而獲得，因此主張公民必須要爲國服務。「富國強兵」是這類意識型態的明顯特徵。

二、自由主義：市場是解決不平等最好的方法。除了最低的必需品之外，政府的介入只會造成獨占及無效率並支持階級社會。另在觀念上加入了效益觀點，即用最少成本花費，以達最大服務。自由主義強調針對市場失敗者可以提供救助式的福利，但這類幫助往往伴隨著恥感與烙印效果，給付亦可能不足，效果上幾乎是強迫人民參與勞動市場。

三、民主社會主義：以福利國家爲核心，認爲只有透過再分配的方式才可達到社會公正。主張給予所有公民平等的政治與社會權利，也就是增加了國家對公民的保障，藉著社會公民權觀念，將福利國家提供的協助具體化。因此，福利國家的福利提供，被解讀爲是一種對平等權的保障。

當然，另外還有左派的社會主義者，對上述的剝削以及「不安全」的問題，從不同的角度給出了不同的答案。相關的爭論從「科學社會主義」與「烏托邦社會主義」到「正統馬克思主義」與「修正主義」的辯論，不一而足。本文不擬介入這個爭論。本文只擬分析二次戰後在西北歐所發展的福利國家與社會民主經驗，具體檢驗這個經驗對於經濟體制轉型中的中國的意義。

我們首先碰到的，是福利國家的界定問題。從「正統」馬克思主義的觀點，它意指在生產與分配兩個面向的國有化，透過這種經濟組織方式，國家控制了收入分配或人民的消費能力，這是一個最廣義的定義。一個具體的實踐是國家社會主義體制，意指經濟主體由國家控制，而國家則由一個單一、獨占且具有高度組織能力的集權主義政黨控制。某些激進左派認爲，在20世紀的邊陲與半邊陲國家中，惟有社會主義革命方能造就這類國家在世界經濟體系中「向上躍昇」的先決條件。但底下我所討論的福利國家是從狹義面來界定，它僅限於兩個方面，一是財富的重分配部分，二是國家在所得方面的分配、及對社會弱勢團體的照顧和公民社會權利(social rights)的平等化。

於是我們看到，二次戰後的30年間，資本主義體系爲了因應來自勞工運動等左翼勢力的挑戰、與自由市場經濟體系所造成的生產無政府狀態的危機，福利國家宣告誕生。國家開始介入經濟生產、分配等領域。同時，還提供一連串的社會安全與福利服務，如：醫療保健的加強、社會保險制度的擴張、社會救濟的安全措施、勞工最低工資水平的設定……等等。許多先進資本主義國家，政府在經濟中的角色急遽增加。政府積極將愈來愈多的社會勞務和所得移轉給失業者、病人、老年人，和窮人。此外，政府亦成爲重要的財貨生產者，同時運用種種財政和金融的工具(如公共支出計劃、稅收、貼現率)，操縱失業率和通貨膨脹率，以對抗經濟景氣週期與停滯的效應(Hicks, 1999)。

福利國家曾經是人們所盛讚的一種制度，甚至在某些民主社會主義者眼中，它可以和平過渡到社會主義社會[1]。(Shalev, 1983: 27-49)福利國家可否真像民主社會主義所宣稱的，做爲過渡到社會主義的一個中介呢？這個問題是西歐左派陣營裡所熱烈討論的一個問題，因爲這決定了未來社會主義運動的策略及走向。歐洲一些重要的左派學者(如Miliband, Offe, Parkin等人)認爲不可能，他們認爲在福利國家當中仍隱含了勞動和資本之間一個不可解消的結構性矛盾。但Shalev (1983)則認爲可能，他提出了一個先進資本主義社會中福利國家發展的階級衝突模型，認爲福利國家本身即是一個階級議題，其成長決定於工人運動的強弱。同時，福利國家議題也有助於反過頭來動員勞工階級。

福利國家究竟有助於社會的整合還是階級的鬥爭，其實眾說紛紜。一方面，福利國家的組織特徵的確有助於協助形成社會團結，減少階層的分裂和身分地位的差異。在理論的層次上，有兩個觀點比較占優勢的，一是新馬克思主義，他們典型的觀點是先進的福利國家僅僅只是複製現存的階層體系。另一類觀點隨著Marshall的腳步，認爲福利改革主要的貢獻在於降低社會的階層化。但此觀點迴避了階級鬥爭的根本原因，轉而吸納了勞工階層，並將民眾進入國家的權利「民主化」，不啻將階級衝突轉爲身分地位的競爭。

延伸而言，福利國家是否只是資產階級爲了抑制勞工階級動員，藉著擴張社會權而抑制工人的動員與組織能力，也存在兩種不

1 然而，在1970年代中葉，福利國家也由於自身所產生的許多結構性的危機，而使得人們不得不對它進行另一番評估，諸如：財政赤字的危機，國營事業的冗員充斥、毫無效率、經濟計畫的失敗、乃至大眾忠誠的危機等等。(Gough, 1979: 128-152, Offe, 1984:35-64)

同看法。正面觀點認為，社會薪資(social wages)可減少勞工倚賴市場的程度，進而增加勞工社會與政治參與的權利。但反面意見則認為，福利國家只是資產階級不懷好心的糖衣毒藥，意圖癱瘓勞工階級的革命意志。依反面意見的看法，社會民主主義國家雖由偏向左派的社會民主政黨執政，惟不可避免地仍為資本主義世界體系之一員，即便其盡量將生產工具公有化，即便其頌贊民主社會主義意識型態，他們仍須承受於決策時「追求利潤」重重壓力，因而仍是不夠徹底的「修正主義者」。

福利國家的基本精神，在於「去除商品化」與「去除階層化」。最後，福利國家所追求的平等性與「普遍主義」原則，有助於勞工的階級團結。因而，這類觀點樂觀地認為，福利國家可以做為從資本主義(特別是組織化工業資本主義)轉型至社會主義的有效制度。

社會民主主義利用福利國家作為追求平等的主要策略，是基於兩個考慮：其一是工人需要健康、教育等社會資源，使他們可以以社會主義公民身分積極參與政治與社會事務；其二是社會政策不只是工人的解放，同時也有助於經濟效率的提升。社會政策同時有助於提高生產力及創新能力，因為高工資與福利國家所衍生的勞動附加成本，迫使雇主必須以提高生產力(如新技術的開發與生產流程的合理化)做為回應方式，這又成為經濟成長的動能。經濟的成長對於福利國家的擴張非常重要，福利國家的餅透過生產力提高做大，能享受的福利也越大。低失業率與高勞動參率，代表大部分的人口都有工作，也就是在支持福利國家所需的稅賦；相對地，依賴福利的人口就變少了。

以上這些論點的有效闡釋，可以歸功於Esping-Andersen在1990年所發表的重要研究《福利資本主義的三個世界》。Esping-Andersen為其福利體制研究定位，解釋其研究取向的由來，指出傳統關於福利國家研究的歷史演進與不足之處，以及選用哪些判準而最終發展三種福利國家體制。他修正了階級動員論，強調階級變遷以及結盟的重要，也以此解釋福利國家的擴張、緊縮及未來展望。貫穿其研究的兩個重要問題是：社會公民權可以削弱階級嗎？造成福利國家發展的因素爲何？

他認爲，Marshall的社會公民權是構成福利國家的核心概念。進一步而言，若社會權的賦予是基於公民身分，則此一權利將能賦予勞工對抗市場的力量，亦即「去商品化」的概念。根據Esping-Andersen的闡釋，這個概念指涉一個人無須依賴勞動市場上的薪資所得，而仍然可以維持其「基本」生計的程度。另外，社會權也會牽涉到社會階層化，因爲一個人的公民身分將可能取代他的階級身分。第三，社會公民權所產生的「去商品化」效果，可以降低雇主對勞工的絕對權威，提高勞工在勞動市場上的談判能力。最後，「去商品化」產生了一個福利部門。所謂的福利部門，泛指一個在滿足基本生存財貨後，能夠產生有利於個人自由實現自身生命目標的領域(就羅爾斯的意義而言)；而福利部門制度化，則是指將此一領域透過國家介入有效制度化的過程。福利部門是一個關於所有人(或公民)營造共同生活的社會公正領域，它關係到一個社會的整合與凝聚，也涉及到生活基本財貨分配或重分配的問題

「去商品化」是一個相當有用的概念，允許我們去衡量，社會上一些基本財貨的提供，到底有多大的程度是獨立於資本主義市場的運作邏輯。我們可以以一個連續性的光譜建構一個「完全商品化」與「完全去商品化」的量尺，具體度量現實世界中不同國家在這些財貨提供上的程度。這些基本財貨包括了健康、教育、福利服務(包括托兒、幼稚園以及托老服務)以及各類社會保險的給付。一個「完全去商品化」的福利國家體系可以具體從以下幾個方面來分析：

1. 給付資格：具備公民的身分。只要是在一個具有「固定疆界」所形成的政治社群下，其成員都具有在遭遇社會風險時，向國家請領給付的資格。

2. 財務供給方式：以具有累進稅精神的租稅制度來進行財務提供。在勞動市場上所得較高者必須貢獻較高的稅金(或社會保險保費)幫助所得較低者。由於給付資格並非以所得高低來決定，低所得者因而也能獲得同樣品質的服務。租稅制度是一套財富重分配的機制，透過這套機制，原先移轉前(pre-transfer)的高所得差距得以有效較低。

3. 組織方式：社會保險是以中央政府進行主管(因爲具有全國一致性)，教育、健康與福利服務則是由地方政府負責(因爲具有因地制宜的特性)。

在中國大陸此次關於民主社會主義的辯論中，有些人抨擊民主社會主義會帶來以下罪行：「兩極分化不止 ，腐敗氾濫成災，社會治安惡化，國有資產大量流失，三農問題積重難返，國家安全形勢愈加嚴峻」。這說法恐怕有一些對於民主社會主義實踐上的誤解。以目前實施民主社會主義程度最高的北歐六國來說，所得不均的情形是世界上最好的；政府貪污與腐敗程度是最低的；社會治安的表現最佳；國有資產的管理透明度最佳。農民則是在十九世紀末葉透過與瑞典社會民主黨的政治結盟(有名的「紅」「綠」聯盟)，保障了工業化過程中農民的利益。

瑞典農民黨在社會政策改革上要求單一費率、普及式、稅收財源的給付，也就是以公民權爲主體的權利，對於北歐的社會政策發展有相當的貢獻。經過1930年以來的鬥爭經驗，社會民主黨和瑞典總工會(LO)終於發展出一種提供全體公民免於貧窮的一種權利(right)，與從前在英國「濟貧法」傳統下對於只救濟「値得救助的窮人」產生完全不同的概念。至1940年代末期，全面的普及式福利已經在瑞典展開，不單在老人年金的議題上，在兒童津貼也是如此。

在現有社會民主主義的文獻中，對於瑞典社會民主主義的主要特徵毫無疑問的就是強大的工會運動。一個沒有被意識型態和宗教區隔劃分的工會，且有高比例的工會組織率，因此帶給社會民主主義政黨高度的支持，而社會民主主義政黨又反過來強化了工會組織。北歐社會民主主義福利國家制度模型的特色，在戰後瑞典社會發展的第一階段(1955年)已經充分表現出來。它提供了全面性的公民給付，擴及所有的所得移轉(如年金與失業給付)和福利服務方案。

在歐陸與北歐的經驗，上述工會運動與福利國家之間的正循環，是透過統合主義的制度安排，來取得整合的基礎，而主要的手段則是所謂的團結工資政策。所謂統合主義，是指某種制度化的利益表達組織型態，透過對其成員具有壟斷權(而這權力通常是由國家認可的)的組織，以集體協商的方式，來進行利益的表達、共謀解決的途徑。在瑞典，關於工資談判與創造工作機會等重要議題，常是透過兩個分別代表資方與勞方的全國性組織(如著名的瑞典總工會與瑞典雇主總會)，就經濟(如薪資、勞動紀律與工時)、制度(如工會安全)和行政(如年資、勞動紀律與職業安全衛生事宜)展開集體協商及談判。這樣的體制對於勞、資、政府三方都有利：勞方放棄激進的罷工行動與適度的工資政策(moderate wage policy)，換取資方對於充分就業政策的配合，與國家以福利政策保障的社會薪資；資方獲得了有利的投資環境；國家則在工業和平中獲得賴以徵稅的穩定經濟成長與公民的政治合法性支持。這樣的歷史妥協，整合了勞、資、政三方，同時也整合了勞工階級內部的分歧(呂建德，2001)。

總之，在戰後的所謂「黃金年代」，人們首次相信人性化的資本主義是可能的：透過凱因斯主義的總體經濟管理，經濟成長與「公平」的分配這兩個目標，是有可能結合在一起。在某些民主社會主義者眼中，凱因斯式的福利國家甚至是可以和平過渡到社會主義社會的一種選擇方案。民主國家與福利國家，終於結合在以民族國家爲單位的國民經濟體上。

二、中國大陸的福利體系：從「單位福利」體系到市場開放

從許多經濟全球化的指標看，中國經濟體已經逐漸融入全球經濟體系。中國經濟的迅速成長，是因爲它的經濟改革——特別是在1990年代——讓全世界印象深刻，吸引許多國外直接投資(FDI)的流入，在2002年已經超越美國；而其便宜和有紀律的勞動力，使得中國成爲所謂的世界工廠。中國的國外貿易和國外直接投資都逐漸增加。國際貿易占中國GDP的比重從1978年的僅僅10%，上升爲1993-1994年度的超過40%，出口總值在1990年到2003年之間成長8倍，超過了3800億美元；而外人直接投資的比重則在1992年開始大幅上升，截至2003年爲止，已經吸收了將近5000億美元。中國在國際經濟體上的重要性不斷攀升。總結而言，在過去20年，中國從經濟體系轉型和對外開放中獲得了利益。它已經成爲世界的工廠。

然而，在這些亮麗的經濟表現之下，中國經濟的進一步發展仍受限於兩個嚴重問題，一是所得差距的持續擴大，另一則是原有福利體系在經濟轉型過程中的解體。中國在1949年之後，向來以設施完善的社會福利與勞動保護這個追求社會平等的社會主義保障體系而自豪。中國的(城市)社會安全體系建立於1951年，主要是由職工保險法所規定的，它涵蓋了大部分國有企業和部分集體企業的勞工及其眷屬。在1978年以前，這個社會保障體系主要師法蘇聯模式，

特點是費用完全由雇主(也就是國有企業)支付，並可以歸納爲「高就業、高福利、低薪資」。薪資維持在一個很低的水準，慷慨的福利則用來對低薪資作補償。實物的給付占現金薪資的30%，甚至有時可以高達50%。國有企業的功能不只作爲一個經濟單位，且也是一個福利單位。眾所周知，在中央計畫經濟中並不存在失業問題。國家必須對充分就業有完全的承諾，即使可能導致「5個人端3個人飯碗」的問題。特別是那些受雇於國有企業的勞工，享受了終身的就業安全保障，只會因爲錯誤或所謂不忠的政治行爲而被解雇。除此之外，比較其他部門的勞工，就職於國有企業的職工享受了企業的較慷慨的福利給付，包括兒童照顧、健康照顧、房屋、教育和養老金。從搖籃到墳墓的單位福利體系，導致了勞工對於國有企業在情感上的依賴(Lu and Perry, 1997)。

然而，許多學者指出，這樣的體系可能會導致資源的錯誤配置和低效率，而這主要是導因於政治干預和企業管理的混合不分。其次，大量的財政補貼從中央與地方政府移轉到國企部門，以支應那些慷慨的福利體系，因而在城市／鄉村居民、甚至是城市中的國有/非國有企業職工的雙元結構間，產生了不公平的福利雙元體系。政府和國有企業財政負擔過重，特別是面對來自私部門的市場競爭壓力時，到了1980年代之後，隨著跨國企業和與國外資金(主要是港澳與台商)合資的企業的出現，更凸顯了國有與集體企業競爭力不足的窘境。

總結而言，爲了在世界市場中吸引FDI和加強企業的競爭力，中國國有企業必須改革。這裡的改革除了所有制改革之外，還有相應的勞動與福利體系改革。然而，福利體系改革的方向，竟是朝向「商品化」的方向發展，這個趨勢對於未來具有中國特色的社會主義經濟，具有相當不利的影響。例如1990年代中葉開始在朱鎔基領導下進行的國有企業改革，引發了一波「下崗職工」的問題。國有企業職工抗拒這個改革，擔心進入「再就業中心」，解除與原單位間的勞動關係，原因是他們擔心退休之後的養老保險、醫療與住宅等福利將被取消。特別是由於醫療費用的急速上升，醫療部分的支出已是一般家戶相當大的支出項目[2]。

2005年7月，中國國務院發展研究中心發表《中國醫療衛生體制改革》研究報告，認爲「目前中國的醫療衛生體制改革基本不成功」。這個報告指出：現在醫療衛生體制出現商業化、市場化傾向是完全錯誤的，違背了醫療衛生事業的基本規律；導致醫療服務公平性下降和衛生投入的宏觀效率低下。這個報告在社會上產生了強烈的共鳴。各界紛紛聲討「看病難、看病貴」的問題，醫療衛生體制的問題和改革成爲社會的焦點。

至於養老保險，在1991年國務院提出「關於企業職工養老保險制度改革的決定」的條款之後，年金保險系統的體系建立也從一層轉變爲三層系統。根據「決定」，由企業爲社會保險付費的傳統宣告改變，財務責任也在國家、企業和勞工個人之間進行再分配。養老保險系統透過基本保險基金、企業補助保險和勞工個人帳戶三個層次來重新組織，而不只仰仗已存在的企業。這個改革受到世界銀行三層保障制的啓示和鼓勵，可被解釋爲福利功能從企業到國家及個人勞工的轉變。1993年的「關於建立社會主義市場經濟體制的若干決定」，進一步開始以「社會統籌與個人帳戶」相結合的部分基金制(partial funding)，做爲城鎮職工基本養老保險與基本醫療保險的基本原則，個人必須擔負更大的財務責任。

---

2 再考慮下崗職工中有許多是屬於中高齡勞工，罹病率偏高，一旦喪失原有單位勞動關係，醫療保險的費用自然更高。

上述這些社會立法即使立法完成，卻並沒有完全被實施，因為這些社會福利方案的執行，仍然面臨籌資上的困難。許多提早退休或是被解雇的勞工無法獲得年金或是失業保險給付，被迫生活在最低生活水準之下，但這些給付卻是中央政府原先所保證的。加上貪污嚴重，勞工相信企業管理者藉由私有化而掏空企業，應該對被解雇勞工的悲慘情形負起責任。自從1997年開始，中國許多的城市大量的解雇，迫使勞工進行集體抗議，也就不足為奇。

整體而言，在中國的經濟轉型過程中，勞工的不安全感與社會不均程度逐漸增加。中央對於國有企業的補助減少，對於地方管理的控制減少或甚至是取消。國有企業削減剩餘勞動力，導致勞工的下崗分流。除此之外，中國還遭遇到以下這些問題：區域和省分之間不平等的增加、逐漸增加的失業變成國營企業沈重的財務負擔，城鎮和鄉村企業的崛起又加重了國有企業維持原先福利的難度，這些問題導致了不同部門間勞工的不平等。根據研究，吉尼係數已經從1981年的0.281，上升到2000年的0.458。由五等分所得的測量，也顯示不平等的擴大。中央政府無法對抗這個趨勢，一方面是因為開放之後所帶來的企業多樣性以及複雜性，另一方面則是因為中央政府的重分配能力降低。未來政府在重塑經濟轉型過程中的總體調控能力，也因而打了折扣。

鄧小平曾經說過，要在世紀末開始糾正兩極分化的現象，要注重共同富裕，矯正「讓一部分人先富起來」的現象，同時，也要在21世紀中期實現普選。我們在上一節的分析中，討論了民主社會主義的實踐經驗，它是一個修正市場機制的有效制度，透過一些制度安排，巧妙結合了資本主義中強調效率與社會主義強調平等的特點。現在，似乎確是中國考慮民主社會主義這種制度選項的時刻。

三、民主化後台灣社會福利體系的發展：一個「準福利國家」的萌芽？

自從1987年展開政治民主化過程以來，台灣的社會福利體系經歷了劇烈的擴張。台灣的福利發展，明顯是由政治民主化帶動起來的，伴隨著解除戒嚴、反對黨成立和國會全面改選，國民黨政府飽受政治競爭壓力，許多福利政策紛紛推出，直到1995年所推動的全民健保制度，使得台灣的福利政策逐漸走向具有全民式的社會權。回顧過去整個台灣福利發展，早期自國民政府遷台後，主要是爲了鞏固自己的權力以及儲備反共力量，並受到當時西方國家實行社會保險的影響，在1950年創辦勞工保險及軍人保險，1958年開辦公務人員保險，在此國民黨的威權統治時期，社會保險是約束人民的一種手段。然而，民主化逐漸改變了台灣社會福利體系的性質。

不同於歐洲福利國家近來進行的福利刪減，台灣的社會政策發展在過去十餘年是處於「福利擴張」的階段，學者甚至稱爲台灣福利發展的「黃金年代」。這主要見諸社會保障體系中的幾個主要體系的先後建立，包括了1995年的全民健康保險(以下簡稱「全民健保」)，2002年的就業保險法，2007年立法通過預計於2008年10月開辦國民年金制度。此外，還有正在規劃中的長期照護保險。社會福利支出從1994年的971億新台幣，增加到2003年的2876億新台幣，大約占中央政府總體預算的18.3%。2003年社會福利預算的年度成長率爲7.9%，遠比政府支出整體預算的年度成長率3.5%還要高出許多。全民健康保險和國民年金，是過去20年兩個主要的社會福利體系改革。台灣雖無民主社會主義之名，但一個具備民主社會主義之實的「準福利國家」似乎正在浮現中。這是一個相當有趣的現象。

與歐洲國家相較，台灣傳統上勞工運動的力量相當薄弱，民主社會主義也不太是政治上一個主要的論述來源。爲什麼在這種情況下，台灣的福利部門仍然能夠成長？我們在此無法深究此一問題。底下，我們將在這一節討論全民健保與國民年金這兩個台灣在過去20年主要的社會立法。

全民健保：一個跨階級社會團結連帶的形成

台灣的全民健康保險制度，主要是整合公勞農保等十三種保險的醫療給付，是一種全民普及性的社會保險體制，由國家以立法的方式強制全體國民加入一個和衷共濟、風險分擔的社群中。其指導原則，是社會保險。全民健保的實施，是將過去公、農、勞保時代以職業別作爲區分的標準，以及將原先排除於公共保險體系之外的國民(約47%的人口)，一併整合進單一的健康保險制度。使得國民進入醫療照護體系的機會公平性，不致因不同的職業別與保險體系，而產生不同的待遇(林國明，2003)。

全民健保的財源是根據所得來課徵保費，保費費率設定在4.55%。然而，4.55%的費率是根據不同職業和勞工的類別來設定勞工和雇主之間不同的比率。爲了提供公民醫療和健康照顧，全民健保最後提供近97%人口基本健康照顧的平等機會。總體健康照顧的支出約占GDP的5.5%，而且在全民健保實施之後變得相當穩定。這個比率比OECD國家的平均還低，而且和國際比較之後也屬中度，顯示全民健保的對於醫療費用成長率的抑制效果。

全民健保被視爲社會公平和個人公平的最佳結合，因爲它是典型的「各盡所能，各取所需」的制度安排。保費收取是依個人的所得能力而貢獻，但給付上則是儘可能的平等(因爲仍設計有部分負擔)。更爲可貴的是，台灣的全民健保是一個全民納保的制度，偏向了民主社會主義中「普遍主義」的設計。「普遍主義」之所以較爲可欲的原因在於，它能將社會弱勢者與主流社會兩者的利益結合起來。這種方式能夠避免社會弱勢者的社會恥感，更重要的是，這種利益結合的方式，即使是在面臨國家財政不良的情況而必須進行福利削減時，弱體保險者的利益也不會被犧牲。這種將弱體保險與強體保險者利益結合的策略能夠奏效，前提在於福利領取的資格乃基於公民的身分，而非某個特定的職業、性別或族群。簡言之，普遍主義福利方案的基礎，在於凌駕於各種社會差異的社會公民權。台灣的全民健康保險克服了開辦前公農勞保的職業差異，同時也將原先排除於各職業保險之外的人口群(如家庭主婦、老人、兒童以及無一定雇主的)，整合進入一個風險分擔的共同體，體現了這個方案的基本精神，也構成了台灣社會團結的基礎。此一成就，超越了以職域別爲主要社會保險建制原則的德國與日本，韓國也在2000年受到台灣全民健保的啓發，整併各職域保險，建構一個國民健康保險體系。這個成就是台灣社會工程上的一大驕傲，可以視爲是台灣建構社會福利制度的核心價值(呂建德，2003b)。

台灣的國民年金：一個未完成的「社會民主」計畫

全民健保就制度設計上最後是以大整合[3]的方式實施，而這個設計被認爲較有利於社會風險的重分配與社會正義的維持(呂建德，2003b：52)，國民年金的設計到目前爲止，卻仍以「職業別」作分立制的小整合方式進行討論，最後的立法版本是在現有的公農勞保之外另立一個「小國民年金」體系。

---

3 在此稱之「大整合」的制度設計為一全面普及的方式，換言之此適用對象主要為不分職業別的全國人民。

年金制度是保障國民在老年時不會陷入貧窮的一個重要措施。然而，年金制度在台灣尚未建立完全，而且需要很大的改革。目前台灣仍有400萬的公民被排除在公共年金系統之外，其中主要是家庭主婦、無一定雇主者、自營作業者與學生。他們不是在退休之後依賴私人儲蓄，就是依賴子女取得經濟支持。但是，由於家庭角色的衰退，家庭的社會支持功能將在現代化過程中逐漸被侵蝕。進一步來說，65歲以上的老年人口現在已經達到全部人口的10.4%。據估計在2011年會達到10%，2031年則可能會升高至20%，也會使問題更嚴重。

台灣的社會福利發展雖然在1990年代蓬勃發展，全民健康保險已告實施，但國民年金卻遲未推動，即使在2000年政黨輪替之後，仍以津貼作爲過渡手段。然而，國民年金制度，一直廣受爭議。雖然有世界銀行的模式，但歐美國家的沉重借鏡，日本的年金制度失敗，這些因素都使得台灣的國民年金制度無法上路。台灣現階段的年金制度，一是以職業爲區隔的年金制度，包含了勞工的勞保老年給付、勞基法的退休金、公務員的退休金、軍人的退休金。二是以沒有職業爲基礎的老人津貼，其中包含老人生活津貼、中低收入戶老人生活津貼和老農津貼。就目前既存之老年經濟保障相關措施觀之，全民式之老年年金保險刻正規劃中，尚未建制。其中以職業區隔的老年經濟保障制度，諸如公、勞、軍保等之老年相關給付，均是屬於職業相關之社會保險類型方案，其給付仍與被保險人退休前之薪資水準相關聯，結果不同職業別勞動者在工作時期的不平等所得分配模式，延伸至退休後之老年時期。簡言之，不平等被複製了。

爲了回應這個問題，台灣政府當局自從1994年就開始規劃。在國民年金的規劃歷程中，兩度出現過體現跨階級社會團結這種進步社會價值的社會立法。一是在1995年，內政部統籌規劃成立國民年金制度規劃小組，根據當時研討的共識，在基礎年金部分應整合爲一，但在各職業別上可另實施附加年金。在內容上則採社會保險制，並採大整合的方式成立基礎年金，將現行公保、勞保老年給付相當於國民基礎年金部分合併，超出基礎年金部分各自規劃附加年金。其二是1998年由當時擔任立法委員的簡錫堦所提出的「稅收制」版本，此一類似社會民主主義的看法，主張致力於彌平職業差別，以強化公平、社會互助與團結的方案，試圖將現有的社會保險的老年給付與退休金整合在同一個國民年金制度中，財源則是由開徵營業稅來支應。然而，中間經歷經建會與自由派經濟學者的介入，與2000年後當時執政的民主進步黨在此一議題上的搖擺不定，以致於錯失了建立「大國民年金」方案的時機。再加上農保脫勾，農民自成一個體系，未來的國民年金事實上只涵蓋了一群弱體保險者，風險分擔與降低老年貧窮的功能相當有限。

建立涵蓋全民的國民基礎年金，是對抗低所得者老年貧窮風險最有效的方式。然而，2007年7月朝野兩黨在立法院通過的國民年金法，卻和其他具有繳費能力的強體保險者切割，只包括380萬未被勞保、公保、軍保所覆蓋的人，事實上，目前通過的國民年金只能稱的上是「小國民年金」。國民年金的保障對象，都是以目前職業別爲分類的各項社會保險所未含蓋的一群人，這一群人口在65歲以下，25歲以上者共有380萬人（其中包括八成之家庭主婦230萬人、農民110萬人、學生約4萬人、自營作業者19萬人及其他），也就是採殘補切割式的小整合方案。但是，這類被保險人的繳費能力有限，如何徵收這類人的保費將是一個挑戰。爲何全民健保可以以具有普遍主義的的大整合方式來實施，而國民年金卻處於以職業作分立制的方式作討論，最後則是淪爲弱勢者相互取暖的「小整合」方案？對於這個原因的解釋不是本文主要關切的。但是，這個差異的意義是：

民主社會主義中所強調的「普遍主義」質素，在台灣只是部分地實現，在社會福利體系中尚未取得體系著床的地位[4]。因而，儘管有民主化的有利因素，目前在台灣所呈現的形貌只是一個「準福利國家」。

四、民主社會主義在東亞：一個困難但可欲的選項

在左派陣營中，民主社會主義的功過一直是個爭論不休的問題。在中國大陸，更牽扯上「修正主義」與「正統馬克思主義」之間的辯論。但重點應該不是誰是正統的，而是在於何種處方能夠切實際地解決問題。從西歐與北歐國家的實踐經驗來看，民主社會主義是一個可以考慮的選項，特別是在一個全球經濟整合日益升高的國際環境下。國際政治經濟學中的一個重要發現就是：一個國家公部門經濟的擴大與開放式經濟之間，存在著相關性。當一個國家高度依賴他們的外在環境(市場)，出口財貨的資金的來源，國內對財貨的高度替換率，使國內必需品的價格、勞工和資金取決於國際市場的供需，而非決於國內。這種「開放式」經濟使一個國家能獲益，透過貿易開放來達成經濟成長的目標。然而，經濟開放也容易使得一個國家暴露於全球景氣循環的變動，脆弱性與不安定性隨之而升高。我們因而毫不意外的可以發現，民主社會政黨與福利國家，特別容易在開放經濟體當中產生，因爲這種國家需要福利國家來緩和採取經濟開放策略之後產生的變動與不安定性風險。

在經濟全球化的條件下，國際競爭力的提升推動政府政策的議

4 這個對於東亞福利體系發展較為謹慎的論點是黃德北教授所提醒的，作者在此表示感謝。

程，發展中的國家更是如此。爲了要吸引國外的投資，國家常努力去實施對企業友善的政策，這些政策包括：基礎結構的投資、企業營利所得稅和勞動成本的降低、勞動市場的彈性化、減少公共支出來減低政府赤字。其中，特別是勞動市場彈性化，將會提高勞工所得與就業的不安定性。即使是對於歐洲的社會民主政黨，這些結構條件對於民主社會主義的維持都會產生不利的影響(Scharpf, 1991)。

爲了對抗對國際市場開放的後遺症，本文所分析的中國大陸與台灣，各自開啓了一些社會政策改革，以平衡經濟全球化和社會平等之間的社會目標。這兩個案例的制度結構是非常不同的：台灣的政治體系已經民主化，而中國大陸仍然是一個威權的政體。不同的政治制度給國家機關帶來不同的活動空間，採取不同策略來面對全球化後所得差距擴大與社會不穩定性增加的挑戰。在本文章中，我認爲由於不同的制度設計、政權和產業關係，都將導致兩者不同的社會政策，儘管它們都會面對相同的外部經濟挑戰。

在東亞，由於儒教的價值底蘊強調了家庭主義、特殊團體取向以及階層秩序，福利部門仍然未從發展式國家這個主導部門分化出來，成爲一個獨立自主的領域。發展式國家一切追求高度經濟成長，既體現了東亞國家在激烈世界競爭中後進發展的性格，另一方面也以國族發展計畫來凝聚社會認同(Woo-Cumings, 1999)。我們因而不難發現，在東亞關於社會政策與福利議題的公眾討論，無法將福利權視作是一個獨立的權利，而必須與其他部門聯繫起來。另外，在東亞，薄弱的工會主義與社會民主主義思想傳統，迫使歐洲福利國家的發展經驗在此間必須面臨某些修正。在整個戰後時期，由於政府的高壓控制與發展式國家的特性，可以看出工會主義一直薄弱，這是思考東亞民主社會主義未來發展時所必須注意的。

我在一篇分析經濟全球化對於民主政治衝擊的文章（呂建德，2003c)中，嘗試以社會契約的角度詮釋民主的幾種形式。我區分了政治正義與社會正義兩種人民與國家間的契約形式，並且用自由／共和主義與民主社會主義式民主，類比這兩種契約形式。我認爲：

> 在Marshall的經典研究中，公民權的演進被劃分成三個階段的發展，分別是自由權、政治權與最後社會權的發展。在前面兩個階段，權利基本上都還是屬於形式的層次，所謂的形式是指消極地防止國家權力干預及介入的問題。但在社會權的部分則基本上將觸及到所得重分配的部分，而這意味著透過公權力介入的作用，以積極促進的方式將一個政治社會中某些人的所得移轉至另一個社會群體上，以矯正自由市場運作下所出現的不平等結果。這個均衡社會成員生活資源機會的機制就是社會福利政策的主要標的。

讓我們將上述較爲普遍的思考，置放於東亞新興民主政體的發展脈絡上。一般來說，在先進工業民主國家，由於有較爲完善並制度化的社會保障體系吸收在產業轉型過程中的各種風險，因而能提供一個相對而言較爲穩定的政治與社會環境。但是，對於許多自1990年代起陸續出現的第三波民主化新興民主國家，全球化對於這些國家的福利體系發展不見得是好消息。一方面，爲了追求經濟發展與更進一步地融入世界市場，這些國家必須以相當優厚的條件去吸引來自先進國家的投資，這些條件包括對於外國公司設立初期較低的稅賦、優良的基礎建設、開放且容許進出自由的金融體系。如果，這些國家的自有財源不足，這又意味著他們將更加倚賴外債或外人直接投資，而這些其實意涵著國家在執行若干經濟政策的自主性不足。隨著一個經濟體對外開放的程度增加，其實也意味了暴露於國際市場上的景氣變動程度增加，因而其實是更需要國家社會保障體系的介入，以吸收其間產生的各種風險(Rodrik, 1997: 49-67; 1999)。弔詭的是，這些國家的社會福利政策自主性，卻又是較爲偏低的，這反映在國家徵稅能力的下降、對於國際市場的依賴程度升高、以及對於新自由主義一種幾近於盲目崇拜的迷思[5]。這些弱化國家在社會保障體系的不利因素，可能反而加劇原先存在於社會內部的社會差距與衝突，而這又進一步地抵銷了這些新興民主國家追求全球化的努力。亞洲金融風暴給我們的啓示之一是，全球化確實是這些國家的進攻策略，但這個策略必須搭配社會保障這個防守策略，兩者的搭配才能達成政策最優化的結果[6]。

減緩經濟全球化衝擊下社會不均及貧窮問題擴大的主要措施，是建立或改革現有的社會保障體制，福利國家的制度安排，因而被視爲有效穩固西歐戰後民主與資本主義的一個重要組成。在東亞的民主轉型過程，除了建立法治國這個政治正義的契約之外，也必須建立一個追求社會平等的社會正義契約。但是，在西北歐制度化福利國家發展過程中，社會正義契約的建立，有賴於政治市場上偏左

5 許多研究東亞四小龍快速工業化成功的政治經濟學者已指出，東亞奇蹟的出現雖然是市場效率所帶動的，不過，這個市場卻是在國家高度介入的情形下所創造的，而這是以一個具有高國家自主性為其前提的(瞿宛文，2000: 107-109)。不過，這個例子在1990年代之後已經變得越加不可能而難以有效複製了。原因是一個脫離有效管制的國際金融市場形成，數量龐大的國際競爭對手(例如中國、印度與東歐)，國際貿易規範對於保護主義的禁止與懲罰以及這些國家的龐大外債問題。

6 類似的分析結論請參考呂建德對於荷蘭與丹麥社會保障政策改革的討論，呂建德(2003a)。

的社會民主黨，以及在社會階級中有組織的工會組織。策略上則是尋求與農民、中產階級(稍後是女性，例如瑞典的例子)之間在議題或政治上的結盟，而這些條件，在東亞都看不到(黃長玲，2003)。東亞國家一個可行的社會正義契約應該如何建立呢？一個支持這個新社會契約的進步社會政策聯盟，在目前的條件下應該如何形成呢？這些複雜的問題，在這篇文章裡仍然無法獲得完全的說明。不過，我們可以確定的是：第一，東亞的社會保障體系確實已經面臨了必須轉型的壓力；第二，新的社會保障體系，必須以在民主化的條件下協定的新社會契約爲基礎。

分析台灣社會福利體系改革，顯示台灣這個新興民主國家在民主化過程中爲了因應各團體不同的福利需求，在政黨競爭的環境下紛紛推出不同的福利方案。結果是公民在不同部門間所享有的福利給付歧異性相當大，它隱含了公民之間社會不平等擴大的問題。**民主化過程使得台灣的福利體制部分地告別了「特殊主義式」而進入了「準普遍主義式」的福利體制**。不過，這方面的努力似乎只有在全民健保的領域成功建立起來。在年金以及其他社會服務等等，則仍然持續著建基於不同職業身分別之上的不平等。但儘管存在這些限制，民主社會主義已經在台灣建立一個制度上的灘頭堡。在這個基礎上，繼續的推進仍然是可能的。

而對於1978年之前採取國家社會主義的中國大陸來說，建國初期採取經濟集中制，就生產力提升而言，確實較市場體系更見效力。用「世界體系」理論的語言來說，國家所扮演之重要角色是用來草創、組織、贊助重工業部門，藉剝削「國內邊陲」(農村)來發展「國內核心」(都市)。然而，這個效益隨著時間延長而日漸減低。反之，一些缺陷逐漸產生，諸如：1. 初期經濟成長使工業結構日趨複雜，高度複雜性已經超出原先中央計畫經濟所能有效管理的極限；2. 集權體系在某一更廣泛層面上，無法造就城市與鄉村全面的發展；3. 個人消費需求激增，集權體系無法滿足等等問題。典型的例子就是集權體系逐漸成爲前蘇聯經濟發展之障礙。史達林式的中央集權經濟，其改造之困境，即在於無法同時於經濟上滿足，於政治上穩定。因爲趨向市場機制，將使掌權者權力式微，黨中央支配企業之力也逐漸喪失。是以國家社會經濟體系雖然能使後進國家在短時間內由邊陲國家躍昇至「半核心」國家，卻無能使之進一步成爲「核心」國家。關鍵的原因在於兩個方面，一是國家與市場這兩個調控機制之間的協調問題，新取得政權的統治階級（新階級）不願放棄以行政手段來控制資源配置，也不允許勞工民主。二是經濟成長過程中的所得不平等問題。平等乃是躍昇之要素，不平等削弱了躍昇之能力與意願。不平等程度越高，則當權者與社會利益之潛在差異愈大，經濟躍升的困難度也就越高。從歐洲的發展經驗來看，民主社會主義的制度安排與實踐經驗對於上述結構的困境的解決應該有所幫助。首先，經濟之基本結構應爲大量之獨立企業，由國家經由市場關係而擁有，並透過產業民主化由工人控制。其次，中央介入是有限的，僅集中於具備遠景及產業關鍵性的高科技產業，由國家負責資源之配置。最後，經濟體制管理的首要目標在於減削不平等，而具體的制度措施就是福利國家。就此而言，民主社會主義確實是經濟轉型期間的中國大陸，值得考慮的一種選項。

參考文獻

黃長玲（2003），〈重新管制的政治：全球化與民主化下的台灣勞工運動〉，張茂桂、鄭永年主編，《兩岸社會運動分析》（台北：新自然主義），頁69-94。

林國明(2003)，〈到國家主義之路：路徑依賴與全民健保組織體制的形成〉，《台灣社會學》，第5期，頁1-71。

瞿宛文(2003)，《全球化下的台灣經濟》(台北：唐山出版社)。

呂建德(2001)，〈從福利國家到競爭式國家？全球化與福利國家的危機〉，《台灣社會學》，第2期，頁263-313。

——(2003a)，〈全球化與福利改革的政治經濟學：以荷蘭與丹麥為例的分析〉，《社會政策與社會工作學刊》，7卷2期，頁121-171。

——(2003b)，〈與弱勢者的團結：尋找全民健保中的正義基礎〉，《台灣社會研究季刊》，51期，頁51-94。

——(2003c)，〈全球化、社會公民權與民主：一個初步的思考〉，《台灣政治學刊》，7卷2期，頁187-236。

Esping-Andersen, G. (1990), *The Three Worlds of Welfare Capitalism* (Cambridge: Polity Press).

Hicks, A.(1999), *Social Democracy and Welfare Capitalism: A Century of Income Security Politics* (Ithaca/London: Cornell University Press).

Huber and Stephens(2001), *Development and Crisis of the Welfare State: Parties and Policies in Global Market* (Chicago: University of Chicago Press).

Gough, I.(1979), *The Political Economy of the Welfare State* (London: Macmillian).

Offe, C. (1984), *Contradictions of the Welfare State* (Cambridge: MIT Press).

Rodrik, D.(1997), *Has Globalization Gone too Far?* (Washington, D.C.: Institute for International Economics).

——(1999), *The New Global Economy and Developing Countries: Making Openness Work* (Washington, D.C.: The Johns Hopkins University

Press).

Shalev, M. (1983), Class Politics and the Western Welfare State. In: Shimon E.Spiro and Ephraim Yuchtman-Yaar(eds.), *Evaluating the Welfare State：Social and Political Perspectives* (New York : Academic Press), pp. 27-49.

Scharpf, F. (1991), *Crisis and Choice in European Social Democracy* (Ithaca/London: Cornell UP).

Woo-Cummings, M. (1999), Introduction: Chalmers Johnson and the Politics of Nationalism and Development. In: M. Woo-Cummings (ed.), *The Development State* (Ithaca and London: Cornell University Press), pp. 1-31.

呂建德，國立中正大學社會福利學系副教授，主要研究比較政治經濟學、歐洲區域研究與社會政策分析。目前研究興趣集中於經濟全球化對於福利資本主義的衝擊，與各種福利體制回應的策略，旁及全民健康保險總體調控機制及正義基礎。

民主與社會主義不在台灣或大陸？

石之瑜

一、實踐是民主社會主義的唯一方法？

(一)當前任務是什麼？

面對已經設定好的問題——民主社會主義在大陸與台灣，立刻不得不想到的是，民主社會主義的內容何所指？畢竟，在社會主義體制下發展民主(影射大陸嗎？但大陸算社會主義嗎？大陸不民主嗎？)，與在民主體制下發展社會主義(影射台灣嗎？但台灣算民主嗎？台灣不社會主義嗎？)，照理屬於兩個不同範疇的課題，各自給不同的對象設定了不同的任務，更在設定任務的同時，暗示了誰比較高級與誰比較低級。因此，怎麼選擇發問的問題，不可避免就是個政治決定。既然是政治決定，就必須弄清楚是誰在發問。發問者根據對自己的認識，與自我界定的位置，以此爲參照的依據，逼問並設定發問對象的任務，同時就設定了民主社會主義當前的任務。

(二)界定任務是政治搏鬥

不過，掌握了發問者的位置恐怕還不足夠。假定台灣是民主體制，所以民主社會主義者要問台灣如何可能進一步向社會主義發展，這時對於什麼是社會主義，必須辯論；比如是消弭貧富不均，還是抗拒財團化，還是反對台獨法西斯？答案不同，目標就不同，行動方案也不同。同理，假定大陸實行的是社會主義制度，因此民主社會主義者就逼問大陸如何可能發展民主制度，則所引起的首先就是民主制度所指爲何的辯論；比如在自由主義的抽象個人民主與新左派的工農兵大民主之間，是誰對誰錯。這兩個看似不同的發問位置，於是面臨同樣的一個挑戰，就是對於什麼是民主制度或什麼是社會主義制度，大家會有不同的定義，以至於即使問了同一個問題之後，接下來衍生的搏鬥，比在問出不同問題的人之間，也許更要你死我活。

(三)用實踐超越政治搏鬥

如果連定義都還不清楚，大家仍能問出問題，或訂下課題的話，是不是表示民主制度與社會主義制度的意義固然有爭議，但起碼在每個人各自的心目中可以有很明確的涵義，或起碼每個人自有一套處理其中涵義不清的方式？可是，誰的定義說了算呢？這當然又是個政治問題了。因此，不但民主社會主義者對自己發問位置的選擇是政治決定，發問以後必須定義民主與社會主義的內涵，更是政治決定。換言之，社會共同認知的意義不能自明，則促成社會共同的認知涉及到實踐，也就是只能從實踐中反省，在主張民主又主張社會主義的政治領導下，或在號稱民主又號稱社會主義的政治體制中，民主社會主義的任務可以是什麼，以及民主社會主義的狀態可以是什麼？這樣的實踐不是發現真僞或對錯標準的實踐，而是以發現可能性爲宗旨的實踐，是探索意義的實踐。

(四)實踐的宗旨是發現可能性

所謂發現可能性的實踐，即在追求某種未來境界的過程中，體會到過去沒有體會到的意義。首先，必須存在一個現在尚未達到的境界，這個沒有達到的(民主社會主義)境界成爲被追求的境界，既然是被追求的，則這個境界不是內生於追求者的生活環境，而是外來的。任何外來的境界當然都必須先通過學習，才有可能成爲境界，且學習的角度不可能是外來的，因而只能是在既有的生活環境與認識中找尋各種類比，加以組合後，再形成對外來境界的嚮往、邁向新境界的戰略思維、組織資源並推動社會前進的行動，進而開展出更多本來預期之外的對於民主或社會主義的體驗。這時，因爲大陸與台灣分享了某種共通的固有文化，對民主社會主義的學習就跨越了發問者與定義者的政治決定，且在實踐上可能出現某種屬於固有文化的圈內人才能體會的相互理解。

(五)可能性受限於固有文化

不論追求民主的境界或社會主義的境界，先知先覺者都需要透過固有文化翻譯民主或社會主義的意義。固有文化重視社會和諧，講求親疏遠近的人情關係，並推崇王道文化，與民主制度鼓勵競爭，預設人性本惡，規定一人一票且票票等値等面向相比，或與社會主義制度追求平等，發動階級鬥爭與專政，徵收財產公有化的面向相比，都不具備自然發生的情感條件。所以實踐民主與社會主義時，縱使仁人志士的看法各有千秋，都需要處理固有文化，即使是必須一定程度地接受固有文化而形成對民主與社會主義的再理解。既然先知先覺與後知後覺都出自於固有文化，他們之間的默契，自然超過先知先覺者與外來民主或外來社會主義之間的程度。

(六)一種民主社會主義的可能性

在固有文化的介入與政治勢力折衝之下，大陸的社會主義與固有文化中的平均主義在實踐中結合，表現成土改運動、農業合作化運動、公社運動、農村集體所有制、城市單位所有制等等制度，或先富幫後富、廠長是中心與書記是核心的兩心合一心、扶貧攻堅、沿海支援西部及全國支援西藏的大開發等等改革政策。在社會主義制度下的民主則成爲強調共同參與的集體主義，表現成政治協商會議、民族區域自治、執政黨與參政黨多黨聯合提名制、三上三下的集體提名制、二分之一以下的差額選舉、海選制等等制度，與農村集體的共同決策、沒收派系與家族把持的選舉、村委會倒掛企業、人民大會代表比例保障弱勢等等做法。

二、民主超越了社會主義與資本主義？

(一)選舉是否保證民主？

台灣2008大選之後經歷了第二次政黨輪替，根據民主理論，這代表民主鞏固深化的重要一步，但也有人認爲國民黨把持行政立法兩權，危及民主。在中共十七大之後，類似的討論在大陸研究學界也方興未艾。不久前，北大教授潘維膾炙人口的一項主張，謂中國應追求法治但遠離民主選舉，而他正是以台灣做爲他反對選舉的負面教材。適逢近年台灣知識界轉而鼓吹公民集體參與溝通的審議民主，因而顯現對選舉的不信任。似乎不但民主內涵是眾說紛紜，更重要的是，選舉與民主之間的關係益加不確定。

(二)民主能否保證善治？

民主是什麼？目前比較多的討論，指的就是有競爭性的定期選舉。尤其，在英文文獻中，選舉與民主幾乎等同，古典敘事中的有限政府或立憲主義，已經很少再被提及。然而在政治實踐上，民主的意義五花八門，比如民主集中、民本、大民主、革命民主等在中文語境下出現過的概念，顯然各自指涉已有不同，但都不以選舉爲必要條件。潘維引起的辯論主要是，選舉對於民主的建立有無必要。幾乎慣以英文寫作的知識社群早有共識，力主選舉之不可或缺。相對於此，持保留態度的新左派作家則更重視良治或善治，並質疑選舉可能經常帶來的負面效果。

(三)審議民主有助於善治

目前台灣流行對審議民主的探討，換言之，台灣的民主論者已然承認選舉不等於善治，所以才同意需要審議民主補選舉之不足，亦即民主選舉並非善治的充分條件。選舉制度是程序性的與參與導向的(故愈是廣泛化愈民主)；善治的標準是實質性的與結果導向的(故愈是個人化愈民主)。仰賴選舉就不可能執著於任何善治的標準，執著於固定的善治標準就不可能仰賴選舉。這時，審議民主就是一套調和其間的方式。不過，無論善治標準如何訂定，或如何可以經由審議民主隨時空調整而改變，善治的定義既然非關選舉，則選舉之爲必要條件，可就不能只訴諸定義或價值之類的空口無憑，而必須進一步蒐集實證資料或提出理論判斷。

(四)審議民主能否取代選舉？

民主能否是只有審議民主而沒有選舉？目前台灣的反省未及於此。審議民主是透過協商來提升民主品質，一黨專政之下也可以進行，故這時審議民主只有審議而無關選舉。大陸農村實施自治，靠的不是制度，因爲自始只有想法，沒有制度，而有些基層農村透過實踐中摸索出來的，就是集體參與的審議民主，其中重要的制度表現在決策上是村民大會或村民代表大會，表現在選舉上就是海選制。如果無選舉就不成民主，則審議民主也不能算民主。如果選舉是前提，則足以排除任何一黨專政的制度，當然也就排除了一黨與民主並存的可能性。這時，審議民主並非取代選舉，而是補其不足。

(五)台式民主不能保證善治

有選舉才能善治的道理，已有文獻在闡述，許多都是針對民本或民主集中之類的主張在反駁，也就是反對在固有文化的語境裡有發展民主的可能性。在邏輯上，就是認爲領導團隊必須定期被檢查，才有可能重視善治，不然遲早怠惰荒淫或剛愎自用。而除了定期選舉，如何有其他手段可能免除領導階層怠惰荒淫或剛愎自用？有趣的是，大陸新左派作家常以台灣民主當負面教材，指出選舉顯然破壞了台灣行善治的基礎，造成社會分裂，互信蕩然，反而助長了怠惰荒淫與剛愎自用。因此，選舉能否防止怠惰荒淫或剛愎自用，要視當地文化脈絡。審議民主創造的集體場合，反而可以抑制怠惰荒淫或剛愎自用。

(六)資本主義民主不能保證善治

當然，絕不是只能靠選舉，才能定期檢察領導團隊有無怠惰荒淫或剛愎自用，也可以靠御史制度，或靠對領導階層施以長期的道德教化。然而，是否只有定期選舉才能保障持續不斷的檢查，而不受人爲的影響造成波動？顯然也不是，這就是台灣被當成負面教材的理由，因爲有制衡的制度不能保證有制衡的意願或品質。社會主義作家便批評，選舉是資本家才有能力參與的，因此制衡只存在資本家之間，如此，民主與社會主義根本是爲對立的。相對於此，如果沒有集體財產作爲基礎，基層人民參加以集體生活爲前提的審議民主，其長遠動機從何而來呢？然而，假如累積出某種程度的社區共產，會是台灣發展審議民主的有利條件，是否要靠建立一支共產先鋒隊去創造這個條件呢？

(七)普世民主的定義呼之欲出

爲了長治久安而要論證非有選舉不可，或論證完全不必有選舉，都沒有必要。同理，一定要有審議也沒有必要。進一步，一定要有資產階級支援選舉，或一定要有社區共產支援審議民主，就沒有必要。不過，可一言以蔽之的是，無論是程序或實質，所有民主的主張與所有關於選舉制度是否必要條件的辯論，不管辯論多激烈，都分享至少一個共同看法，那就是反對專斷獨行的決策過程。爲了防止專斷獨行而建立的制度沒有完美的，也沒有四海皆準的，更沒有亙古不變的。故領導階層是否推動假民主，或打著民主旗號反民主，不能看有沒有選舉，或有沒有公民審議，而要跳脫制度問，他們實際上是否專斷獨行。

(八)社會主義能否反對專斷獨行？

一旦同意，普世民主的概念指的就是反對專斷獨行，人人便都有資格在即使不了解、不同意、不參與制度的情況下，對某人某事民主與否做出判斷。這時就不必辯論選舉是否是必要條件，2008台灣的政黨輪替有沒有完成民主鞏固，台灣的社會有沒有分裂；只要問，假如決策的結果不符合我的意思(如此的實質標準是個人的，故是高度民主)，那這個決策是不是專斷獨行的過程(如此的程序標準是社會的，故是高度民主)。這在大陸即使拒絕在黨內舉辦選舉，還是可能判斷爲有民主；或即使黨內選舉辦得如火如荼，也仍然可能指爲毫不民主；而在台灣，即使政黨輪替也未必民主，而一黨獨大更難非說是反民主不可。

三、資本主義民主免於固有文化？

(一)沒有憲法秩序的民主

在台灣，儘管固有文化介入了民主實踐，然而歐美學界把選舉視爲推展自由主義的工具，於是台灣成爲許多人筆下民主化的成功範例，更進而引申台灣民主化的經驗，藉以影射中國大陸未來政治發展的必由之路。其結果，不但台灣的學界與輿論界聽了感覺無限風光，就連日益開放的大陸學界，都不乏台灣的粉絲，認爲台灣民主化對大陸政治發展的方向充滿啓示。英語政治學家很少從政治文化或人心需要的角度看待台灣，似乎對於台灣能夠舉行大選，選民投票井然有序，投票管理效率高超，選舉結果普獲承認，就感到滿足，並不介意台灣的民選政府與民選前的政府一樣，從來都不在憲政主義的有限政府制度下運作。

(二)大有為政府在憲法之上

然而，與主流政治學家想像相反的是，此間政治人物所服膺的社會關係或擅長的道德姿態，依舊與大陸上的政治風格頗爲雷同。兩岸民間對「大有爲」政府有效領導的期盼，不脫自抗戰以降，兩岸政治領導人一向風行草偃的自我期許。這種領導人自居於憲法之上、顧盼自雄的表現，與自由主義價值大相逕庭。若真的照自由主義標準，其中看來最嚴重的，應數近十餘年以政府爲首對大陸人的人權歧視與迫害，不論是海上漁民或大陸配偶，政府對待他們之道有時甚至堪稱殘忍。意外的是，好像這樣的迫害，完全不屬於台灣民主化議程上值得討論檢視的課題。

（三）為台灣破格降低民主標準

來自歐美那些研究台灣的政治學家，極少檢視台灣民主選舉對台灣人的複雜意義，不注意台灣政治對人權的輕蔑與對憲政主義踐踏，當然也就不會反省主流政治學理論的盲點。這等於是架空了台灣選舉的自由民主內涵，放棄在台灣適用憲政主義標準。如此竟仍然能逕將台灣當成民主範例，不但侮辱了他們鍾愛的自由主義與憲政主義，更侮辱了台灣，因爲台灣做爲自由民主國家，是被他們破格降低了標準才可能，好像是特別照顧，其實是反映了他們對自由民主在台灣的困難處境毫不敏感，好像在台灣這種地方，能有投票就不錯了，其餘不須奢望。

（四）以中國為對象的民主姿態

台灣人卻對這樣潛藏的輕蔑，似乎普遍沾沾自喜——既然歐美學者不在乎台灣欠缺憲政主義或自由主義，奉他們爲師的台灣學者當然也就不必在乎，實際上也不知道如何在乎。上焉者即使承認台灣民主尚有缺失，但這種口頭承認從沒有後續的深入研究，而且覺得比上不足比下有餘，這種人尤其喜歡對中國共產黨指指點點；眾多下焉者往往沉溺在一邊迫害人權，一邊得意洋洋的民主成就感中。這樣降低標準來照顧台灣，當然是有鑒於在冷戰後的世局之中，以自由主義爲內容的歐洲現代化史觀處處碰壁。從1990年代以降，在文明衝突、美國解體、伊斯蘭聖戰、巴爾幹及非洲的種族屠殺等種種文本所營造的氛圍中，民主化在台灣取得成功的印象，有助於重振自由主義陣營的士氣，強化自由主義堡壘，並擺出向一黨統治的大陸地區包圍滲透的姿勢，因而是符合以美國爲首所打造的自由主義霸權思維。

(五)民主台灣對民主的顛覆

正是在熟稔了這樣的霸權思維後，台灣各界懂得如何包裝台灣的選舉投票，使台灣看起來符合歐美的民主化想像，加上中國共產黨對民主化的頑抗近在咫尺，台灣的民主選舉遂成為歐美政治學家難以抗拒的誘惑與亟需消費的對象。歐美政治學家對台灣民主化印象的渲染，並沒有深化台灣的自由主義或憲政主義價值，起碼就在這一年，台灣的大法官還滿心配合總統，放給他想要的國家機密特權，大剌剌地剝奪憲法授予行政院長與相關部會首長副署的權力。可見，台灣自己的歷史文化並沒有因為採取了政治學語言的包裝，或頻繁地辦理選舉投票，就完全接受自由主義的改造，或躋身於憲政主義國家，反而還從語言無法表達的眾多而頻繁的微小實踐中，不斷顛覆歐美政治學所理解的民主自由的意義。

(六)民主無法克制的權力慾望

首先，台灣固有的儒家文化繼續引導選民從群體的觀點看待政治，所以他們需要維持某種對群體的歸屬感，也需要思想信仰的指引，更需要道德高尚的領導人，與歐美政治學中，選民有獨立選擇偏好的能力，有屬於個人自己的利害計算，不信任政府，把政府視為必要之惡的假定，格格不入。同時，台灣的後殖民歷史經驗也揮之不去，導致公眾人物充滿卑微意識，因而對權力的需求強烈，展示權力的需求更強烈，以彌補並治療悲情，導致領導階層刻意超越法律的各種表演不輟，即使當事人完全理解有限政府的學理，也難以遏止自己濫權自為的衝動。他們既需要依附於高權，又需要施展權力，所以對政治價值從來不認真，以致於政策立場調整迅速，在價值立場上則看起來反反覆覆，與自由主義對人內在一致性的假定相比，有天壤之別。

(七)移動台灣民主進程的幾隻手

台灣民主化的意義有待新詮。可以打個比方做結論，且把自由主義看成時針，那麼後殖民主義像分針，儒家固有文化便像秒針。歐美輿論界與學界看到的民主化是時針，然而時針的位置被分針牽制，不能決定自己在哪裡，這點台灣的政治人物儘管不知如何表達，其實恐怕個個心知肚明，而分針的位置更受到秒針帶動，秒針的作用則已然深層難測。不看秒針與分針，就不知道某個時期或某個範圍的自由主義充其量是表象，其位置與意義一直都不斷變動，且將繼續變動。

(八)本土化的台灣式社會主義民主

同樣的多元時鐘也影響台灣的所謂資本主義。就如同大陸上的社會主義受到平均主義所牽引，台灣的資主義就受到固有文化的影響，比如家族企業還是很重要；股票受到內線交易的掣肘是常態；不但平均主義充斥在政府預算的分配上，也牽制企業分紅的政策；不論是產官學界的結盟脈絡，或矽谷、新竹與上海之間科技園區流通人才與訂單網路，更再再受到人情的影響；而出人頭地與光宗耀祖繼續是成就動機的重要來源。如果不患寡而患不均的平均主義詮釋了大陸的社會主義，則也可以說台灣的資本主義有社會主義的涵義在其中。

四、起碼是「民主社會主義牌」香水？

(一)台灣是買辦經濟

社會主義是歐美針對資本主義的反省，在台灣講社會主義是否適合？歐美的大陸式經濟是以自給自足爲主，仰賴資產階級投入，因而有富剝削貧的問題，碰到不景氣，貧富就矛盾，而解決貧富差距要靠移轉性支出，這時重分配與保護主義有其政治社會合宜性。而中國大陸部門剪刀差也很嚴重，只是流民工中年以後大量回流內地的習慣與歐美經驗迥然不同，因而與歐美不屬於同一種社會主義的歷史脈絡。但台灣的島國式經濟則不分貧富都屬國際化的買辦階層，貧富之間並非相互剝削，剪刀差的問題在整體經濟發展中不嚴重，買辦經濟下重分配的問題相對邊緣化，不能套用社會主義。在台灣，任何生產獲利，多會嘉惠所有買辦階層，所以藍、白領間並非對立。

(二)買辦民主是討好用的

買辦經濟下，任何人從國際部門獲利，台灣整體均霑其利。如果生產關係決定上層結構，台灣的民主就只能是取悅跨國資產階級的表演式民主。國際資產階級信奉自由主義時，台灣的民主內涵就是選舉以及罵總統，擺出自由姿態；國際資產階級信奉民族主義時，台灣的民主內涵就變成不談政治，只講經濟；國際資產階級信奉社會主義時，台灣的民主內涵也許便會有民主社會主義的香味。重點是，誰看起來像是主子，主子的意見是什麼？夾在兩個不同的主子之間，就必須時而講民主，時而避諱民主。

(三)平均主義與民本思想

兩岸新興的國際資產階級即使照主子的意思宣稱支持社會主義，也是假的社會主義，而充其量是儒家的平均主義，則社會階層劃分爲類似君子與小民，反而符合人心，這時選舉的目的不是制衡或監督，而是表態效忠。平均主義成為社會正義與和諧的主要標準，仰賴大公無私的君子在上主持公道。不管什麼政黨主政，都要以全民政黨為理想。張君勱的憲法很有這個精神，行政與立法分開、政策與人事分開、統權與治權分開、中央與地方分開、保護元首於政治之上；等等安排並不見得能追求制衡，但卻能替政府維繫一種穩定的差序格局。雖然社會主義在大陸式微，在台灣也沒有基礎，但儒家長幼尊卑與親疏遠近下的平均主義，提供了一種近似社會主義的民本思想，根深蒂固的在學校與家庭教育中調適繁衍。

(四)民主社會主義仍可曇花一現

從具體能定義的價值理念上來講，民主與社會主義似乎都是背對著固有文化，那麼不論台灣與大陸，都既非民主，也非社會主義，而是依附在民主與社會主義口號上的固有文化的再生。如果民主社會主義不具有固定的內涵，只涉及在精神上免於專斷獨行的決策或免於貧富分配的差距，則在一定程度上台灣與大陸都曾經往民主社會主義方向走過，都有過集體領導或制衡獨裁專制的實踐，也都有過改善貧富不均的制度或政策。民主社會主義因而是個恆久的臨時性過程，既不會是永久的現狀，或一直被銘記在心的未來境界，但也不會永久被排除。但其內涵主要是平均主義，而平均主義預設了階級的不可或缺，平均主義與社會階級彼此強化，相互辯證，是固有文化對民主社會主義的收編。

(五)兩岸之間尚無共通話語

堅持社會主義或堅持民主的兩難問題，在台灣與大陸的意義不同。在大陸，思想界關心社會主義改革的問題，這個問題的起源是1949年以後馬克思主義中國化的討論，因此難與以自由主義為內涵的歐美學術傳統對話，也難與以中國固有文化為內涵的老國民黨傳統對話。台灣學術界主要的話語是社會科學界的自由主義，次要的話語是文史哲還保留的固有文化，其中自由主義雖是去歷史的價值邏輯，但是從五四以降的自由主義思潮在台灣不絕如縷；至於固有文化則更蘊含反共的1949年以前的史觀，亦即自由主義與固有文化的高舉，同屬內戰史觀，後者尤其認為1949年以後的發展無關緊要，相反的，民主社會主義的討論則脫離1949年以前的歷史文化傳承。

（六）本文既不民主也不社會

政治上，台灣有台獨的潮流在利用自由與反共這兩種話語，只是台獨的動機不能用自由主義或固有文化來理解，而是另外涉及到日本殖民統治的影響。但無論如何，台獨沒有認識或介入民主社會主義的文化或心理條件。反對台獨的，因為夾帶了內戰史觀，無法認真看待社會主義，既不相信大陸可以超越固有文化的平均主義傾向，又依附在大陸已經切斷了的1949年之前的自由主義傳承。綜觀台灣，沒有從生產關係來建立反資產階級的歐美式社會主義的文化條件。同時，就像台獨沒有面對民主社會主義的內在批判能力，本文對民主與社會主義從外而內的操弄，明顯也是受到內戰史觀制約的。同理，大陸稱不上社會主義，台灣更稱不上民主。

石之瑜，台灣大學政治學系教授，著有《中共法治理論解析》、《集體主義的民主》、《政治文化與政治人格》、《台灣最後一位保守政治家》、《貧窮的政治學》等書，目前推動「中國學的知識社群研究」計畫。

曹天予與民主社會主義

社會主義是什麼？

孫善豪

什麼是社會主義？這個「大哉問」，無論多麼複雜、巨大、糾纏，卻可能是所有關於社會主義的爭論——無論是「修正主義」的爭論、「姓社姓資」的爭論，或是「民主社會主義是不是社會主義的一種模式」的爭論……等等——都必須認真面對的。因爲，它是一個前提：對它的不同回答，將會決定之後一系列各式各樣不同的立場，以及(從這些立場出發的)對於現實政治的各種不同評價，和所採取的各種不同的政策。

這個追本溯源的問題，或許對於生活在「實際社會主義國家」(例如中國)裡的人來說，是太過玄遠、或是太過日常生活了，以致例如曹天予所編《社會主義還是社會民主主義》裡所收錄的文章，儘管都環繞著「社會主義」這樣那樣的問題，但是卻幾乎沒有對於「什麼是社會主義」有任何討論。這個「不討論」，可能正是所有問題真正的關鍵所在。

社會主義的目的：需要的滿足

在各種社會主義的爭論中，「需要」的面向向來很少被討論——儘管馬克思在《資本論》開頭不久之處就清楚地說了：商品是一個以它的自然屬性來滿足人的無論哪種「需要」的外在物。物體之所以可以滿足「需要」，來自於它的「使用價值」，而這種「使用價值」，又來自於「人與自然之間」的交換。馬克思絕少承認、或甚至極力否認任何永恆不變的東西，但是，這種「人與自然之間」的交換，卻被馬克思直接稱爲「永恆的自然必然性」。

人與自然之間的交換之所以是永恆而必然的，來自於一個簡單的事實：人必須從自然獲得給養。所有所謂人類文明(諸如金字塔、萬里長城、巴黎鐵塔、帝國大廈……)，都必須預設一個前提：人活著。而人要活著，就必須與自然進行物質交換：他必須吃，而所吃的一定是自然的一部分(蔬果、豬羊牛的肉、稻麥或馬鈴薯……)；他必須穿，而穿的一定也一定是自然的一部分(棉、麻，甚至尼龍——這也是從石油這種天然物質裡提煉出來的)；他還必須住、必須行……等等。所有這些，都是——即使用盡人力也——不可免地來自自然的。

但是人活著，也有兩個面向：一是單純地、作爲一個「活著的生產工具」般活著，另一，則是活著，以便把這個生命用來從事有意義的活動，諸如繪畫、作曲、著書、設計新款車、發明新軟體……等等。這兩個面向的區分，以及前者之「以後者爲目的」，應該都會被馬克思同樣承認爲「永恆的自然必然性」。

在這些基本的存有學的範疇的基礎上，馬克思所面對的、從而要解決的一個「異化」處境是：大多數人的「有意義的活動」，都顛倒成了他們的「生存工具」。本來，人活著，**以便**能夠過一個有意義的生活、**以便**能夠從事有意義的勞動，但是現在，他們從事這樣的勞動，**以便**單純地活下去。

這種異化，是必須被「顛倒」過來的——如果有任何「馬克思倫理學」可言，則它應該就只在於爲這個「顛倒」提出理由吧？—

一。馬克思爲這種顛倒進行了兩步驟的工作：其一，要找出異化的必要條件，亦即：如果去掉了那個條件，則異化就不可能了；這個條件是：所有人的生存都被滿足；其二，要找出「去掉那個必要條件」的必要條件，亦即：去掉那個條件，則「所有人的生存都被滿足」就不可能了；這個條件是：生產工具共有。

這個道理其實很簡單：首先，爲什麼有那麼多人必須面臨異化的處境呢？因爲他們不如此就無法生存。那麼，其次，如何能使他們脫離這種異化的處境呢？讓他們至少衣食無虞。第三，他們怎樣能衣食無虞呢？這就要使全體人類的生產首先滿足全體人類的需要。但是，第四，現在（或向來）人類的全體生產，**其實是**可以滿足全體人類的需要的，但爲什麼卻做不到這一點呢？因爲私有制。所以，第五，必須廢除私有制，才能使所有人都得溫飽、使他們都在「活著」的基礎上，繼續去過他們的有意義的生活。但是，最後，這個「私有制的廢除」，又該依於什麼樣的條件呢？這是馬克思以他一生精力所試圖回答的。

社會主義的手段：計畫經濟

在這樣地理解下的馬克思主義，首先，它的目的是：所有人都可以自由地發展他們自己的興趣、喜好……等等。其次，要達到這個目的，有一個必要條件：「所有人的生存需要」都要被滿足。只有在這個基礎上，才能談到其他有意義的生活。當然，如果有任何一種生產方式，甚至「不生產方式」——例如外太空突然掉下一個巨大的哆啦A夢（機器貓小叮噹），可以無需人的生產就無中生有、變出種種生活所需——，可以滿足所有人的生活需要，那麼，社會主義也、財產公有制也……就都不必然了。甚至還可以說：如果資本主義可以讓所有人的需要都被滿足，則它也就根本不必被取代或推翻了。但是問題正好就在這裡：第一，我們還不能「不勞而獲」。或者用《聖經》裡的隱喻：人類被逐出伊甸園，而返回伊甸園的路，又被上帝（們）關閉了，所以人類從此必須用滿臉的汗水換麵包。這個「宿命」，無論有或沒有上帝口惠不實的「永生」的應允，至少，是我們現在逃脫不了的。既然有勞才能獲，那麼，接下來的問題就是：第二，如何勞、如何獲？資本主義（和其他大多迄今的生產方式一樣）使得一部分人勞而不獲、另一部分人不勞而獲。其結果，正是使得（大）部分人的需要無法滿足。而這一點，才是社會主義所針對的問題。也正是針對這一點，所以馬克思才提出了「需要導向」的、「計畫生產」的社會主義生產方式。

「計畫生產」這個概念，在中共和蘇聯的「斯大林體制」的實踐下，似乎已成了某種「顢頇無用」的東西的代名詞了；或者，至少，它也總是與「瞎指揮」、「外行領導內行」、「吃大鍋飯」……等等負面意象連結在一起。但是，如果看到：這個概念是相對於資本主義的「生產的無政府狀態」而提出的，尤其是如果看到：這個概念是與「需要導向」併立的，那麼，或許這個字眼將帶來不同的風貌：

首先，所謂「需要導向」是：整個社會要生產什麼，完全依需要什麼而定：不需要的，一概不會被生產；被生產的，一定是有人需要的。但是什麼東西是被誰需要的呢？這就必須由需要者自己提出來了，因爲沒有任何人知道別人真正需要什麼。僅僅在這一點上，顯然，計畫經濟就必須蘊含言論自由：每個人都可以、也應該、甚或必須提出他自己的需要，如此計畫經濟才有個要被計畫的「課題」。

其次，雖然可以保證的是：不需要的，一概不會被生產；被生產的，一定是有人需要的。但是不能保證的是：凡是需要的，一概會被生產出來。這是因爲生產力到目前爲止的限制，或者說，生產力到目前爲止、在我們現有經驗下，還無法完全斷定：它是否足以生產出所有滿足需要的東西。例如，一架B2隱形式轟炸機，造價10億美元，而它造了50架，總價500億美元。這500億美元，如果用來生產某種實際滿足需要的東西（例如食物、例如生植能源所需作物、例如鋼筋水泥等等……），應該是足夠的了吧？但是我們不知道：地球是否有足夠的耕地與礦藏來從事這樣的生產？此外，如果被需要的是，例如：某人每天中午都要吃五公克的黑海魚子醬，那麼，受限於自然，我們無法斷定黑海是否生產得出這麼多的魚子醬。反而，生產這些魚子醬的勞動力，如果轉而用來，例如：建造某些設備以解決大氣中二氧化碳過多的問題，或許更爲有利……等等。這些錯綜複雜的「需要—滿足」的關係，當既有的生產力無法完全滿足所有需要時，則必定就必須在所有「需要」之間列出一個順序表：孰爲急迫、孰可壓後，由此決定：什麼是應該優先生產的、什麼是可以壓後生產的、或是等生產力發展到如何的高度之後再來生產的。制訂這個順序表的，只能是一個理性討論的過程。這種理性的討論，其實也就是民主的原型。而如果對於「社會生產力該往那個方向發展」有不同的意見，則這個社會將很自然地發展出某種「政黨政治」(雖然未必是我們目前熟知的政黨政治)：各黨各據其理由，對整個社會的生產力發展取向、對於「孰爲急迫、孰可壓後」各提出設計和理由。

因此，很明顯地：「計畫經濟」必然蘊含了自由和民主，甚至政黨政治。

需要導向的計畫經濟，以及於此蘊含的自由、民主，是「社會主義理想」的標誌。

反之，哪裡沒有自由(至少沒有言論自由)、哪裡沒有民主（至少沒有理性討論)，則那裡就根本無從與語社會主義。

目的與手段的倒置

馬克思誠然很少談論任何「應然的」或「可欲的」目的，或者說：很少談論「何以」某個目的是應該的或可欲的，因爲，如果沒有「實現這個目的」所需的「手段」，則目的的談論不僅將只是空談，而且，還會反過來作爲充飢的畫餅、成爲某種欺騙和宰制的勢力。

社會主義作爲一種「滿足所有人需要」的體制，也同樣需要一些手段或條件才能達成。如果不談這些條件，則社會主義立刻就會成爲空談。

這些條件，舉其犖犖大者而言，包括了：生產工具和生產資料的公有(有此，才可能有有計畫的、合乎需要的生產，從而也才可能有合理的分配)，以及，爲了在資本主義體制的基礎上建立公有制，就必須以無產階級專政爲更進一步的條件；再往前推，則爲了建立無產階級專政，則必須有一革命；爲了革命，又必須有階級的團結和階級意識；而階級意識的出現，又預設了「人人都在X面前一樣」……等等。

現在，這個X是否已出現了呢？馬克思的答案是：是的！「商品」就是這樣使人人都一樣的條件。從這個已然出現的條件出發，再反過來往社會主義理想前進，則一步步的策略，乃可大致有個方向，而只要循序漸進，就可以逐步實現社會主義。或至不濟，至少也可以把資本主義的弊端逐步地、儘可能地清除。

但是，在這樣「邁向社會主義」的歷程中，如果有那個環節被絕對化了、固定不能變了、「堅持」了，那麼，也就意味社會主義的理想已經停止了、變質了：異化了。例如無產階級專政本來是一個條件，但是它被窄化成「共產黨專政」於前、又被當作「四大堅持」堅持於後。這時，就會出現一個可笑的局面：當人問「什麼是社會主義」時，唯一的答案就只能是「凡是共產黨推行的，就是社會主義！」因爲共產黨(假無產階級之名)的專政，已被絕對化了，因此不是社會主義來界定什麼是共產黨，而是共產黨來界定什麼是社會主義了。

正是在這個局面下，所以《社會主義還是社會民主主義》裡所收的文章，儘管從各個方面、談了各式各樣的社會主義，但是其實，這許多的社會主義，無非都是「中共可以採取的策略」的別名。社會主義原本的目的、理想，在這些文章裡是看不到任何討論的。

生產力拜物教

此外，在這些文章中，「生產力」扮演了一個重要角色。

生產力當然是通往社會主義的一個重要環節：隨著它的提高，可以一方面，就整個社會來說，增加整個社會的供給，從而使更多的需要得以滿足，例如，當生產力不足以同時生產出一個實驗室以滿足若干科學家的需求，和十萬人一年的糧食以滿足這些人最基本生存需求時，前者是要被犧牲的。但是，當生產力提高後，兩者都可以滿足。甚至，不難想像：當生產力提高到一定程度後，凡是需要的，都可以被生產出來。

另一方面，隨著生產力的提高，則就個人而言，他爲了維生所必須花費的勞動時間也可以減少了：他本來可能必須花五天勞動來維持七天的生存(目前很多國家，例如台灣，就是如此)；但是生產力提高後，可能反過來：只要勞動兩天，就可以維持七天的生活了。這樣，他在「週休五日」的時間裡，可以規畫他自己想做的事，而不只是(像現在週休二日時這樣)旅遊、休閒——以便養精蓄銳、再以最好的身心狀態投入異化勞動而已了。

但是無論生產力的提高扮演如何重要的角色，它終究只是一個手段，而不能變成目的。一旦脫離了滿足所有人的需要這個目的，則生產力的提高就只能是一個「非替實」(Fetisch)或「偶像」了。

然而，當「貧窮不是社會主義」的說法提出後，生產力被抬高成問題的核心。這時，「生產力拜物教」就出現了：社會主義的目的已被遺忘，而所有關注的焦點，只在它的手段。

康德曾提出「根本惡」的概念：如果某個手段B原本是用來達成目的A的，但現在卻以犧牲A來達成B，那麼，這種目的與手段的倒置就是「根本惡」了。同樣的關係在把生產力提高成社會主義建設的核心問題時，是明顯的：提高生產力原本是爲了讓人人的需要得以滿足，爲了讓人人都有更多的時間可以自由從事他自己想做的事。但是現在提高生產力的作法，卻是以「大多數人的需要不能滿足」爲代價，以「人人愈來愈無時間自由支配」爲犧牲，此不謂根本惡，孰謂根本惡？

這並不是靠「中央」完善什麼制度、嚴厲打擊什麼現象……這些技術層面的作爲就可以改變的。根本的是：當「提高生產力」必須藉由「引進市場」來達成的時候，就已經證明了原本的所謂社會主義體制是沒有能力語此的：改革開放從農村逐漸擴大、蔓延至城市、國有企業，就證明了這一點。反過來，市場之所以被引入，正是因爲它能夠提高生產力。現在，既然重點在生產力，那麼全面市場化也就是必然的了。但是市場經濟又正是社會主義本來所面對的問題(異化勞動、需要不得滿足、貧富懸殊……)的病灶啊！這樣，

「生產力中心」的「中國特色的社會主義」，其實就是宣布「中國還無法邁向社會主義」。如果新民主主義是要以無產階級之力來完成資產階級做不到的民主革命，那麼，「中國特色的社會主義」或許可以看成是：中國共產黨現在要一力扛起當初中國國民黨力有未逮的資本主義現代化的任務了。如果真是這樣，或許也好。但問題是：然後呢？

幾年前，我曾經與本黨(中國民主社會黨)故主席謝漢儒先生聊到：當初台灣的土地改革或接收日本人土地房舍時，作爲一位社會主義者，他何以沒想到「土地國有」的選項？他一聽之下也頗爲震驚：「對呀！當初怎麼都沒想到呢？」他隨即很感慨地說：「是啊！中共的土改，是把土地收歸國有，手段固然血腥，但是現在要建設起來，卻快速無比。反觀台灣當年土改，雖然手段平和，但私有化的結果，使得現在所有建設都卡在土地徵收。等土地問題解決了，建設的時效性恐怕也過了。」

同樣的道理：如果中共完成了資本主義現代化，但卻使私有財產一步步穩固了，那麼，當五十、一百年後，當所有現在的成就都必須再被超越的時候，那時又該怎麼辦呢？

不得不爾？——執政的與在野的社會主義

對於一些對中共社會主義建設抱持善意的人來說，我的批評，可能是「太左」或「太不切實際」了。他們的慣常質問是：「不然怎樣？」或「你提得出更好的辦法嗎？」

但是，對於一些並不對中共社會主義建設抱持善意的人來說，我的批評，可能又「太天真」了，他們的慣常質問是：「怎麼？你還對中共抱持幻想嗎？」

我想，這可能是「執政的與在野的社會主義」的差別吧？

如果我把自己想成中共領導人，我誠然會反問：「不然怎樣？」而如果我並沒有對社會主義的目的有任何體認，反而只是莫名其妙地接受了一些洗腦、堅持了一些手段、緊握了一些「非替實」，那麼，我或許就真的只有說「不然怎樣？」的份了。

但是，如果我把自己想成一個社會主義者，而且無時或忘社會主義「使人人需求得滿足、使人人得自由」的理想，那麼，我不僅必須時時以在野的社會主義者自居、必須在任何重要環節提醒社會主義理想，而且我也必須在任何可能的地方，包括西歐任何(哪怕只是打著社會主義旗號騙選票的)地方，或是中共這個還至少扛著社會主義招牌的地方，期望還有那麼一丁點的社會主義理想的殘留。

《共產黨宣言》裡說：

> 共產黨人到處都贊成一切反對現存社會政治制度的革命運動。他們在所有這一切運動中，最為注重的，就是所有制問題、把它當作運動中的基本問題，不論它當時的發展程度如何。

不論「所有制」發展的程度到哪裡，共產黨人始終堅持的是：「公有制」。這才是共產黨人的「硬道理」吧？

達成「公有」這個硬道理，誠然有許多手段。但是，第一，不能爲了目的，不擇手段；而且，第二，也不能爲了手段，不問目的。

孫善豪，現任教於政治大學政治系，兼為張君勱學會理事長。

「誰雇用誰？」：
讀曹天予的勞動產權說

馮建三

「倒底誰雇用誰，這才是根本問題。」——曹天予先生在《社會主義還是社會民主主義》中重述他近年所發展的「勞動產權說」，有一個核心內涵，就是提出與答這個根本問題。這句話驚醒局中人。曹先生積極參與世局，不是旁觀者，但當局者不迷、沒有習焉不察，反而通過這個提問，再次指認現狀的不盡合理。

勞動產權說涉及的層面非常廣泛，但請容許筆者這份閱讀筆記以薪資勞動與市場社會主義作為討論中心。其後，再請寬宥筆尖的任意遊走，信手紀錄所思。

在我們所生活的世界，資方雇用勞方。對此，我們不疑有他，習慣成自然。但為什麼不能主客易位，勞方雇用資本？這個提法具有重要理論蘊含，也有現實意義，特別是在中國，尤其是中國的改革動能，一時之間還無法繞過黨國機器而進行。

勞方雇用資本，組成公司而在市場競爭中營運，可以表現為兩種形式，其出現的動力也有兩類，因此原則上大致可以分作四個類型。形式之一其實還不能說是勞方雇用資本，而只是「分紅入股」（employee stocke ownership plan, ESOP），或「分紅」但不一定入股，世界各地都有，包括台灣。這種形式的出現，可能導源於政治力對私人公司的干預。其中，很可能出乎許多人意料之外的是，今日舉爲經濟新自由主義的標誌人物之一、前美國總統雷根在擔任加州州長期間，也曾經倡導ESOP。至1990年代末，美國國會通過20種法案，約有一萬多家公司依此實行ESOP。2003年9月17日，美國參議院財政委員會全體無異議通過《美國雇員儲蓄暨信託股份保證法》，可以算是ESOP的最近發展。政治力介入之外，雖沒有法規鼓勵或約束，台灣(曾經)也有許多高科技公司有這類作法，而英國「史萬-莫頓」公司的性質又見不同。今天，英國全民健保系統使用的手術刀，高達95%由史萬公司供應。該公司創辦人瓦特·史萬(Walter Swann)是英格蘭北方鋼鐵大城薛斐德工程師，在蘇聯革命成功當年(1917)進入職場。從1932年起，他以社會主義原則經營公司，直至1980年去世。其後，至2000年其股份由員工集體擁有50%，另50%則公益信託。每年約有28%利潤分配於員工，以2000年來說，大約是110萬美元，每位員工2680英鎊。2000年的營業額1370萬英鎊，利潤260萬英鎊。員工280位，每週工作35小時，10週有給假。

以上起於政治介入或緣起私人理念的ESOP，都還不是員工(勞動者)自營公司(Labour-managed firms, LMF)。讓人擊掌的LMF，另有其他例子。美國威斯康辛州發行量最大的報紙《密爾瓦基報》，業主在1937年引進ESOP，發展至今，已經有98%股權爲員工持有，他們多次拒絕財團以超過股票面值蒐購該報，最近是1996年拒絕10億美元的併購案。各種LMF之中，規模最大且聲譽最爲卓著者，是西班牙的「猛龍」(Mondragon)集團。它創辦於1956年，其後陸續擴張並自有銀行，1990年代中期是西班牙第10大企業，至2001再前進爲第8大，由75個獨立的公司以及55個子公司組成，雇用了西班牙巴斯克茶拔(Deba)河谷7萬勞動力的近半數，另有海外3萬員工。在2002至2005的4年間，猛龍再向全球投資20億美元，雇用1.6萬人。猛龍在2000年的營業額是43億英鎊，利潤2.5億，唯其總裁的薪資一年是6萬英鎊，僅爲最低薪資者的7倍。1991-1992年間的衰退期，猛龍未裁員而是暫時減薪(最高減30%)。至2000年初，世界經濟再次不景氣，據報猛龍仍表示不裁員，惟爲因應市場供需變動，有五分之一勞動力是兼差，或爲臨時短期契約工。

新竹山區的司馬庫斯原住民部落也有服務與旅遊事業單位，其實質接近LMF，雖然法律形式不是。在這些來自私人或生產者的志願聯合形式之外，意義不同的是台灣汽車客運公司(台汽)。2001年，台汽改制，成爲LMF國光客運公司，其發展前景特別值得注意。這並不是指台汽的改制出於員工要求，也不是說其改制後營運平坦。除勞動者自營，國光的意義有二：一是國家介入，除員工一千餘人聯合出資3億多台幣，另由交通部出面融資53億挹注。二，因此，這剛好是勞動雇用資本，勞方自己出資與金融單位借貸的比例大約是1比17。國光這個類型的例子顯示，即便生產資金不是勞方所有，而是資方或第三者提供，也就是資方或第三者也有貢獻，但進行並管理生產活動，進而分配生產成果的人必須參與直接生產，出資者則只依照融資額度，取得相應的份額所得，加上融資期間的利息。

前兩段述及的ESOP，或目前存在的LMF模式，雖然曹先生都會贊成，但應該不能涵蓋他的全部指涉。第一，「勞動產權說」要入(中國)憲法，藉此可以凸顯一個道理，即中國作爲一個沒有放棄、並且還在宣稱自己要走向社會主義體制的國家，理當在憲法中重申、或以現代語言展現這個承諾。憲法的白紙黑字很多時候是具文，眾所周知。但入憲與否若能成爲議題，以及成爲議題的過程，就是爭取話語權的部分工作。如果入憲，則又顯示不同或對峙力量的一時消長，即便失利，至少可以讓作此主張的群體，在這段期間得到較多及較佳的溝通與說服機會。當然，作此主張是否浪擲氣力，是否另有更值得出力的地方，還待優先投入，總是有人會有疑問。若能成功而使勞動產權入憲，後續推進自然就是逐層逐次、先點後面，全面由國家介入，擴大如前所說，許多國家(包括中國)都已經實施的ESOP或LMF。曹先生與LMF的第二個差異，在於他所說的勞動，不單只是能夠通過市場經濟(這當然是很大、也很重要的一部分)而計價的薪資活動，也包括因各種理由而無法就業，以及家務、社會志工及社會弱勢階層與農村……等等不同形式的「參與」活動，勞動產權的經濟應是一種皆有所養的、休戚與共的、讓人因此而願意團結的經濟。

因此，主張市場社會主義的人必須兩面溝通，對內與對外。往外，向認定只有私人資本雇用勞動才算是「產權明晰」的人說明與表述，其他產權形式加上合適的政治安排，同樣能夠運用市場(價格)機制，有效進行生產活動及其成果分配。對內，向認定市場必然只能是資本主義專擅的社會主義者(包括馬克思主義者)表達，馬克思從來沒有如此宣稱，遑論堅持；最多，馬克思只能因爲攻擊市場造成無政府主義的生產狀態，致而給人印象，以爲他全盤否定市場機制。

兩面溝通的工作至今將近百年，有些成績，中國的轉型改革是一個例子。但在市場社會主義當中，究竟是要由專業經理人依據利潤極大化原則而經營，還是勞動者自營而爲LMF，各方看法有別，包括近幾年走訪中國的美國馬克思主義者羅莫爾(John Roemer)及施偉卡特(David Schweickart)。施氏支持LMF，羅莫爾則否。不過，羅氏並非本質上反對LMF，他的反對有兩個理由：一個可能是誤認，或者，公平地說，這個誤認是因爲美國情境使然；另一個理由是他對於市場經濟的「天生不穩定」本質，掌握精準。

曹先生認爲，出資者不必然是經營者，我們習慣於、「安於」資本雇用勞動，其實只是特定政治安排的反映。因此，通過另一種政治安排，完全可以讓勞工成爲公司的經營人，且可以分潤更多勞動成果，雖然出資者可以依照其出資成分，獲配公司的生產成果。羅莫爾卻隱然或明白認定，出資者就有權管理及決定分配比例。是以，這裡的差別應該就是美國與中國國家性質的差異。在美國，既然其資本體制超級穩定，因此並無革命可能，是以可能沒有人敢於想像政治力量能夠如此全面介入，若有此「奢想」，侵犯神聖的私有財產之大帽子，可能立刻壓頂，話甫出口，登時瘖啞。假使羅氏接受曹先生的正確看法，他之擔心LMF只能由勞動者自籌，以致將流於資金太小就不是問題。當然，嚴加考察，羅莫爾並不是沒有看到LMF向金融機構融資的可能，此時，他的看法倒是可以補充「勞動產權說」。羅氏說如果LMF借貸，則市場沒有永遠的贏家而最多只能輸贏各半，此時又將造成LMF的不穩定。這樣一來，若來自借貸則LMF在市場競爭失利後，勞動者如何自處？如果LMF資金完全來自勞動者，其規模比較小，遭市場淘汰的機會還要更大，又將如何？

這個問題無法迴避。一個回應的可能方式是，既然是市場社會主義，則這裡的市場就不會與資本主義的市場相同。異同的區分方式有三。

一是因地而異。同樣的資本主義國家，其市場經濟也很不同。時人都說西方，但西方的英語系國家與歐陸國家都屬市場經濟，卻有很大差異。英語系國家本身，若就個別市場來說，分野也相當明顯。醫療保健在英國至今還是以公營爲主，雖然已經採取內部市場機制。英國的醫療系統成效良好，使用10%以下的GDP已經完整照顧所有英國境內的人；美國支用15%以上GDP，卻還有5,000萬美國人不能合理納入醫療體制；加拿大介於英美之間。同樣，廣播電視市場在美加英的分歧，也是很大。

其次，不以國家的地理位置區辨市場，我們可以另作察覺。有些產品或服務活動因為具有公共財或外部性的質地，是以必有市場失靈，而必須由政府直接提供(例如國防)。另外，有些產業具有寡占或壟斷性質，因此其生產活動的利潤必然得到確保，並非只是依照勞動辛勤及效率而取得，此時，勞動所得的分配，不宜由參與生產的人完全擁有。

最後，意義更見突出的是，既然社會主義與資本主義的市場不完全相同，那麼，假使商品可以分作「資本」、「勞動力」與「一般商品」等三類，則大多數市場社會主義者可以贊同「一般商品」市場的存在，但對「資本」與「勞動力」市場的存在與否及其規模，意見差異比較大些。羅莫爾對於通過利率來誘導投資，情有獨鍾，也就透露他認為資金的配置使用，理當保留相當部分給市場機制以外的力量。施維卡特只強調「一般商品」市場，對於「資本」與「勞動力」市場，施氏並不強調。他還是認為，「對投資進行社會調控」很有必要，但僅限於從整體社會的觀點，通過適當程序由政府規劃的「新投資」，不是所有的投資都由集體規劃。

《勞動產權與中國模式》以及《社會主義還是社會民主主義》[1]這兩本曹先生主編的文集，已經觸及更多的議題(本文所提，僅是其中的部分，舉例有別而已)。再次點提這些相關子題，只是要強調與說明曹先生並沒有不注意這些面向。從而，這裡是尾隨與凸顯「勞動產權」的最重要貢獻，就在提出「誰雇用誰」這個問題。它有主要的對話對象，亦即曹先生要求政治威權兌現自己的宣稱：勞動產權無損於經濟效率，卻必然更能公正對待勞動者在內的所有人，包

1 前者由北京社會科學文獻出版社出版(2006)，後者由香港大風出版(2008)。

括出資的人。這個提法有普遍的理論意涵，也有特殊的中國情境，曹先生願意在當下提出，並不容易。

概念與理論的創新已經可貴，更難以說出口的部分在於，指認變遷的策動者或施爲者。勞動產權很有價値、至有必要，這一點並無疑問。只是，誰來確認中國(與人類歷史)的走向，還有機會往這個前景發展？如果真能確認，誰又是承擔這個重責大任的主體？當年鋼鐵大王卡內基非常有名的一句話：「死時課徵富紳以重稅，對於枉費一生的自私富豪，這是國家給予的譴責。」表面上看，這是美國慈善家的進步觀念。但假使閱讀發表於1889年的這篇《財富的福音》講詞，當下得知卡內基意有別指。卡內基的發言，是要反擊當時的社會主義與無政府主義的思潮與動能。他認爲，社會的進步是因爲富人的領導，如果富人未能好好善用財富而守財如奴，國家自可在富人死後課徵其稅——於是，富人就有動能在生前好好運用及安排其財產。

許多人的主要思維方式及想法，至今還是隱然或公然有卡內基的影子。在中國，即使台面上或正式場合裡並非如此，但實然狀態恐怕與其他國家相去不遠。多年以前，資本家從非正式至登堂入室於共產黨員之列，當時，吉林省委副書記林炎志疾呼，「共產黨要領導和駕馭新資產階級」。黨內權要有人這麼說，有些人嗤之以鼻，有些人不願意放棄希望，其中也包括讀書人。但讀書人終究不是黨政要員，讀書人的自我想像涵蓋多重，從王者師、政策規劃師、錚友、監督者或批判者，通通都有，不同身分的想像也就對於讀書人在朝在野的形象及發言效果造成差別。讀書人的實際表現，是否能夠同時具有不同的想像，應該是不容易面對或處理的問題。身處中國，對於社會主義仍然抱持信念並且積極介入的讀書人，理當有人對於林炎志的發言有所反應。然而，在寄以希望或至少不反對這個說法的前提下，如何發言與行動以求玉成其事，是一大困難。讀書人不能不謹慎從事，不能不鎔鑄新的話語，迴避語言的誤區與誤認，儘量減除溝通的障礙。位置不同，表達類同意見的方式與效果，會有差別。

人們是否應該為了取得發言效果，或保留發言機會而審時度勢，找尋或發明詞彙，是個值得考慮的問題。近日甘陽提倡儒家社會主義，又說自己是保守派，聞之令人有詫異的感覺。七月的黃浦江畔，我就此請教一位對於中國國家機器素有戒心的朋友，出乎意料，他倒是善意理解儒家社會主義的提法。他說，其實也是很多人念茲在茲，但不一定能夠釋懷的意念：在中國，現階段(可能很長的現階段？)還能考量誰有動能組織社會與進行改革，無論是社會民主式的或社會主義式的改革？曹天予的發言或許有這層考量，要求名正言順與言行合一，或說以子之矛攻子之盾，以前如果可以，現在何以不該？或者，換一個方式說，許多人，包括曹先生，對於論述、話語所可能達成的物質作用，還不願意放棄，也不忍鬆手聽任資本邏輯予取予求，因此發為下列言語：

> 除非執政黨在跨國資本經濟政治壓力和新自由主義的話語霸權壓力下，或在社會民主主義思路的誤導下，公開放棄社會主義承諾；否則，通過全民辯論把道理說清楚，在群眾呼聲的壓力下，執政黨完全有可能支持勞動產權入憲，並動員其巨大的政治組織資源，使該條款成為中國法制框架中的基石，從而使中國市場經濟關係的性質，發生決定性的轉變。

如果容許我猜測，錢永祥先生並非不理解前述發言的脈絡與現實考量，但他仍然要求左派也要考慮自由主義對於分配正義的貢獻，其實主要還在讓(政治)自由主義的養分能夠接合於威權政體。否則，自由主義的分配正義之說，一方面理論上具有吸引力，另一方面有實踐的問題。我想起的是三段小小的閱讀記憶。一是1996年薩森出版《歐洲社會主義百年史》[2]時，書甫出，主張自由貿易至今日已經有165年的老牌刊物《經濟學人》先說書寫得不錯，材料豐富而文辭流暢，繼之，書評人來一記回馬槍，嘲弄作者一廂情願地認定社會主義挑戰資本主義之後，才有今日的福利國家，不是實情。書評人認定，資本主義本來就有內在的「天賦」作此更新，不勞社會主義的鼓譟。二是布雷克班(Robin Blackburn)在論證市場社會主義的正當時，指出因有蘇聯的存在才有福利國家在戰後興起於西方，且地理上愈接近蘇聯的國度，社會福利的水平愈高。三是去年承錢理群先生指點，我找來據說是普列漢諾夫的遺囑讀了一讀，他對列寧的蘇聯很不以爲然，但也認爲蘇聯人民的犧牲對於西方人民產生重要貢獻。這些實際例子讓我覺得，分配或說第一次分配正義的完成，有待於實際行動多於理論的解說。我這麼講當然有問題，彷彿一舉否定了言說與理論的重要，這當然不是我的本意，二者是互動的，語言若爲人信服，就有力量。政治自由主義如羅爾斯的著作其實很爲羅莫爾的市場社會主義仰仗，是以，錢先生的回應對象與其說是曹先生，不如說是給兩種人，一種是「國家機器的凡是派及教條左派」，另一種是經濟(新)自由主義者或市場原旨主義教條派？

前引曹先生的那一段話之中，很緊要的一句話是「通過全民辯論把道理說清楚」。國家很重要，但國家並非目標。雖然國家會有自己的邏輯，惟這個邏輯不應該是一些人的認定，不應該以爲政治

---

2 2008年已經由姜輝、于海青、龐曉明中譯，社會科學文獻出版社。

行爲必然「只」能是自私的牟利行爲，至少，不能排除自私與利他可能合一，而自私可能爲利他壓制或產生自私未曾預期的良好效應。吳敬璉曾在2003年1月發表文章〈轉軌時期的尋租及租金量〉，指中國一年的GDP有相當部分成爲尋租者和貪官的收入。2008年5月吳再訪台北時，《中國時報》也再次報導這個數字。這裡不敢轉述這個，因爲其額度太高，讓人難以置信，在沒有讀到吳先生的計算方式以前，並無依據或能力可以斷定其正確與否。不知爲不知，這裡只存意思，用此方式作記與提問。人們可以理解國家會有自己的邏輯，但還是得爭取，要將國家當作工具，就是要儘量要求這個邏輯服從「勞動產權」的要求而不是違反。這裡並沒有說只要國家一念之間，頃刻能夠發生具有意義的變化，而是要經過「辯論」這個過程。

那麼，中國的國家機器在「主觀」上，還有沒有這個認知及意願？其次，客觀上這部機器還有沒有可能執行其主觀價值的落實工作？任何國家，包括中國，其國家機器不是只有一種邏輯或一個大腦。在區分國家機器時，常見的依據之一是「中央與地方」的差別，其次，依據我們的關注價值，我們也可以舉「對於社會主義的認知與信念仍有堅持與否」作爲區辨標準。不過，我們這裡要暫時放棄區辨，只將國家機器當作一個整體。所以，在「辯論把道理說清楚」之後，中國有多少政治能力可以介入，翻轉雇用關係而使得資本被勞動雇用？也就是資方仍可取得一定的利潤分配，但額度會比現在小。曹先生認爲：

> 現在是世界範圍內的資本過剩……即使分掉他們一點利潤，外資也不會捨得扔掉中國……讓他們從暴利中分一部份給工人，同時仍然給他們高於在本國或其他地區可能得的利潤，這還不

行呀？……世界上資本多得很，你不來他來……小心應付，迴旋的餘地大得很。

這個估計相當豪邁，頗能鼓舞人心。再者，這個判斷相當可信；或說，假使偏向保守的市場社會主義派都有這個認知(資本外逃不足懼)，那麼，似乎保守者的判斷，適足以反襯曹先生的論斷，並非不可信。

我指的是美國經濟學家楊克(James Yunker)。早從1974年起，他就大力倡議市場社會主義，去年(2007)仍有新作問世。再次投入實際的統計核算後，他說市場社會主義的優越性並非理論，而是必須從經驗證據中找尋支持。楊克的意見很多時候讓人難解，比如，他居然作此陳述：「美國富有，而世界人口眾多，且大致稱貧。富者總受貧者之羨慕，悶聲不響的怨氣，假以時日，遇有適當情境，則往往爆發爲公然的敵意。美國保有若干核子武器，方可確保，未來不致有『非法移民』在坦克前導下，突如其來地進入美國。」這段話讀來更像是種族論者，而不是社會主義的發言。人有口誤，希望這是口誤之一。換個側面，有此言語的楊克，倒也能有後文這個意見。他說，如果只是通過累進稅、產業的規範及各種福利手段，就僅只是社會民主派，以致中產階級而非上層支付社福，不公正還是存在，上層的「生活標準可能不會受到太大影響」。更有意思的發言是，他反駁國家無用論的陳腔濫調。許多人說，經濟活動既然已經全球化而資本可以四處移動，勢將使得國家失去作用。對此，他的答覆是，所謂(金融)資本之移動，並不能否認「金融資本底下是物理資本，金融資本的高度可動，並不等同於物理資本具有相同程度的移動可能。資本家與移民無法帶走工廠與機器，而說到最後，這些機器與工廠才是他們資本所得之來源。」當然，楊克忘了加入

「勞動力」，勞動力固然能夠移動，但中國似乎不缺勞動力。就算是資本外逃，也是帳面問題，廠房人力都在，而這才是價值生產的依靠。假使真是這樣，掌握巨大外匯存底的中國國家機器如果因爲顯著改變利潤的分配比例，致使資本動盪，那麼，就讓它動盪，動盪只能是一時。

這樣看來，中國國家機器確實有此能耐與操作技術。果真如此，關鍵似乎是主觀認知、意願與意志是否存在？然而，問題在於，沒有人知道國家機器的城府，儘管封建時代一去不再復返，政治威權不再「天威」難測。既然無從探知主觀的國家意志，到頭來，實際的表現還是反推主觀精神面貌的不二依據。中國儼然是市場社會主義「經濟」模式的代言人，對此，左派當中有更多的懷疑者。晚近最嚴厲且較爲深入的抨擊，或許應該舉紐約的《每月評論》(*Monthly Review*)做爲代表。該刊在2004年7與8月以合刊號形式，發表由蘭資柏格與柏克特撰寫的專論，提出相當詳細的分析與抨擊[3]。蘭氏與柏氏的診斷是否正確？無論正確與否，他們所書寫的中國並非靜止不動，其書寫材料截止於2002或2003年的中國，其後至晚近幾年，中國的行進軌跡與先前是否相同、是否再無轉變的機會？

近幾年來，中國中央政府的財政能力不再是吳下阿蒙，王紹光等人1990年代擔心的問題不再存在。反而，胡溫體制對於民生的改進(醫療衛生、教育、弱勢群體的照顧等等)，投入了比較多的心力，包括2005年開始的「公共文化體系」的建設，以及今年初的新勞動合同法。但是，這究竟是財政收入躍增與弊端日積月累太多之後，

3 該文在兩年後由黃德北擔任社長的《批判與再造》雜誌社，透過陳信行的聯繫，由杜濟平、林正慧與郭建業翻譯，並蒐集來自美中台的正反回應而成為《「中國與社會主義」及評論》，參考價值猶高於英文版。

有限的停損點，還是長遠良性變化路徑的一個新的標誌點？說到底，我們還沒有足夠的客觀考察材料，無法印證主觀意向的存在與否。另一方面，若以當下來說，中國公民對其政制的滿意程度，似乎相當高：哥倫比亞大學黎安友等人近日合編的一本專著，評估中國、日本、泰國、菲律賓、南韓、台灣、蒙古與香港等八個國家與社會，赫然發現中國公民對其政府的滿意度最高。這是民族性使然，是政府對內文宣教化起了作用？或者，不宜這麼簡單解釋而另有因素？就言論方面的表現來說，近幾年來，是有一些比較明確的法律或行政規範，長遠來看，政治過程的若干透明度是有可能增加，包括今年五月開始執行的《政府信息公開條例》。不過，這類條例在多大範圍、又多快之內能夠漸次落實，終究是還待觀察。對於(言論)異端的容忍，正反並存。焦國標、冰點等例子如果還能算是正面的變化，因言賈禍的頻次，似乎並沒有明顯減少，有人甚至覺得更爲苛刻一些。

言論必然假借傳媒而進行，周翼虎先生近日有個論點，可能相當準確。他察覺現代化及批判理論都不好解釋中國的傳媒；又說，經過30年的蛻變，中國傳媒似乎很弔詭地成爲中國眾多公共部門的改革當中，「最爲成功」的一種，特別是相比於教育及醫療。當然，依照誰的觀點而成功，這是問題。如果我們審視大陸最重要的傳媒機構中央電視台，確實可以印證前面這個觀察。表1羅列央視2001至2006年的表現，一是它的經營效率，一是它受到民眾歡迎的程度(假使收視率可以作爲標準)。央視幾乎完全不從政府取得任何經費，但年度營收(不是利潤)有高達21-23%上繳。歷年央視的收視占有率份額更驚人，從2001年的23.33%躍增至2006年的35.13%！

表 1 中國中央電視台的收入(億人民幣)與收視份額(%)，2001-2006

	2001	2002	2003	2004	2005	2006
事業收入(a)	61.1	70.5	81.6	88.9	95.5	103.5
總收入(b)			102	112	124	140
繳一般稅(c)	5.1	5.5	6.1	6.9	7.4	8
繳廣電總局(d)	9.1	10.2	11.7	12.5	13.4	15
重新分配比例c+d / a %)	23.24	22.27	21.81	21.82	21.78	22.22
重新分配比例c+d / (%)			17.45	16.04	16.77	16.43
收視份額 (%)	23.33	25.37	28.28	29.74	34.14	35.13

央視言論尺度必然滿足中央政府的要求，因此就中央政府來說，央視政治上極可信賴。上繳比例如此高額，又是經濟非常成功。對於民眾，觀看的人一直增加而不是減少，顯然也是成功。但是，另一方面，央視對於勞動力的運用，顯得太過有「效率」，以致於反而成爲對於勞動力的變相剝削，這就成爲一種不佳的示範。鑽研中國單位制度、對於央視有豐富個案研究成果的楊曉民說，「1990年代初我們只有3個頻道，事業編制是2000多，現在我們已經有16個頻道，馬上要分成18個頻道，事業編制還是2000多……中央電視台現在是全國最大的實行勞務派遣制度的事業單位」。這裡附記英國的BBC以作比較，BBC編制內員工尚有2萬5千多人，經營的電視頻道量與央視相近，用於電視與廣播的員額約是二比一，也就是1萬7,000人左右從事於電視業務，而這個數字已經是因爲當年柴契爾政府爲打擊「集體主義最後堡壘」的電視工會，因此通過法律手段，強制壓低BBC人數所致。不但如此，央視並沒有因爲市場地位及營

收等表現良好而合理對待員工，反而是因應2008年元旦的新勞動合同法，從2007年6月起，陸續遣散因服務即將屆滿10年，因而可望納入編制內的1800名員工，並且不給予補償(後來有兩人狀告央視，一人得到折合約台幣40萬的補償)。這是一種悖論，最有經營效率的國營事業將其勞動力分作二層以上，給予差別待遇，卻表現爲外觀的亮麗。其次，作爲公共財及外部性濃厚的傳媒(電視等)機構，完全依賴廣告作爲財政收入而取得巨大「成功」，究竟如何解釋及如何改進，毋寧又是對理論及實踐，提出另一個巨大的挑戰。

最後，關於科學社會主義或社會民主主義的「名詞」之爭。首先，有人說資本主義的「社會民主」都還沒達成，就要高懸「社會主義」，未免好高騖遠。不過，曹先生的說法可能比較可信。假使有先此才彼的看法，多少是隱含了、暗示了一種「單線論、階段論和宿命論」，但歷史而特別是不同國家的歷史難道非得彼此模仿，有一定必經的模式嗎？當然，從另一個角度看，談民主社會主義或科學社會主義，沒有什麼好爭執。如同曹先生所說，瑞典模式從1980年代開始從高峰往後衰退，不能據以作爲追求的目標(這裡加入一筆「轉進」、若不說「後退」的例子：1994年起，在政府嚴格監督而學費由政府支出的前提下，瑞典容許私人興辦中小學作生意，也就是爲賺錢辦學，至2007年，這類學校約占10%)。但是，與其說不宜作爲目標，不如說社會民主的收穫已經在資本動力壓迫下回吐，因此，重點在於堅持動態的分析，重點在於通過論述支援平等訴求的提出，而不是哪一種主義。就此來說，當然不妨說這是一種不談主義，只說問題的態度。但是，奇怪或有趣的是，人還是對於主義有某種的(公開與私下的、意識與潛意識的)想像或渴望，那麼，既然主義不能不說，既然非得談主義，那麼我猜測談科學社會主義的道理(如果一定要用這個詞)是比較強大的。社會民主似乎指涉一種最佳狀態的達成(如瑞典等北歐國家)，實則如同曹文所說，該模式因受資本積累之迫，1980年代以來就在撤退。科學說表面上也許更機械一些，但訴諸未曾亟及的狀態，也就是似乎更爲動態向前奮鬥與索求，若說略有「天行健，君子以自強不息」的意思，亦不爲過。曹先生說，馬克思主義主要就是一種「批判」，「馬克思建立起來的、理解人類社會歷史的一個批判的、歷史的辯證的概念框架」，應該也是這個道理，而雖然馬克思主義不是個別的論點，但如何藉助這個架構對央視及中國的30年改革提出評價與批判，進而策勵未來，是人們無法也不應該迴避的課題。

馮建三，政治大學新聞系教授，《臺灣社會研究季刊》、臺灣媒體觀察基金會與媒體改造學社成員。教學科目包括「傳播政治經濟學」、「當代大眾傳播問題」、「電影史與政策」、「區域傳播問題研究」等。著有《廣電資本運動的政治經濟學》(1995)等六本書及學術論文數十篇，(合作)翻譯《電視：科技與文化形式》(1974/1992)、《傳播政治經濟學》(1996/ 1998)、《問題媒體：21世紀美國傳播政治》(2004/2005)、《論市場社會主義》(1994/ 2005)與《傳媒、市場與民主》(2002/2008)等16本，業餘時間投入於古巴研究。

社會主義如何參考自由主義：
讀曹天予

錢永祥

一、前言

最近，曹天予先生編纂了《社會主義還是社會民主主義》[1]一書出版，集近年中國大陸有關社會民主主義的正反討論於一卷，很有參考價值。編者在卷首所寫的引言〈當代中國改革中的社會民主主義思潮〉中，提出了在「社會主義」與「社會民主主義」之間的比較與選擇。他認爲社會民主無法擺脫資本主義的箝制，也就無法實現社會主義的理想。因此，社會民主主義不足以成爲當前中國的一條出路。中共現在正在向社會民主傾斜，背離了原先的理想，故爾有必要「回到科學社會主義的道路上來」。

但是，曹天予也不認爲馬克思主義不需要調整，更不認爲現行「中國特色的社會主義」真能符合革命社會主義的要求。他的論點

1　曹天予編，《社會主義還是社會民主主義：中國改革中的民主社會主義思潮》(香港：大風出版社，2008)。曹先生出身中國大陸，在英國劍橋大學取得博士學位，專攻科學的哲學，成就卓越，也編有數冊有關中國社會轉型及馬克思主義的討論，目前任教於美國波士頓大學哲學系。

是：拒絕社會民主，回歸革命馬克思主義。

本文想要追問：他以及書中的多位作者，爲甚麼只看到這兩個選項？撇開社會民主不論，馬克思主義真能實現正義的社會嗎？如果曹天予肯定革命社會主義的理由在於社會正義，而馬克思主義的正義概念卻失之於模糊，反而是平等主義式的自由主義，更能實現以正義爲圭臬的社會主義理想，他又何必汲汲於在馬克思主義與社會民主主義之間作選擇呢？本文準備針對革命社會主義的基本原則提出一些疑問，並簡單陳述自由主義的平等精神所在，藉以彰顯強調自由主義的重要「左派」價值。

這個問題，與曹天予這本書的主軸有些距離。在中國大陸，改革開放所帶來的巨大變化，逼使各方思考整個「具有中國特色的社會主義」體制的正當性以及調整的方向。但是這種思考(在檯面上——檯面下則另有放任自由主義的龐大暗流)卻始終侷限在「社會主義」與「社會民主主義」兩個選項之間，除了是因爲在中國大陸不容易公開討論「社會主義」之外的選項，中國的知識與思想傳統有其既定的形貌，可能也限制了思考的幅度與彈性。因此，本文希望以曹天予此文集爲引子，比較自由主義與馬克思主義的道德內容，將自由主義也納入中文左派政治思想界的考慮範圍。至於社會民主的是非長短，則暫時存而不論。

二、馬克思主義：修正與堅持

曹天予是旗幟鮮明的革命社會主義者。他追求的根本目標是「勞動者擺脫了剝削和壓迫，能夠控制自己的命運。」這個目標的價值取向在於「階級解放和人類解放。即經濟上消滅剝削，社會政治生活中消滅特權和壓迫。」在筆者看來，這套理想，乃是馬克思主義的道德內容所在：解放人類，不一定帶來甚麼具體可數的利益，而是落實一種在道德上言之人應該獲得的對待方式。

那麼馬克思主義是不是追求這種目標的妥當理論(不談政治綱領)呢？曹天予指出，上述的價值定向乃是「剛性的約束」，不能更動，但是馬克思主義仍有幾方面的「失誤」，需要下列三方面的修正：

第一、市場作爲處理供需信息、配置資源的機制，被馬克思主義否定；其實，市場有其重要的正面功能，應該在其應有的一定範圍內發揮作用。第二、對公有所有制的排他式強調，忽視了官僚國家主義的威脅；在這種對於公有或者國有的單面著重背後，有一種「所有制決定論」，亦即相信所有制可以決定剝削、壓迫的有無，其實決定剝削關係的乃是在決定分配方式的「政治法權關係」。第三、按勞分配原則，應該改爲按照生產要素(資本、勞動等)的平等地位進行分配，才會有利於資本的積累等等。

但是，曹天予又指出，爲了達成上述的「根本目標」，仍然需要堅持共產主義政黨的領導、無產階級的統治、以及科學社會主義的指導地位。在中共壟斷之下，上述三項原則合爲「黨權」一條，從而，爲了面對、克服黨權的異化可能，就必須實行憲政民主。

需要說明，曹先生(或者說「科學社會主義」)所理解的民主憲政，並不同於一般的國民主權理論所理解的「國民」式的憲政民主，而是有其明確的工農無產階級內容，亦即抗拒階級關係中所表現出來的壓迫剝削、以工農大眾爲立憲主體、以及以工農大眾作爲權力的來源。這種用階級身份(其實是職業身份)限定國民身份的想法，違反了道德平等與政治平等的普遍性原則，說穿了是一種反向的身份歧視體制，筆者無法也不敢認同，不過在本文中將不予討論。

本文的討論，將集中在三個問題上：一、曹先生對馬克思理論的檢討，有甚麼意義、又有甚麼不足？二、參考這種檢討，他所說的社會主義的根本目標，是不是還是妥當的？三、如果社會主義的根本目標需要另採更妥當的陳述方式，自由主義是不是比馬克思主義更能呈現社會主義的道德理想？。

三、批判「所有制決定論」

曹天予對馬克思主義的批評，看似僅涉及局部特定的命題，其實他對社會的運作展現了一種多面向的理解方式，與馬克思本人的化約傾向迥異，值得注意。這種理解方式，設定三個有別的面向：**所有制**問題，**資源配置**問題，以及**分配**問題。馬克思將資源配置問題與分配問題化約到所有制問題之下，曹天予稱之爲「所有制決定論」。他說：「這個出發點是錯誤的。」

所有制決定論爲甚麼是錯誤的？曹天予指出，一方面，所有制並不會事先要求或者決定**資源配置**應該如何進行；資源配置問題涉及效率，本來就應該交給市場決定，即便社會主義的公有制也不會例外。另一方面，所有制本身也並不會事先決定採取甚麼**分配模式**。資本家剝削勞動者，所呈現的分配方式，靠的其實是某種「政治法權關係」，而不是靠生產工具的私有與否。因此相對的，生產工具的公有，也「不能保證經濟的社會主義性質」。

這種對所有制決定論的批評是很有道理和見地的。資源配置問題涉及**效率**，分配問題涉及**正義**，任何所有制都必須面對這兩項議題，任何所有制也無法僅僅根據本身的生產工具的佔有關係，就直接回答這兩項問題。換言之，曹先生在肯定社會主義的根本目標之餘，將這個目標的實現分爲三個方面來談，而不再因襲舊說，集中在所有制一個面向上。之所以用「所有制決定論」一詞，用意當然是強調，在所有制之外還有其他的重要面向，其處理一如所有制，攸關社會的正義與人的解放。

要達成社會正義與人的解放，在上述三個面向應該分別提出甚麼樣的要求，牽涉到我們如何理解這個目標，這部分在下一節再談。我們會說明爲甚麼「分配」才是達成社會主義理想的關鍵所在(可是就這個目標而言，自由主義的思考似乎更符合正義的要求)。不過，社會正義與人的解放這個目標，對於所有制與資源配置的問題，又提出了甚麼樣的要求呢？不難發現，「社會正義與人的解放」這個說法相當模糊，在仔細分梳鋪陳之前，很難導出關於制度與原則的明確結論。傳統馬克思主義用生產工具私有制所導致的結果(剝削)，來反證公有制的道德必要，也就是用分配的不義，來反證所有制應該如何安排。可是不但「公有制」這個制度本身有多種相貌，並且一旦如曹天予所言，將所有制與分配議題脫鉤，這條路就走不通了。那麼曹先生要根據甚麼理由，主張生產工具應該如馬克思主義的堅持，採行公有制？

對比於馬克思主義在這個問題上的模糊，羅爾斯提出所謂的「生產工具廣泛擁有的民主制」，主張在允許私有制的狀況下，讓生產工具儘可能地廣泛共有，也只是大概的說法，同樣難逃模糊之譏。但即使羅爾斯的構想未必明確，不過他爲這個構想所提出的**理由**卻很具體：在生產工具由少數人私有的情況之下，正義原則所要求的公民的平等政治權利與機會的平等，都缺乏**實質**的意義。左派要找出合適的所有制，便需要先找出像羅爾斯這樣的正義原則(或者其他道德標準)，不能只含糊地談「社會正義與人的解放」。

就市場在資源配置問題上的獨立意義而言，羅爾斯也作過明確的論述，跟曹天予不謀而合[2]。不過，在效率之外，羅爾斯還有一個論點，曹先生看來卻沒有注意到，顯示他可能疏忽了市場的功能的另一個重要面向，那就是用市場進行資源(包括勞動力)配置時，除了效率的考慮之外，還涉及勞動主體——個人——自由的問題。自由主義重視這個問題，而馬克思主義則疏忽了這個問題：這同樣顯示，馬克思關於道德標準的思考不夠完整；自由主義相對而言較爲完整的思路，值得今天的左派正視。

羅爾斯認爲，資源(尤其是勞動資源)的配置如果經由市場進行，相對於計畫經濟或者指令經濟，不僅有助於人們更有自由去選擇職業、生涯、遷徙(這些當然都直接涉及個人主導一己生命的規劃安排)等等，而由於市場的反集中化效應，也有助於實現「公平的機會平等」，也就是避免因爲資源的配置以及資訊由少數人(無論是資本家還是政府)壟斷，結果機會的平等又只具有形式意義。區分「公平的機會平等」與「形式的機會平等」，並且堅持前者，乃是羅爾斯式的自由主義的一大特色，各種社會主義者應該都會支持。他們可以質疑市場是不是真能保障職業與生涯的自由選擇、是不是真能防止財富、機會與資訊的集中與壟斷，不過，他們不會否定「自由」與「機會之公平」這兩類目標的重要進步含意。自由主義認爲，市場(在政府的節制之下)比較可能達成這兩項目標，至少比政府以及寡頭資本主義更堪此任，相信也是一個合理的假設。

四、社會主義的根本目標(勞動者獨享勞動的果實)是不是妥當？

2 John Rawls, *A Theory of Justice* (Cambridge, MA.: Harvard University Press, 1999), pp. 239-42.

在資源配置之外，曹天予認爲，分配問題也是一個獨立於生產工具所有制的問題。嚴格說來，他本人一改馬克思主義對勞動的單面向強調，長期主張「勞動產權」理論，認爲一切生產要素(勞動力與生產工具)都有權利參與產品或者剩餘產品的平等分配，所以他並不認爲勞動者可以「獨享」勞動果實[3]。但是侷限在勞動者範疇的分配議題，還是可以分爲兩個方面來陳述和檢討。第一、「勞動者享有自己的勞動果實」太過於一般，無足以處理分配議題；第二、分配問題應該根據甚麼原則來求取答案？

在馬克思主義看來，資本主義制度之所以應該推翻，由社會主義制度取代，關鍵在於一個涉及正義的道德考量(而不僅是效率、經濟成長等考量)：前者容許資本家剝削勞動者，並經由政治、社會等形式的階級壓迫，支持、強化這種階級剝削；而後者則實現了「公正」，即「每個人有參加勞動、不受剝削、享受自己勞動成果的基本權利。」換言之，在馬克思主義的傳統看來，剝削即是將原本屬於勞動者的勞動果實由資本家攫取；去除了剝削的公義社會，則是由勞動者自行享有勞動果實的一種體制。

眾所周知，勞動價值論與剩餘價值理論，是這套剝削概念的理論表達。但是在它們背後，還有一個更爲根本的分配原則，即勞動果實屬於勞動者，唯有勞動者才有完全的使用或者支配權利。

但是，爲甚麼勞動的果實屬於勞動者？「屬於」是甚麼意思？

讀者若是熟悉當代政治哲學，在此不難立刻想到柯恩關於「自我所有說」的探討[4]。但是從概念的層面回到比較具體的分配問題，

---

3 參見本卷頁187-89對勞動產權論的精簡介紹。曹先生另有專著探討「勞動產權」，在此不贅。

4 G. A. Cohen, *Self-ownership, Freedom, and Equality* (Cambridge: Cambridge University Press, 1995). 曹天予認為勞動產權論擺脫了自

我們要問「屬於」是一種甚麼樣的分配狀態。確實，馬克思把分配問題視爲所有制問題的函應，不認爲它是一個獨立的議題[5]。不過，「勞動的果實屬於勞動者」這個馬克思主義的理想，在分配問題上所提供的說法，我們能夠接受嗎？馬克思主義確實主張勞動者應該取回勞動果實；不過，他所謂的勞動者，一個可能意思是指所有人類(the species)，因爲在勞動中「客觀化」的並不是當事工人一人的勞動力，而是人類文明整個成就(生產力)的客觀化。可是這樣浮泛的「勞動者」概念，完全無法回答「在生產者之間如何分配勞動果實」的問題。而如果我們談得具體一些，在勞動中所「客觀化」的並不是甚麼歷史中的人性，而是具體個別工人的勞動力，那麼，在「勞動的果實屬於勞動者」的原則之下，個別勞動者不是應該取回他在勞動成品中——必要勞動加上剩餘勞動——的「全部勞動果實」嗎？換言之，如果「勞動的果實屬於勞動者」陳述了一種道德權利，那麼工人就有道德權利不允許他人分享他本人的勞動果實。可是這不是表示，人與人之間在分配議題上並沒有任何道德上的相互義務？這豈不明白是放任自由主義的主張嗎？

在《哥達綱領批判》中，馬克思處理到了分配問題。他當然譴責資本主義社會的分配方式爲不義，因爲某些人(資本家)掠奪了他人(工人)的勞動果實。擺脫資本主義、進入生產工具公有的社會之後，這種剝削消失了。但是，在新興的社會主義社會和後來的共產主義社會中，雖然生產工具公有(因此所有的人都「各盡所能」，沒有人不盡「能」而坐享他人的「能」)，這種公有制所涵蘊的分配方式，卻並沒有展現人們之間的任何相互義務。

(續)

我所有說，筆者有些懷疑，不過在此不論。

5 見馬克思，《哥達綱領批判》，頁13。

首先我們注意到，馬克思說道，在社會主義階段，「社會總產品」有一部份「用來滿足共同需要的部分，如學校、保健設施等」，以及「爲喪失勞動能力的人等等設立的基金」，然後才進行個人分配。這個說法，是不是代表馬克思承認生產者有義務相互協助呢？可是接下來的話，立刻否定了這個說法，因爲「從一個處於私人地位的生產者身上扣除的一切，又會直接或間接地用來爲處於社會成員地位的這個生產者謀福利」。換言之，這種「互助」之所以被接受，像是投資、像是買保險，是出於自利的考量，而不是出於實質的道德義務[6]。

回到分配問題本身，馬克思有名的說法是，在社會主義階段，「按勞分配」，到了共產主義階段，則是「各取所需」。我們知道，馬克思從來不是平均主義者：讓每個人拿到等量的勞動果實，顯然不公平，因爲每個人的貢獻不會一樣，每個人的需求也不會一樣。但是說到最後，馬克思有一套合理的「分配理論」嗎？「按勞分配」的話，不僅對於弱者不利，那些失業、殘障、衰老病的人們豈不是沒有理由參加分配？同時按勞分配，如馬克思所指出的，還會忽視了每個人「需求」都不同。工作能力(以及機會)的不同等與需求的不同等，反映了「按勞分配」原則的不合理。馬克思安慰我們，這種不合理來自「資產階級法權」——其實，馬克思會認爲，任何分

6 這個說法，很接近羅爾斯設想在無知之幕後面推理的「理性的自利主義者」，不過有一個關鍵的差異：羅爾斯的構想，不會排除「非生產者」，例如根本沒有生產能力的人。馬克思區分生產者「處於私人地位」和「處於社會成員地位」，是不是涵蘊後一地位具有某種道德上的相互義務呢？可是這種成員地位所涵蘊的道德聯繫，基礎何在，馬克思並沒有說明。從而，這種連帶所要求的相互義務會「厚」到甚麼程度，也沒有辦法判斷。

配原則，都是一種資產階級法權，都在自私的個人之間劃分權利與義務。那麼不「在個人之間劃分權利與義務」，又是甚麼樣的一種狀態呢？答案是：共產主義。

可是到了共產主義階段，「資產階級法權」爲甚麼可以失效？因爲——這可能是馬克思最超現實的兩個臆想——生產力的發達將帶來資源無限的狀態、以及勞動不再僅是謀生的手段，因此不再是分配的依據。在這個意義上，「各取所需」不再是分配原則，因爲無限的資源加上「應得」概念的失去意義，已經沒有「分配」這件事可言了。

綜合以上所言，馬克思主義對於分配問題並沒有一套合理的原則。「勞動者享有勞動的果實」或者沒有給分配的問題提供合理的答案，或則想要超現實地解消分配的問題。可是讓我們認真看待分配問題：**社會主義的根本目標，究竟是一套合理的分配制度、抑或在於超越和揚棄分配問題？**(每個讀者，都可以自問這個問題。)「勞動者享有自己勞動的果實」，如果不是分配的原則，又是甚麼？既然我們無法躲開分配的問題，而馬克思主義對分配問題其實沒有答案，那麼再寄望於馬克思主義實現公平的社會(其前提是公平的分配理論)，是不是也注定會失望？說到最後，如果沒有一套公平的分配理論，馬克思主義的「理想」豈不是鏡花水月？

五、科學社會主義還是自由主義？

曹天予認爲，「科學社會主義」在經過三方面的修正之後，仍然是達成社會主義根本目標的指導原則，具體要求以工農大眾爲國家主體、爲權力的來源。但是我們一旦開始追問社會主義目標的道德依據，這三項修正，顯然都還有所短缺。恢復市場的機能——是爲了資源使用的效率，而與勞動者的自由以及機會平等無涉；修正「所有制決定論」——是爲了突出「政治社會法權」的重要性，卻並沒有同時指出馬克思主義的所有制本身有甚麼道德的優越性，因此必須保留；按照生產要素的平等地位進行分配——是爲了勞動力與生產工具兩方的利益，而不是爲了滿足某種在先的正義標準。有意思的是，維持著資本主義所有制的社會民主主義，一樣缺乏一套可以自圓其說的正義標準[7]。於是我們要問：還有其他的選項嗎？

答案可能是否定的。不過，當代自由主義政治哲學在這個問題上的思路，可能值得參考。

讓我們假定，科學社會主義對於資本主義社會(以及所有階級社會)的描述分析，在經驗上是正確的。可是如上面所言，除了強調勞動果實事實上以剩餘產品的形式由生產工具的所有者拿走，勞動果實究竟應該如何分配，這套經驗上正確的理論卻還是無法回答。我們或許可以同意，這種階級社會分配剩餘產品的方式，應該稱之爲一種剝削與壓迫，可是這種譴責背後的道德理由是甚麼？畢竟，「應該」的問題，需要在經驗理論之外更進一步的分析，才會得到答案。

一旦開始追問，勞動果實應該如何分配，我們就必須先回答：每個人作爲社會成員，應該獲得甚麼樣的待遇(其中包括資源的分配)？馬克思主義認爲，這個問題取決於生產工具的所有權體制，無法抽象的回答。可是某個歷史階段的生產工具的所有制度，本身是不是合理呢？從道德角度應該如何評價呢？這些問題，爲甚麼不能

---

7 社會民主主義或者廣義的福利國家，能不能提供一套公平的分配原則，證明自己比科學社會主義以及羅爾斯式的自由主義更能實現社會正義的理想？羅爾斯對「福利國家資本主義」的批評，請見羅爾斯，《作為公平的正義：正義新論》(台北：左岸文化，民91年), p. 41-42。

追問？但要追問的話，要使用甚麼獨立於既有所有制的標準？馬克思主義對這些問題提出了複雜但屬於負面的說法，基本上也是含糊其詞的[8]。

但從規範性的政治哲學來看，如果我們想要對特定時代、社會、生產方式所給予的制度做道德上是非對錯的評價，則某種獨立於該時代、社會、生產模式的道德思考是必要的。這種思考不必自詡爲超越歷史條件的永恆真理，但是它要能夠形成一種具有評價與批判能力的視野，就不能是既有體制的「反映」。道德思考不免起自一個時代的人性價值理念，但是只有歷史主義、虛無主義，才會說這種理念只是意識型態、只是反映。這個問題很複雜，在此也無法深論。不過，看看羅爾斯如何面對這個問題，對馬克思主義或許也有一些啓發。

羅爾斯式的自由主義，便企圖在西方「近代」的人性理念中，尋找這種道德思考的出發點。這個思路認真看待自由與平等兩項理念，——所謂「認真」，是說不僅不以犬儒的態度嘲笑其虛假，反而志在將自由與平等兩個看似消極的概念，從傳統自由主義所設想的一種外在的形式機會(「沒有受到壓迫」)，轉化充實爲人的具體能力(capacities)，從而自由與平等成爲可以檢驗的運作，而不只是法律的具文。在這個意義下，自由指個人有能力選擇、塑造一己的

8 例如，針對在資本主義之前的原始共產主義社會、奴隸社會、封建社會的生產工具財產制度，真的不能找到一個道德標準來加以評價、譴責？上文提到，羅爾斯根據正義二原則，尤其是政治權利／自由的平等、以及機會的平等，反對資本主義的生產工具所有制，主張他獨特的「生產工具廣泛擁有的民主」(property-owning democracy)，看來思考較為周到。不過，他這個想法的發展還很不足。

人生，平等則指每個人都有一樣的資源與機會去施展這項能力。從這兩項人性理念出發，亦即如果(1)每個人的「最高利益」都在於追求自己的理想人生，同時又承認(2)每個人都應該獲得機會，實現一己的「最高利益」，該問的問題便是：那麼社會的基本結構應該具有甚麼樣的面貌，才算是對每個個人公平、足以獲得當事人的認同？這樣的基本結構，為了對所有的人都公平，會堅持每個人應該分得甚麼樣的社會資源，又應該獲得甚麼樣的社會權利？答覆了這些問題之後，我們才可能知道，資本主義(以及社會主義)的生產工具所有制、市場作為分配體制、乃至於一般的分配體制(例如福利國家)，是不是合理，是不是合於道德意義下「正義」的要求。

在此，我們不擬進入羅爾斯自由主義社會構想的細節。但是很明顯的，跟馬克思主義相比，自由主義意識到了更深一層的問題：道德評價的標準如何建立。多數馬克思主義者，不願意承認這種道德思考是可能的：他們可能會堅持社會主義的「科學」一面。但是如果這種道德思考沒有可能，馬克思主義對資本主義的道德批判(剝削論)、以及對社會主義的道德肯定(「每個人有參加勞動、不受剝削、享受自己勞動成果的基本權利」)，也沒有甚麼道德根據。馬克思主義者既然志在追求公正社會，不覺得這是一個嚴重的問題嗎？進一步言，馬克思主義的社會體制，又要從何說服人們接受呢？

說到這裡，有一個有趣的問題值得追問：如果政治上所謂「左」的立場，意指追求個人之間一種盡可能平等或者公平的狀態，而「右」的立場則指容許人們自由地利用盡可能開放的機會，至於每個人獲得甚麼或者獲得多少則無關宏旨，那麼：自由主義與馬克思主義，何者更符合「左」的要求？上面說到，馬克思主義的平等訴求，最高不過是「按勞分配」(再「高」，平等問題就消失了)，卻忽略了以「勞」為依據的分配方式，不可能平等或者公平。每個人的勞動能力不一樣，所以分配不會一樣；而勞動能力的這種差異，卻往往不能歸咎於個人本身能夠操控的因素、更不會與努力程度成明顯的相關，反而應歸因於天生的資質能力有別，或者出身環境、家庭條件、所處社會位置所提供的機會是否有利，甚至於種族、性別等等因素所造成的歧視差別。在這個意義上，「按勞分配」不可能是一種平等主義的訴求。(這一點，對需求、貢獻等平等的量尺也一樣適用。)「按勞分配」，卻無視於勞動者身上有著並非當事人所能操控的差異，當然不公平；一如要求眾人在同一起跑線出發賽跑，卻無視於其中有人是肢體殘障，豈能說這還是公平的競賽？在這意義上，馬克思主義豈不是相當「右」的一種主張嗎？

自由主義對這個問題較為敏感。它在考慮社會制度如何對待個人才算公平的時候，區分開當事人無須負責的「處境(circumstances)因素」、與當事人自己要負責的「選擇(choice)因素」。處境因素有來自天生自然者，例如身體上或心智上的各種稟賦或者殘缺；但更有來自社會文化者，例如家庭和成長環境的情況，教育與人格發展的機會，貧富、性別、城鄉造成的差距，乃至於各種社會文化成見偏見對個人的影響。無論自然因素或者社會因素，都會影響到個人的一生機運，但卻不是個人所能、所需為之負責的。一套公平的分配體制，應該讓這類因素對個人機運的影響減少到最低，豈能交給「勞動力」這種粗糙的標尺？

相對於此，個人的自由讓每個人有選擇與安排一己人生的能力，但是對這類選擇安排，個人當然要負起責任。一套公平的分配體制，應該儘量不受這類選擇的影響。我們不能因為一個人安貧樂道，就給他較少的資源；也不能因為一個人雄心勃勃，就提供更多的資源。一個人的「應得」，不應該受到他的主觀願望的影響，而只應該針對他的客觀條件來評估。「按勞分配」雖然不以主觀需求爲分配標準，但是無視於個人的客觀條件，已經不夠公平；進一步到了「各取所需」的階段，似乎注意到了個人的客觀條件，卻又不理會每個人的主觀需求的道德品質不一，並不應該作爲分配的準則，結果把責任與需求混淆了。由此可見，社會主義社會與共產主義社會，即使有千般優點，卻都並不是公平的社會。

六、結語

在此必須說明，馬克思主義的學術與實踐意義有多個方面，不必因分配問題上的粗疏而全盤皆輸。自由主義也有很多盲點，例如對於社會衝突的結構性起因、對於歷史演進的動力、尤其對於資本主義在現代社會各個領域中的廣泛負面影響，自由主義不是無言以對，就是敏感不足，批判力未見發揮，顯現了它作爲一套社會理論，多有貧乏與天真的一面，應該多參考馬克思主義的慧見。不過，對於在意社會平等與社會正義的人，本文所述的問題，不能等閒視之。如果以上所言成立，那麼自由主義要比馬克思主義更符合左派的期待，也更符合社會主義者心目中的理想社會原則。在當前有關社會主義前途的討論中，尤其是對於像曹先生這種具有批判能力的馬克思主義者，自由主義是值得參考的。

錢永祥，供職於中央研究院人社中心，並擔任本刊編委兼總編輯。

評論與回應

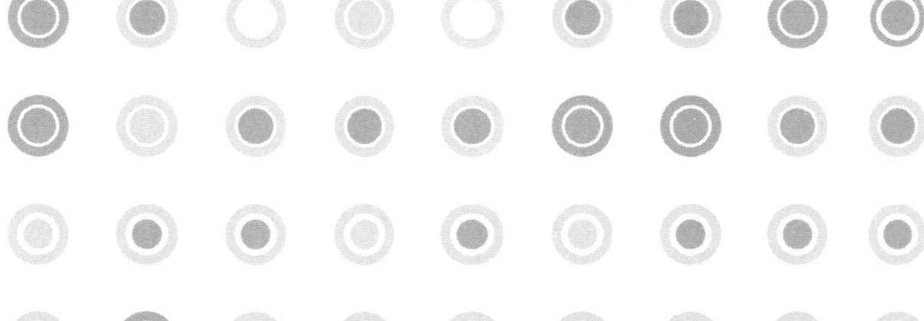

一個台灣人的毛派之路：
回應「新民主主義者」陳明忠先生

陳信行

在《思想》雜誌第9期，陳明忠先生以〈一個台灣人的左統之路〉爲題接受訪談，清楚明白地說明了他在各個重大政治問題上的立場。同樣作爲一個台灣人與左派，我讀了之後感到深沈的失望。我認爲，陳先生的許多關鍵立場，既不左、也不統，不但背離了馬克思列寧主義的重大原則，甚至在中國民族主義的立場上也站不住腳。相較於陳先生個人在蔣家政權下爲了左翼理念所付出的重大犧牲與貢獻，如果最終的立場走到了〈左統之路〉中之所述，毋寧是令人悲痛的。

我這一代台灣左派與許多社會運動者的思想發展，深刻地受惠於陳明忠先生的奉獻。陳明忠先生以肉身澆灌的《夏潮》雜誌以及其相關人士歷來的努力，從1970年代末以來，有力地在文藝領域中定義了在當代台灣的具體情境下，什麼叫社會正義、什麼叫批判，從而使得像我這一輩人，在1980年代遠爲安全的環境中決定投身社會運動時，有思想素材得以咀嚼，有尺度可以衡量自身。

陳先生的轉變，在20世紀後半的馬克思列寧主義實踐者中並非例外。影響大者如爲陳先生所尊崇的鄧小平及其同儕，堅苦卓絕者如近年來終於出版回憶錄的馬來亞共產黨總書記陳平，他們都曾經在世紀前半到中期殖民地、半殖民地各國共產黨所高舉的民族民主革命的大纛下毫不動搖地堅決奮鬥，最終卻紛紛在思想與實踐上放棄甚至否定了自己早年的信念。

基於上述的原因，我認爲必須同樣清楚地提出我的不同意見。我認爲，陳先生所否定的毛澤東晚年的思想發展，與中國毛派在1970年代末之前的政治實踐，非但不是「落伍」、「教條」、「錯誤」，反而是1917年革命以來社會主義實踐的高潮。固然這個高潮以失敗告終，但是，在21世紀的我們，如果沒有珍視這段寶貴的遺產，並批判地繼承包括文化大革命在內的百餘年社會主義與民族解放運動所累積的經驗，我們就只能虛弱地憑空思考反抗當代資本主義/帝國主義的可能性。

因此，不同於陳明忠先生，我仍然願意稱自己爲「毛派」，爲馬克思列寧主義者，而非「新民主主義」者。

當然，作爲曾經在全球範圍風起雲湧的一個政治運動，「毛派」這個帽子包羅萬象，甚至許多怪誕宗派、一些幹盡壞事的組織、和許多貪官奸商都可能曾經或依舊自封爲毛澤東思想的信奉者。我認爲，今天的「毛派」，尤其在中國問題上，可以有比較清楚的幾個標誌性的主張：肯定包括文革在內的中國革命的歷史成就、反對1978年中共11屆三中全會以來的主導路線、反對1981年中共《關於建國以來黨的若干歷史問題的決議》等等。

我如何成為台灣左派

首先，我想交代一下自己的一些經驗，如何讓我願意以這樣的立場思考問題，否則，自稱爲某派往往僅僅像是宗派信仰的宣示，而我相信信仰只應屬於道場聖壇，不該拿來談政治。而且，坦白說，在上世紀末以來所流行於歐美及海峽兩岸的曖昧模糊、唯新是尙的思想氛圍中，一個(不像陳先生那樣)與中國革命史素無淵源的，台灣長大、住過美國的四十幾歲的人，會自稱馬克思主義者、列寧主義者、甚至毛派，在大多數人眼中，恐怕都是令人錯愕、甚至是令人發噱的。

在台灣

我生長在一個普通的東部小鎮閩南人中產階級家庭，除了向來暴戾威權的學校教育之外，個人生活中稱不上受過什麼委屈。但是族群之間不甚遮掩的歧視、隔壁家住泥地竹管厝的佃農過的苦日子、我的阿美族玩伴的兄姐出外打工被壓榨到甚至屍骨無存、參與地方選舉的家族朋友因得罪縣黨部主委而被羅織為「匪諜」送綠島等等，周遭人們受到的種種壓迫還是逃不過孩子的眼光的。

1970年代末我堂哥大學畢業回鄉教書，他書房中的李敖、柏楊、陳映真、乃至《夏潮》雜誌及《美麗島》雜誌等等成為我的寶藏。我總會把每一期雜誌反反覆覆地讀。當時，這些文字是那麼地鮮活生猛、那麼有力地解釋了我所看到的一切。但是，當然這些令人興奮的思想收穫是不能與人分享的，「囝仔人有耳無嘴」是當時幾乎所有台灣家庭的教育重點。而且由於我學校考試成績尚可，師長們的所有壓力都會規訓我這種「好學生」：想要做什麼上了大學再說。

作為常參加作文比賽的「好學生」，我國、高中時代就被要求讀些救國團指定的課外讀物，張愛玲的《秧歌》等拙劣的反共文學是必讀，陳若曦及其他「反共義士」的傷痕文學也是。對我來說，讀這些跟熟背「共匪十大罪狀」一樣，不過是生活中必須忍受的一些事。我因而無法理解，為什麼陳明忠先生當時會受到「傷痕文學」這麼大的衝擊。僅僅是因為那些作者們宣稱身歷其境嗎？

離開家庭到西部的台南上了大學之後，我當然一一做了青少年時代想做的事。偷偷地與書店老闆在櫃臺下買被禁的魯迅、巴金、江南的《蔣經國傳》、郭廷以的《中國近代史》等等；參加社團熱烈地跟人辯論些半生不熟的哈伯瑪斯與海耶克；半夜溜出宿舍到城裡某暗巷陋室幫黨外候選人作海報傳單等等。

民進黨成立前後當時，甚至在現在的「台獨聖地」台南市，反對運動的統獨傾向其實都頗爲曖昧。「台灣意識」強烈是絕無問題的，到底是我們這個選區選出的立法委員朱高正第一個在立法院用閩南語發言、第一個因此跟人打架、也第一個因爲國民黨的終身立委大喊聽不懂而罵三字經。但是競選服務處放的錄影帶，除了綠色小組等拍攝的各地抗爭紀實之外，也包括1984年鄧小平的大閱兵，而且老少支持者們都看得嘖嘖稱奇，直說比起國民黨的閱兵好看多了。朱高正本人數年後也成爲統派。我覺得包括我在內，大部分黨外支持者當時的心態多半是：凡是國民黨反對的，大概都值得一看。

比較清楚地主張台灣獨立的，在當時大概只有已通過「新而獨立的國家」宣言的長老教會。但是當時在成大的我們這群學運學生，對長老會是有很大的好感的。長老會的台南神學院，是唯一學生罵國民黨不用關起門來躲特務、教官、職業學生的校園。用閩南語作爲教學語言，也使得從小被禁止說母語的我們覺得耳目一新。非常自然地，我當時對台灣獨立的好感逐漸形成。

直到今天，我還是認爲理想中真正的台灣獨立沒什麼好反對的。國族之爲物，包括「中華民族」，本來就與所有的歷史產物一樣，是變動不居的。如果獨立的台灣國當真是一個雖小但內部自由平等、對外免於強權傾壓的共和國，有何不可？但是支持或反對純粹的概念只有思辯的趣味，沒有現實意義。現實中存在的台獨運動才是值得討論的。而我是在1980年代參與見證的歷次反國民黨抗爭中，徹底對逐漸主導了民進黨的台獨運動失望。

台獨希望依靠美國武力對抗中國，幾乎是完全繼承蔣家政權的冷戰位置——現在雖已然非常清晰，我當時還不清楚。這種「獨立」，當然僅僅是把半世紀以來台灣的附庸地位換個名稱而已。

但是在1980年代的抗爭現場就可以看到的是，即使當真出現了獨立的台灣，這個共和國的政權絕不屬於「全體國民」，而僅僅是大資產階級與為其服務的律師等人的政權，因為即使在執政的可能性還遠在天邊的80年代，民進黨內的許多政治明星們就習慣驅策支持群眾當衝突時的火牛陣，以便為他們造勢好當選，以便讓他們有籌碼與國民黨折衝。而成千上萬收入微薄卻踴躍捐輸、面對棍棒盾牌還奮勇向前的民主運動參與者，幸運的能跟明星們握個手，不幸的被打被抓被關，還要被遊行總指揮罵成破壞他們「和平理性」的活動的暴民。此外，當我跟著一些基層群眾起來抗議台塑等大企業的環境污染等問題時，總會出現一些民進黨政客，用「咱平平都是台灣人」的理由，來勸我們拿錢收兵，讓他去「喬」個價碼出來。這些一再出現的現象，都預示了21世紀我們看到陳水扁。也讓我對全稱式的「我們XX人」的國族主義口號從此反感。

當時像我一樣不滿民進黨當權派的學生，比較願意稱自己的主張為「人民民主」，願意參與草根的社會運動，而厭惡政治明星們的選舉民主。而在我們參與的環保抗爭、工運與農運等基層抗爭中，非常清楚地，荼毒台灣環境與勞動者的，不僅僅是國民黨的「牙刷主義」[1]，而是整個資本主義世界分工中，外銷導向的台灣經濟必然的後果。台灣的工人與小老闆們勒緊肚皮、拼死拼活地趕工生產，

1 當時黨外／民進黨批評國民黨政權之所以恣意糟蹋台灣環境與人民，是由於他們口袋裡放了隻牙刷，隨時準備等老共一攻來就逃到美國去，所以無須愛惜這塊土地，因此謂之「牙刷主義」。

工廠與養豬場毫無顧忌地毒害鄉土與鄰居，不是爲了台灣人民自己的需要，而是爲了廉價外銷到美國市場。這些怵目驚心的景象，使得我們在有機會拿到馬克思的著作時，就飢渴地狼吞虎嚥，因爲裡頭說的絕不只是19世紀中的歐洲，而是我們眼下的台灣。

1980年代時我這派的青年，或許還算不上有很成形的思想體系與政治路線，而只是必較廣泛地具有左翼傾向，在許多關節上，例如崇拜群眾自發性的風氣，或許更接近反菁英的民粹主義或反權威的無政府主義，而不是馬克思主義。真正確定我現在的政治觀點，是到了美國之後，透過了解美國社會、認識許多大陸朋友、以及參加無數的政治辯論之後的事了。

在美國

很幸運，我的留學經驗與大部分台灣人不太一樣，沒關在房裡苦讀，也沒僅僅在湖光山色的大學城裡體會中產階級的悠閒生活。我申請到學校的地方一概是破敗的工業城，而透過很多前輩與朋友的幫忙以及自己高度的好奇心，我參與體會了不少五花八門的事情。

如果要評比那個地方最能夠代表資本主義的腐朽，我認識的第一個美國大城市——底特律——絕對會榮登榜首。

我總是喜歡帶著外來客暢遊底特律，跟他們說些我知道的城裡的故事。印象中最深刻的一次「導遊」任務，是帶著北京清華大學來的一位政治經濟學專業的訪問學者。對於美國帝國主義，他是堅決反對的；對於美國的資本主義，他認爲遲早是會崩潰的；可對於美國的物質文明，他可是讚不絕口。

我從他住的那個風光明媚的大學城載他上車之後，就不斷地就「物質文明」這回事跟他抬嘴。我說，到了那兒你就知道，最高度的生產力是會跟最悲慘的生活狀況同時存在的。可他說你看看這公路修得多好，兩旁森林保存得多賞心悅目，資本主義還是有他一套。

到了底特律，天色已經漆黑了。我們下了交流道走上了貫穿全城最大的伍德沃大道，一路往北走。路面坑坑洞洞的，兩旁水銀燈壞的倒是不多。走了一兩英里，我的大陸朋友問我，這路燈後面怎麼都沒房子店家？我這才想到，應該走外線道讓他看看。一靠過去就看清楚了，幾乎所有的商店建築都荒廢了，門窗用木板釘死，被無聊青少年塗鴉得更顯陰鬱。這景象綿延著過了一里又一里。我盡責地說：「看左邊那高樓，那就是通用汽車的總部。」可他眼睛死盯著路燈後的廢墟，抿著嘴巴，全不搭理我。

那一年，是現在美國自由派懷念的柯林頓時期的高成長年代中期。泡沫經濟的崩潰已經讓日本對美國的競爭不再氣勢洶洶。從各方面來看，「世界汽車之都」的底特律都應該繁榮興旺的，而當時美國汽車工業生意也確實不差。可是底特律居民，除了有工會保障的全職工人之外，過的日子之苦，是我在台灣從未見過的。我的大陸朋友恐怕也無從想像。

我在當地參與的事頭之一，是跟一群當警察的黑人同學寫一個企畫案，要申請聯邦扶貧專案經費，利用城裡到處林立的廢棄大樓之一，開辦一所供膳宿的學校給窮人家子弟。必須要供膳宿，是因爲，在他們每天值勤中一再見到，黑人社區裡兒童營養不良的情形極爲嚴重，而父母多半得兼兩個甚至三個差事，根本無暇照顧孩子。

關於美國的貧窮和飢餓問題，我不知跟多少留學生辯過。沒幾個人相信美國有人挨餓，因爲他們的生活圈中只見到過體重過重的，沒看過營養不良的美國人。但是即使美國每年都必須對外霸道地推銷他們的剩餘糧食，國內的飢餓問題從沒解決過。2006年美國農業部的統計確實清楚明白地指出當年美國的飢餓人口高達3550萬人！而這僅僅是美國一國的狀況，要公允地評估的話，必須以全球資本主義市場作爲一個單位來分析，則全球持續維持十幾億的飢餓人口，與歐美日壟斷企業的生意興旺，是不可分的一體兩面。這就是資本主義。

美國資本主義社會的巨大不平等，比起我生長的台灣甚至還更爲怵目驚心。一個全球最大的經濟體，即使以全球2%的人口消費了全球40%的能源以及絕大部分包括台灣與中國大陸在內的全球各地加工出口工業的廉價消費品，即使長期以來維持著全球最大農產品出口國的地位，依舊無法餵飽將近十分之一的國內人口。這種發展，怎麼會是任何自稱左翼的人認爲是應當追求的？

我可以理解1980年代的大陸人或許因爲沒見識過真實存在的資本主義是怎麼回事，而有不切實際的想像，但我無法理解與我同樣生長於資本主義社會的陳先生怎麼會有同樣的想像？

關於資本主義世界，當時我或許比剛出國的大陸朋友知道得多。關於「實存社會主義」，可就得靠他們教育我了。而我從他們得到的訊息，與陳明忠先生的印象差距頗大。

就說文革這回事吧。跟我同輩的，文革後才上大學的，多半跟大多數台灣學生沒什麼兩樣。老師說啥他讀啥，其他「課外」之事一概不管，只盼著高分畢業找個高薪工作。而年紀大點的，經歷過文革的同學，則精彩豐富得多，每個人都有種種興趣嗜好。談起文革時上山下鄉，固然有人悲憤不已，覺得誤了自己的前程。但是另一些人則認爲那是他們人生中最美好的一段經歷。近年來我結識的一些大陸學界朋友，談起當年插隊的那個村，也常常語氣親熱得像談自己家鄉。這些各式各樣的文革回憶，我相信作爲統派的陳先生結識的大陸朋友不會比我少，應該也聽過，但怎麼就選擇只相信「十年浩劫」說呢？

我特別要好的一位同班同學，跟我說過文革期間當工人的經歷。他是個個性溫和的人，可是當工人時也貼過大字報批評廠領導，因爲他跟另一個同事覺得生產流程安排得不對勁。他說：「當時的社會氣氛就會讓我們這些年輕工人覺得廠是我們的、國家是我們的，出了差錯當然要糾正嘛。」他那份大字報最終沒什麼效果，還被領導報復了一下，但是他總覺得這輩子沒這麼有尊嚴過。他後來被美商公司聘爲工程師回大陸到合資企業做事，放假回美國時，跟我說他沮喪得不得了，因爲現在的工人全沒有「主人公心態」，完全一副來打工的態度，「這樣下去國家怎麼會進步？」可我說他們恐怕真的只是來打工的，不是什麼主人公。

「主人公心態」這回事的確是中國大陸才有的概念，我認識的東德與俄國出身的朋友都從來沒聽過類似的說法。我曾聽一個朋友講過1980年代早期她結識的一位大陸留學生的故事。她到餐館打工洗盤子，做了幾天，有點心得。有一天下工時，就很自然地跟老闆說：「我覺得咱們的工作流程有些問題，大伙開個會商量商量吧？」我們資本主義社會長大的人當然可以想像老闆是什麼反應，但是這位故事的主人公跟我那位朋友說，從老闆那一副「你瘋了是嗎」的表情，她才第一次體會到從小讀的資本主義雇傭勞動是怎麼回事。

有趣也很諷刺的是，我在商學院修課的時候，90年代美國的企管系在「豐田式管理」的風潮下，幾乎每一門課都在強調以前靠的物質刺激是沒有用的，重要的是如何激勵員工，讓他們「感覺到對公司有所有權」，好讓員工主動發揮首創精神——換句話說，把他們哄得產生了「主人公心態」，即使企業清楚明白地絕對不是員工的。崔之元先生有篇著名的文章就是在說，西方認爲最先進的日本式管理，與「兩參一改三結合」的「鞍鋼憲法」等文革前後的中國社會主義實踐之間，有密不可分的關係。可惜他忘了提到，在社會主義時期的中國，「主人公心態」是有物質基礎的，而在利潤屬於老闆，工人隨時可以被解雇的資本主義企業中，那可純粹是戲法。

即使是我這個年紀的人，也就是六四學運學生這一代，深受西方自由主義影響的人，也未必都相信文革是「十年浩劫」這個官方說法。透過朋友介紹，我認識了一位六四後被判刑、出獄後到美國的北大學生。我認識他時，他已經滿嘴馬列毛到有點教條的地步了。

我當然對他思想轉變的歷程很好奇。他說，知識份子家庭出身的他，1980年代讀中學時，大家都把馬列毛當屁話，只是得背起來應付考是的科目。上了大學，自由主義當然是最引人入勝的、幾乎可以用來解釋他們看到的當時中國的一切不公不義、用來打造內心的烏托邦的思想。一直到他進了監獄，才看到他從來不知道的事：牢裡的政治犯，絕大部分不是像他這樣的自由派，而是文革時的造反派，從1970年代末被抓，一直被關到1990年代還沒出來。而外界，至少他自己，完全沒聽過有這群人。是跟這些這些獄友的辯論與學習，讓他決定成為左派，因而卯起全力來生吞活剝以前不屑一顧的馬列毛，如飢似渴地探尋他上學之後，師長們就絕口不提、學校的中國現代史也一概不教的毛澤東時代的事。

除了大陸朋友之外，我還盡量找機會跟美國本地的左派或社運人士接觸、合作、辯論。最願意跟我辯論的是各個托洛茨基派的黨派成員，其他如無政府主義或屬靈傾向的運動人士，則多半信奉多做事、少說話的原則，對歷史與理論問題沒興趣。托派光在紐約地區就有超過3、40個互相對立的組織與政黨，他們的主張五花八門，有些對毛有好感，覺得毛是個不自覺的托派；有些認為毛和斯大林沒什麼兩樣，從1920年代開始就背叛革命；還有一些在我看來更古怪的，認為資本主義全球化是個進步，會把所有的農民變成工人，而據說「大家都知道，馬克思認為農民是反動的，只有工人階級才是革命的」。在與這些門派的辯論之中，我愈來愈發現，毛澤東版本的馬列主義，確是各種馬克思主義流派中，最清晰、最有解釋力、也最貼近現實、可以用來思考方方面面的實際運動問題的一套。

就這樣，甚至還沒到過中國大陸，我就成了個思想與感情上的毛派。而之後有機會到大陸各處看、四處找人談，益發讓我相信，毛澤東路線是正確的，而陳明忠先生所讚賞的鄧小平路線，非但與社會主義是背道而馳，而且終究是不可持續的。

陳明忠的「左統」主張的問題

以上談的，是我的一些個人的片面與感性經驗，如何讓我產生與陳明忠先生大不相同的觀點，以鋪陳這些在台灣也屬於極少數派主張出現的脈絡。我現在想開始正面回應陳明忠先生的「左統」主張中，我認爲極爲錯誤的部分。

「一國兩制」是假統一

首先，陳先生支持的「一國兩制」的統一路徑，我認爲背離了即使是最保守的資產階級的民族主義，更遑論民族解放運動的主張。

從英國革命、法國大革命、乃至美國內戰以來的歐洲與北美資產階級建立獨立與統一的民族國家的歷史，往往不言而喻地成爲之後其他弱小民族的民族主義的範本：對外擺脫強權干涉、對內建立統一的政治體制、「國民一律平等」的法律體系、統一的國內市場、民族工業化等等，幾乎都是所有民族自決、民族解放運動的內容。

在當代帝國主義世界經濟體系之下，受壓迫國家要複製這種歐洲經驗是否可能？一直是毛派和依賴理論等左翼流派同主流民族主義者觀點相異之處。但是，無論是否可能， 民族國家的統一與獨立要有意義，非得達成境內所有居民，無論國藉、信仰、種族、性別、等等，法律上一律平等。如此，行政上就公開地把人分三六九等的前資本主義制度才能消失，而資本主義號稱人人在市場上公平交易的意識型態，才具有現實基礎，從而資產階級靠著經濟力量，而不是赤裸裸的國家暴力占上統治地位的正當性，才能爲人信服。因此，帝國主義的治外法權必須廢除、「刑不上大夫」必須打倒、地方割據必須消滅。沒有這些具體內容，「統一與獨立的民族國家」只是空話。陳明忠先生所提到的劉自然事件所暴露的美國在台的治外法權，就足以證明蔣家政權當年整天叨念的「中華文化復興」是空話。

「一國兩制」是什麼內容呢？陳明忠先生說，照此計畫統一之後，台灣將保有自己的一切制度機構、甚至軍隊，而且清楚地表明，他認爲，這對「台灣」好得很。我首先不理解，作爲左派的陳先生怎麼也會跟國、民兩黨一樣全稱式地說「台灣」，而不問是對台灣的誰好。更重要的是，這種「統一」根本就是虛假的統一，現實上就是讓台灣在政治、經濟、軍事等領域繼續維持在美日陣營中，只是口頭上說說「一個中國」而已。這算哪門子「統一」？

必須承認的一點是，兩岸的資產階級早就統一了。30年來大陸經濟成長最關鍵、也最大的部門加工出口工業，不僅依循台灣經驗，更有台灣資本家的積極參與，長年以來一直維持「外資」投資的第一位，同時也把依賴美日的代工模式複製到了大陸。無論立場藍綠的大資本家，幾乎沒人沒在大陸賺了錢。連一些老政客官僚們也在「國共合作」架構下，分享到大陸國有資產流失的豐潤商機，就跟他們20年來在台灣搞的一樣。統獨問題，對他們來說，只是某種行政安排的問題而已。而「一國兩制」之類的分裂安排，有利於高度金融化的資本規避任何一地的行政、法律與政治監督，視需要到處跑，分散風險。這與1970年代以來資本主義全球化的模式是一致的。

兩岸分裂的是一般勞動人民。許多台灣工人因爲老闆跑到大陸而失業，因而反華仇華，成爲死忠台獨支持者。即使在馬英九上台後，除了爲炒樓鉅富鋪上紅地毯、爲比較富裕的觀光客敞開雙手之外，大陸平民百姓要合法地移民來台，依舊必須面對各種苛刻而帶侮辱性的行政關卡，來台之後更要面對各種法律、行政與社會歧視。

不僅名義上處於分裂分治狀態的台灣是這樣，名義上已經納入「一國兩制」的港澳，對於大陸人的階級差別待遇更是明顯。貪官污吏富豪巨紳要置產炒樓炒股炒期貨，通行無阻，但是社會最底層，最受歧視的、過得最苦的人，依舊是困居在天水圍等低收入社區的大陸新移民。在港澳，連外籍家傭受到的保障都比大陸新移民多。

連保守的資產階級民族主義，都得講究保障最起碼的人民平等權利。一國兩制卻是從體制上去製造和鞏固人民之間的差別。這種作法與民族解放運動的主張，難道不是對立的嗎？

不能否認二十餘年來台灣與大陸單向的交流，在許多層面上增進了台灣人民對大陸的一些了解，許多個人層次上的親密緣分時常出現。但是，這些都不妨礙在資本流動之下，生計備受威脅的台灣中下階級，尤其是工人階級，在沒有進步運動提供另一個視野之下，日益增生恐懼飯碗被搶之下的仇華心結；這些交流也不妨礙大陸工人親身體驗到台商公司爲了趕單價日低、交期日逼、品質要求日高的美國訂單，極力壓榨受雇者，從而總結出面目猙獰的台灣人印象。這些活生生的每日經驗，比什麼人的宣傳、比歷史殘留的省籍情節，都更有力地日復一日地在分裂兩岸人民。

「改革開放」不是新民主主義

陳明忠先生認爲現階段中國正在進行的，是「新民主主義」——抗戰時期毛澤東提出來的階段性口號——也就是在共產黨領導下，採用資本主義方式、利用資本主義、又限制資本主義，先讓中國富強起來，但沒有放棄社會主義的大目標。而陳先生認爲這是完全正確的，「窮國怎麼實行社會主義呢？」社會主義只有在生產力高度發達的社會，也許在未來的「資訊社會」中才能實現。

我必須反對陳先生的這些主張。我認爲他既誤解了新民主主義的內涵與時代背景、對於中國大陸改革開放以來的現實的理解極爲片面、對社會主義的認識停留在19世紀末歐洲中心主義的時代、甚至還寄希望於西方資產階級庸俗的「未來學家」們的空談。

中國革命中的「新民主主義」以及其他國家類似的政治主張與實踐，是列寧主義者對20世紀的人類解放事業最重大的貢獻。在這個路線下各國人民的革命，對資本主義／帝國主義造成了歷史上第一波重大的挑戰。這個路線，具體地來說就是，在落後國家，由工人與農民的聯盟爲主體，以工人階級政黨爲實質的推動者，聯合一切反對帝國主義及其代理人的社會階層，進行資產階級民主革命，奪取政權，取得國家的獨立、民族的解放、土地改革等民主要求的實現、以及服務於國內需要的民族工業化，然後不間斷地邁向社會主義過渡。

以上路線的基礎是從列寧以來對於帝國主義的分析，而此種分析區別了20世紀的共產主義者和其他流派。

上個世紀之交的歐美各社會民主黨，及第二國際，占主導地位的主張的確是類似陳明忠先生那樣的，認爲任何社會的歷史發展必然得重演西歐的過去：先是資本主義的發展、資產階級革命，然後才談得上社會主義革命。對於殖民地問題，伯恩斯坦等修正主義者拿著「歷史階段不可逾越」的教條，實質上宣傳西方左派不應反對帝國主義擴張，因爲這會消滅落後地區的前資本主義制度，把「未開化民族」帶進資本主義，從而爲社會主義做好準備。他們主張的是「文明」的殖民地政策。伯恩斯坦本人尤其大力支持德國進佔中國的膠州灣，以「散佈文明」。

但是列寧及其同代與之後的追隨者認爲：在帝國主義統治下的殖民地、半殖民地不可能重複西歐的歷史發展，因爲帝國主義會扼殺各地民族資產階級的萌發、扶植出爲帝國主義中心服務的發展模式，將這些地方置於經濟上永遠的庸屬位置。各種前資本主義的落後因素，俄羅斯的沙皇專制、印度的種姓制度、中國搖搖欲墜的滿清王朝及其後的軍閥割據等等，非但不會被帝國主義消滅而取代爲西歐北美式的資本主義制度，反而會被帝國主義者強化鞏固並利用來爲其資本積累服務。因此，落後國家的工人、農民應該扛起以前在西歐各國由資產階級完成的歷史任務。

1949年的中國革命可說是將這種路線的民族解放運動掀起了高潮，隨後各個第三世界國家的反抗運動紛紛舉起「打倒三座大山」的旗幟風起雲湧地起義，1975年越南的統一與獨立可說達到最顛峰，之後則一路下滑。

列寧主義的民族解放計畫的重點是，由於民族資產階級的虛弱，革命後的工業化必須主要由國家來推動，列寧稱這個階段爲「國家資本主義」，是「沒有資本家的資本主義」，依舊具有資本主義的許多矛盾必須面對。中國大陸1978年至今的發展是顛倒的。在沒有資本家的社會中，硬生生地創造出了一個資產階級。1980年代以來的改革開放，有計畫地把過去辛苦建立起來的、服務於本國需要的民族工業給瓦解掉，而把中國的經濟成長重心放在台灣式的加工出口工業，爲美、日、歐大企業提供低工資、高污染的代工，服務於帝國主義壟斷資本積累的需求。

陳先生寄望的未來的「知識經濟」其實早已實現，而且是當今中國經濟之所以依附於美、日、歐的核心問題。在WTO的國際知識產權協定之下，過去以科技教育扶持民族工業化的作法已經不切實際了。「懂得做」不見得就「可以做」。中國培育再多的技術人才與研發能力，不納貢給掌握知識產權的外國壟斷企業，就是不准做。2005年中國工業部副部長批評二十餘年來汽車工業與外資合作的「市場換技術」策略完全失敗，導致中國汽車市場被外資壟斷，就是一個最好的例子。無法反帝、甚至積極服務於帝國主義壟斷資本的發展，怎麼能跟「新民主主義」相提並論呢？

到現在，改革開放中，中國政府一手打造的「新興社會階層」，即資產階級，非但可以靠著發家致富受褒揚、入共產黨，還可以在中共17大上坐上主席台。從2004年關於這群人「第一桶金」哪來的爭論被中共高層硬生生喊停這事件，清楚地說明了問題：貪污腐敗、盜竊國產與集體財產是當代中國資本主義發展不可或缺的一部分。

關於中國大陸每日上演的活生生的社會矛盾，不僅陳明忠先生，我認識的其他一些統派朋友同樣地每每以「大陸問題很複雜」，或「我們不清楚大陸社會」來迴避問題。我不懂的是，如果他們那麼強烈地自認爲是中國人，怎麼30年來對於中國事都還「不清楚」呢？當他們讚揚中國改革後的經濟成就時，難道看不到這些成就背後勞動人民和自然環境所遭受的對待？或是，他們就跟任何資本主義的擁護者一樣，認爲這些不公不義是資本主義發展不可避免的代價。那麼，他們在那個意義上可以稱自己爲「左派」呢？

至於陳先生提出的「有高度生產力才能實施社會主義」，正是鄧小平以來中共領導者一再強調的第二國際教條。這個「先富起來才能革命」的邏輯永遠必須面對一個問題：富到什麼程度才算夠格可以革命？美國這個國家夠富、夠強了吧？美國的社會主義革命，除了在一些宗派的小冊子上，至今可看得出一絲端倪？

文化大革命的意義

陳明忠先生說他搞不懂文化大革命，因爲沒有一本好書，只知道是一場浩劫。我同樣到目前爲止對文化大革命，即使高度關心、好奇，也只能有片段的認識。因爲直到這一兩年來，文革在中國大陸是不准討論的，只有跑到海外以反共專家爲業的人可以寫大部頭的「十年浩劫史」之類的書，而真正積極參與在這個巨大的歷史事件中的人，在國內，要不就不說，想說的卻不准說。一位我認爲是真正的左統派的朋友在台灣辦的《批判與再造》雜誌，最近四、五年來成了一些倖存的文革造反派發表文章的園地，毋寧是幫台灣左派盡了一些應盡的責任。

我不打算在此爲文革翻案。的確，文革是失敗的。當初文革想打擊的「走資本主義路線的黨內一小撮當權派」，之後牢牢地當了權，子子孫孫也都發了財。經歷過文革的幾億人有幾億個不同的複雜經驗，很多人是負面的，也有很多人是正面的。這些歷史，在中國大陸看來可能正逐漸允許討論的狀況下，是有可能愈來愈清楚的。在此，我只想說，沒有文革，馬克思主義早就死亡了。而文革的遺緒，在世界各個角落都產生了鮮活的各種進步實踐。

罵文革把中國搞得大亂、搞成無政府狀態的人，如果自認爲是馬克思主義者，應該回去重新看〈哥達綱領批判〉、《國家與革命》等基本文獻。從馬克思到列寧、甚至連名聲狼籍的斯大林，都一再強調，在社會主義國家中，黨的專政不能取代工人階級的專政、「無產階級專政」的國家必須要消亡、消亡的物質基礎就在於解決腦體力分工、城鄉矛盾等各種矛盾、「國家資本主義」絕不是社會主義、甚至社會主義國家也只是革命的暫時的形式……。列寧清楚明白地指出：「我們和無政府主義者都認爲廢除國家是目的，在這個問題上沒有分歧。但我們肯定地說，爲了達到這個目的，就必須暫時利用國家權力的工具、手段、和方法去反對剝削者。」[2]毛澤東反覆地在各個場合講共產黨一定會消滅，甚至說：「共產黨、無產階級專政，哪一天不要了，我看實在好。我們的任務就是促使它們消滅得早一點。」[3]這當然不是附和蔣介石，而是重複強調馬克思列寧主義的這個核心信念。在這個主張上，馬克思主義批判地繼承了啓蒙時代以來的西方民主運動傳統，並往前推進。去掉了這個大目標，共產主義運動的進步性就非常可疑了。

1950年代之後的蘇聯，非常確定地絕不是一個意圖走向「國家消亡」的暫時政體，反而不斷鞏固黨和國家的權威，把國家資本主義當成不朽的最終目的。我不懂爲什麼陳明忠先生把蘇聯稱爲「極左」。歷代的觀察研究都發現，在蘇聯的企業中，和資本主義企業沒什麼兩樣，有層層的官僚，經理掌握支配工人勞動力的權力，而工人只是來上班聽命的，差別只是福利比較好、職位有保障。「計畫經濟」被認爲是社會主義經濟的核心，這是錯誤的。資本主義壟斷企業同樣實施計畫生產，通用汽車公司還一度是全球產值最大的計畫經濟體。

毛澤東領導的中國共產黨，在中蘇論戰中首先對蘇聯體制開砲。除了與帝國主義「和平共存」的幻想、大國沙文主義的問題之外，最重要的就是**社會主義國家裡頭到底還有沒有階級矛盾**的問題。當時的中共認爲，即使法權上取消掉生產資料的私有，與資本主義私有制所配合的勞動過程中的指揮與被指揮關係、分配上的剝削與被剝削關係，依舊在國家資本主義之下存在，因而還存在階級矛盾，必須解決。對許多其他國家的馬克思主義者來說，中蘇論戰

2 《列寧選集》，第三卷(北京：人民出版社，1960)，頁222。

3 《毛澤東選集》，第五卷(北京：人民出版社，1977)，頁279。

是讓他們重新看到社會主義運動還有生命力的關鍵事件。

除了馬克思早已指出的腦體力分工關係、城鄉矛盾等等之外，1950年代毛澤東就清楚明白地指出了共產黨執政下的中國社會的一些重大的具有矛盾的關係：重工業和輕工業、農業的關係；國家、生產單位和生產者個人的關係；黨和非黨的關係；漢族和少數民族的關係等等，還說了一定會有更多矛盾。當時，他以獨特的辯證法中關於矛盾的不同性質的觀點，認爲這些矛盾都可以是非對抗性的，而以主觀努力解決，但也可能解決不了、變成對抗性的。解決了矛盾，就往社會主義過渡又邁進了一步。

絕大部分解決上述矛盾的措施，是基層群眾發展出來的，毛澤東等領導人再加以肯定，如人民公社、鞍鋼憲法等。「放手發動群眾」、「激發群眾的首創精神」，是中共在長期內戰中發展出的信念。到了1965年，在大部分人眼中，主張蘇聯模式國家資本主義的一派與毛澤東這派之間的矛盾，顯然已經發展成了無法調和的對抗性矛盾，因而文革發生，毛的路線一時佔了上風，直到1976-78年才歸於失敗。但是，沒有這最後奮力一擊，沒有這史無前例的以國家力量試圖推動國家消亡的嘗試，馬克思主義作爲一種政治運動，早就乾癟貧乏得無人問津了。

但是，反對專家至上、反對包辦主義命令主義、要求放手發動群眾的首創精神、「主人公心態」——文革時代最重要的一些精神，在世界各地的農村發展工作、社會工作、以及形形色色的社會運動和更多領域中，以“empowerment”(譯爲賦權、培力、增能、等等)這個英文字眼活了下來，發揚光大。被右派大力嘲笑的「土法煉鋼」中所提出的「大、新、洋與小、土、群」的結合，現在成了聯合國開發計畫署(UNDP)等主流機構的官方政策，名爲「適當科技」(appropriate technology)。當代世界的各種社會改良措施，幾乎無處不存在文革的精神遺產。讓我覺得痛心的是，許多在中國大陸包外國基金會搞各種項目的中國大陸學者，或許是由於對文革的重大隔閡，必須用英文來說這些聽來頗玄奧的洋概念，而不知這些其實都是「出口轉內銷」。

更重要的是，如果我們肯定社會主義與民族解放運動的結合，是20世紀各國人民對資本主義／帝國主義最有力的挑戰，而文革是這個運動的最高潮，那麼包括文革在內的這整個世紀的運動的失敗與成就，21世紀的左派都應該批判地繼承下來。我認爲這是歷史唯物論最基本的態度——正視歷史，從歷史中反省學習。1980年代，社會主義加民族解放的馬克思列寧主義運動，從節節敗退終至潰散以來，許多各地的進步人士紛紛急著與這個傳統劃清界限，以圖重新打造全新的願景。問題是，無論如何，面對帝國主義依舊稱霸、資本主義生產方式依舊帶來重重苦難、甚至極可能通過環境災難而消滅全人類的21世紀，我們依舊必須像前人一樣構思出路、構思推翻並替代資本主義的道路。一味否定包括文革在內的20世紀革命經驗，會使得我們在思考出路問題時，僅剩下空想一途。

陳信行，任教於世新大學社會發展研究所，研究領域包括科學與技術研究(STS)與勞工研究，著作有發表於《台灣社會研究季刊》的學術文章、以及發表於「苦勞網」、《批判與再造》、《左翼》等處的評論與報導。

奚淞畫中的時間性和道藝合一的策略*

林濁水

畫家奚淞2008年7月在紫藤廬發表《平淡・光陰特展》，爲紫藤廬翻修後開幕的首展。題目明白地指出了奚淞的兩個核心旨趣。首先，從傳統的藝術分類觀點來看，繪畫是空間的藝術，但奚淞卻要畫「時間」而以「光陰」爲畫題，這無疑是一個顛覆性的實驗。其次，平淡固然可以是一種對物象的視覺感受，卻也可以是一種道德性的修持境界；在此，兩樣顯然都奚淞要表達的。於是他又觸及了另一項嘗試：油畫本是西方媒材，但他要用以實踐東方「道藝合一」的策略，把藝術過程當做個人道德修持的過程。

東方藝術，例如華人的南宗文人畫，常被當做追求道家隱逸境界的過程；而日本，無論茶道、劍道、花道，「藝」也是被當做禪宗的修持過程，台灣的優劇場更是明白地強調，他們的藝術和禪宗修持的合一。如今奚淞要做同樣的嘗試。

奚淞怎樣透過畫面的技術性處理，實現他以光陰爲題材而非描繪物象爲題材的用意，以及繪畫做爲道德修持過程的旨趣，這是本文所要探討的。

這次展出的畫作在類別上既被歸爲靜物畫，奚淞的花便常居畫

---

* 本文圖片均由中華紫藤文化協會提供。

面的中央位置，且稀少到孤零的花朵，是畫中唯一豔麗(雖然是刻意壓抑下的冷豔)，其他畫面則交給大面的白牆(牆是物質性的實體的存在，並非東方繪畫的留白，白是一種非物質性的「氣」)、冷色釉彩的陶盆、質樸的木頭桌面。稍早畫的幾幅，對每個物件及其背景都以精實的寫實工夫加以刻畫，每個物件都很清晰，我們看到花，做為理所當然的主角，並沒有在細節上的特別關照——他的畫並不是花的聚焦特寫鏡頭，而是每個物件的每個局部聚焦的特寫的集合，所有的靜物不分主客地被平等對待。由於細節處處，觀畫人的眼光便被引導到畫面的每一個部份逡巡，而不停佇在「花」這一個「主題」上，這產生了一個很特別的視覺效果。

由於人類視覺能力的先天限制：在剎那間如要掌握細節，視覺只能集中在一點上；若要並時地觀注全景，則必須放棄細節；若要逐一追蹤細節，則需連續性的時間。奚淞透過滿布畫面的細節描繪，於是在畫面上舖展出延續的時間性格。

台灣前輩畫家陳澄波的油畫，也常有強烈的時間性的暗示，致使他的畫常因此出現了史詩或「說故事」的 性格。但陳澄波基本上把「時間」當做故事的容器，而非主題；同時，陳澄波用來引導視覺在畫面逡巡的，是有強烈主觀的方向指引性格的線條，而奚淞則是用光來引導。

文學家李喬在觀賞《平淡・光陰》系列時，既十分感動於畫中器物本身透露出來的寧靜氣氛，又感動於畫家在細膩掌握器物細節和質地時顯示出來的深情。但他說「光是不安的干擾」。由於光扮演了引導者的角色，奚淞對光的描繪著力便更深於器物，因此，假使李喬以器物為觀賞的主題，光自然就成了奪主的喧賓，造成了干擾的效果。

2008年的系列中，稀落的花仍是畫中唯一的豔麗，但花的細節

願化春泥(三聯作之一)

意外地被忽略了，反而器物的細節卻被突出，甚至花葉與枝常常只是如柯洛風景畫般，單筆掃過，只呈現作者瀟灑的風情，而其質地都消失了，不再嬌嫩或堅韌。反而陶盆上的釉，在堅硬的質地上油然浮出冷光，堅實木頭桌面，猶然紋理可辨。畫面上，傳統上畫面主角、配角、非角色但做爲輔助功能的光，三者的位階全被顛倒錯置。觀賞的人雖習慣性地眼光先接觸到花，卻馬上被光引導到畫面上其他被更仔細描繪的物件上，做時間的逡巡，於是花只是人與其他物件，尤其是人與光陰之間豔麗的介紹人。

光同樣是重點，但奚淞和林布蘭的處理背道而馳。林布蘭的光神秘地集中在畫中主角身上，藉此使主角定格在非時間性的永恆上。然而奚淞的光，2008年前是平淡地、無分別心地分布在每一個器物的每一個細節上，時間因而流轉不定。莫內的風景畫，光也是無分別地投射在每一個景物上，但莫內的光，整幅畫就只捕捉一秒不多、一秒不少的剎那，以致於畫面任何景物的細節和質地全部解消了，只剩下一片色彩。莫內這種時間和空間的處理方式，很意外地可以在齊白石的大寫意山水畫上看到，他的山水和莫內的風景同樣是一種在時間上剎那的呈現，剎那性使細節和質地一齊消失，但齊白石的工筆畫鳥蟲則和山水畫大不同：他對魚蝦肢体做細節的處理，細節具現的魚蝦，所呈現的質地要求觀者更充分的時間去摸觸。

要注意的是，雖然同樣處理細節，齊白石畫面留白占了最大的面積，因此畫中時間的到來，只緣於畫中做爲主角的魚蝦的邀請。但奚淞2008年前的畫細節滿布畫面，並無留白，於是時間滿布在整個畫面，於是時間的主角性十分鮮明。

奚淞2008年前畫中的光雖遍布畫面全局，但光源來自畫面之外，且無分別心地照顧每一個角落，形成了時間令人心生平安的循環性。然而2008年之後的光源突然躍入畫面，占據畫面大片面積，光的所在位置往往也就是花葉所在，於是在「逆光」效果下，花葉俱皆模糊——花、葉、枝於是呈現了有如莫內、齊白石風景畫的剎那即逝、欲追惘然的性格——時間的殘酷性於此躍出；然而光照在桌面、釉陶上時，兩者肌裡、質地卻仍然依舊，於是時間又扮演了循環與安慰角色。在同一幅畫面中，時間的剎那性和循環性兩相映照，畫面因此呈現了悲劇性的張力：冰冷堅實的釉陶上，自顧自地循環的時間，對照著花的豔麗的無常。

體悟到生命的無常而生對俗世的「出離心」，本是修道精進的起點。花，做爲美的象徵，現在成了進入修持歷程的媒介。這樣，

花與慈悲之一

藝術作爲修持的策略的性格就更加明確了。進入奚淞的畫就如進入《優劇場》「藝即是道」的世界，乃至日本遍及茶道、劍道、花道等等道藝合一的世界。

紫藤廬爲這次畫展舉辦了座談會，會中奚淞回答他畫出如此平淡而美的世界，是不是他已生活在美之中而遠離苦難的世界時，給了一個令人意外的答案：苦難是每一幅創作的核心。奚淞在此進一步闡述了他的藝術 觀：由苦難而修持，然後進入道藝合一的世界。

湊巧的，在這次展場，有一幅在展出前就掛在那裡的奚淞三十年前的版畫，則是典型的「文以載道」的入世精神的体現。版畫沒有任何細線刻畫，全以其寬到近乎塊狀的黑白線交錯——畫中世界非黑即白，黑白互相掙持，說的正是少年血氣方剛時奚淞的心境：一切苦，只有靠黑白對決才能解脫。這一種強烈直接介入政治的立場，和《平淡・光陰》系列相比，正好可以清楚地對照出奚淞經過長年修持，現在外在世界的對決，在他已不是究竟之道。他要回歸內在修持。

面對時間變異帶來的苦，西方宗教尋求救贖的策略，是透過外在超越的神的拯救；佛教透過自我修持而達成內在的超越。華人世界儒家對超越界存而不論，道家則由俗世隱遁，尋求的是人和自然的合一，並沒有強烈的超越性格。南宗的文人畫，所標榜的正是這樣的道家精神。

要達到人與自然的合一，需透過「藝」的修持。莊子《庖丁解牛》，正是這種修持的比喻：從十分辛勤的技藝磨練，直到最後「目無全牛」，人與物渾然合一，完成了修持。一旦人與自然合一，神、形、氣渾爲一體，人便能物化又不爲物役，主體因而脫苦而獲得自由，這時對「技藝」便可以「得魚忘筌」。從奚淞的版畫到油畫《平淡・光陰》系列演變來看，奚淞心境上由入世抗爭到對俗世生「出離心」的態度的變遷，是很明顯的。然而他出離於俗世的修持方向，與其說是尋求佛家的內在超越，不如說是在道家的「物化」中尋求平淡。

然而出現在奚淞畫面上做爲「靜物」的，並不是道家神仙而是佛；2008年前的畫經常出現禪坐的佛像。只是奚淞的佛既不是在深山絕崖中面壁的佛，也不是坐在大雄寶殿、法相莊嚴慈悲的佛，更不是化身千手千眼施廣長舌面對大眾的佛。奚淞把佛從大雄寶殿、市集這些公眾場所搬入窗明几淨的室內桌上，在個人私秘空間的室內擺設。這時，畫中經常有窗景，畫中窗暗示的與其說是室內外的

又是一年春紅

連通，不如說是室內外的界分。這樣的界分，顯然意圖對道的世界和俗世做明確的劃分，將世俗世界以斗室隔離在外，存而不屑。

非常弔詭的是，無論是佛教、基督教，雖然都對俗世採取超越立場，但又對俗世生活採取強烈的介入態度。

紫藤廬的座談會會中，有人借用耶穌「凱撒歸凱撒，上帝歸上帝」，來類比奚淞世界的藝術世界和俗世的關係，這類比有問題。耶穌固以這句話劃分了靈與塵世的世界，但除此之外他又說，「狐狸野兔都有巢穴，人子卻沒有安枕的所在」，強調了靈必須在摩頂放踵四處奔波中實踐。由於實踐必須投入大眾生活之中，因此對政界而言，耶穌就被認爲侵犯了政治的領域，也因此他對屬靈屬俗世的辯解不被當權者接受。至於佛，所謂面壁也是成佛的前期修持，最後仍是走入公眾，甚至化身千手千眼，施廣長舌以度眾生。這樣，佛的性格既是超越的，也是公眾的，也因此應無法完全避免和政治的緊張關係。然而，這緊張正是奚淞所要避免的。不同於基督教和佛教，道家一方面在人、物之間採取了連續性而非斷裂的立場，但另一方面對俗世採取了疏離、不介入的立場。這種道家境界，應該才是《平淡、光陰》系列所要舖陳的修持。因此，奚淞在畫中簡直把佛當成華人世界中遠離俗世的隱逸高人了。

湊巧的事又有一樁，已故紫藤廬老主人周德偉掛在牆上的肖像邊的對聯——「豈有文章覺天下；忍將功業苦蒼生」——竟大是奚淞這時對待政治和藝術的心境。

最近幾乎所有介紹奚淞繪畫的文章，都仔細地描繪了奚淞謙沖、溫柔、體貼、軟心腸的個性，這些介紹是要從奚淞從小的個性中延伸出如今《平淡・光陰》系列中與世無爭的畫風的必然性。然而，這樣的延伸是過度的平面的；奚淞版畫中黑白對決的肅殺，在這些文章中將完全找不到安頓的所在。

奚淞的風格，不只曾有版畫這種把痛苦訴諸於外在世界政治性的對決的一面；早年小說《哪吒》，甚至描述了比版畫更爲驚魄的個人內在價值的慘烈鬥爭。《哪吒》中「割肉還母，刨骨還父」意義的挖掘，顯示出他精神世界有完全逸脫於東方世界的一種悲劇情調，一種強烈超越性格的內在對決。

從內在精神的悲劇性背叛，到社會革命性的對決，最後回歸到東方修持人與自然合一的隱逸世界，把這三個階段連繫起來，才足以勾勒出奚淞一個比較完整的精神歷程。從他內在的顛覆性出發，《平淡・光陰》系列中技巧的顛覆性和悲劇情調的來源，我們才能

芋

瞭然。

《平淡‧光陰》系列中2008前的畫，光源在畫布外，2008之後光則源躍入畫中，有如林布蘭畫中有名的「內光」；內光更加清楚地說明了他的藝與道是採取尋找內在修持的策略。道既已在內在修持中體現，並不奇特的，之前常見的既分隔室內外，又連通室內外的窗便不再必要了。(事實上，2008年前的窗造成了奚淞在修持邏輯上的矛盾：象徵修持的光明既然從窗外射入，修持怎麼可以說是採取在內在而非外在的途徑？這問題，因窗的消失而解消了。)於是30年前和30年後的畫，既對照出了他對政治和藝術關係的不同立場，也表現出藝術做爲道德實踐的一貫立場。而最近2008之前和2008之後的畫風不同，更說明了他最近修持實踐上境界的變遷。

座談會中，從法蘭克佛來的藝評家何乏筆，很意外地提起：奚淞把繪畫當做「平淡」精神的實踐，那麼平淡算不算對政治的一種積極的反抗？

何乏筆認爲奚淞以畫實踐平淡，是和蘇格拉底、稽康一樣，都是對政治權勢的反抗。事實上，三者都不站在權勢的一方固無庸置疑，然而是否都是反抗則值得斟酌。奚淞對政治採取的，與其說如反禮教的稽康一樣的對抗，不如說是不屑地「隱逸」而去，兩者大不相同。

奚淞的淡，既表示了採取從政治中隱遁的立場，那麼這樣一個態度對政治界還可能有所啓示嗎？且試進一步探討。

且借用何乏筆對西方表現藝術和東方實踐藝術之分的說法：台灣從政之「藝」，在求自我魅力的表現(就是所謂做秀)，急切地尋求眾人掌聲，而不在於做爲修持和價值的實踐，因而自我被放大突出，我執與我執間因而強烈對立、不寬容與肅殺，結果自我反成爲權力的俘虜。爲政之「藝」如果能在「表現主義」之外採取「淡」的策略，則能不沾，不沾則不執，則人自體得自由，一旦自由更可以對眼前諸物諸事「靜觀」而使其「皆自得」，就如畫中諸器物的本質，因作者的修持而得以如實浮現一般。

奚淞強調平淡，雖使他仍可位列華人文人畫家的大傳統中，但在精神上仍有奇特的不同。華人的文人畫採用莊子的思想，特別強調「得魚忘筌」、得其意棄其技巧這一面，而漠視庖丁解牛的長時間辛勤的技藝磨練的另一面。道本是求神形合一，但這需庖丁透過紮實的工夫磨練，但文人畫因對技藝過度的輕視，並刻意輕視「形」的掌握，甚至認爲畫若求形似，便「見如童子」，結果在文人畫強

春茶

調平淡的策略中，被淡去的不只是人的我執，器物的細節和本質也一道被淡去乃至消失，畫中器物乃至山水只是文人借用爲一展瀟灑品味的符號，因此文人畫成爲主流，實在就是華人繪畫史成爲一個藝術去官能化的流程記錄，也是外在諸對象負載的多元價值消逝的記錄。

同樣是道藝合一，日本的做法和文人畫正是個對照：日本的道藝合一精神認爲道就在技巧的精進中，因此奚淞的策略竟意外地接近了日本的策略。值得一提的是，固然日本道藝合一的精神根源一直被強調是禪宗，但是以其對藝的重視，與莊子庖丁解牛的精神反而比華人文人畫更接近，而文人畫特別強調得魚忘筌，反而接近禪宗的頓悟精神。

文人畫由於描繪的對象和個人的心境俱皆淡化，於是畫面走向「枯寂」的旨趣，而「瀟灑的品味」的姿態，竟因而顯示了輕慢——對技巧和對所描繪對象的輕慢。但奚淞描繪的對象，則因畫家既自我淡化，又謙沖地持精實寫實功夫，於是描繪的物，其生命隨著質地一併躍入畫面。

由於奚淞對技藝的掌握，他擁有被文人畫家所刻意蔑視的精實寫實功夫，他雖留在文人畫「淡」的大傳統中，卻使華人文人畫藝術世界中早已消失的對物的感官性得以重生，諸物的本質因而如如再現，多元價值且因而豐富並呈。

如是我們在奚淞的畫中走了一圈，驀然回首，何乏筆的問題或者得到了一個意外的答案：當政界因借用淡的策略而走出我執時，真正的多元價值重獲空間，政治上將不再只能是互相損耗，價值的創造將因而可能。我們這裡用「借用」一詞，刻意指出介入政治目前應非奚淞的本意，他的本意既然是走向隱遁，不介入政治，所以和政治的交集，只能由政界去借用「淡」而產生，奚淞無意有如蘇格拉底或稽康般，主動提供指導。無論如何，透過平淡的修持，安靜地把人從我執中拉開來後，我們看到了一個容許多元價值存在的空間，進一步看到在價值多元中如何建立公共秩序，甚至進行反抗。這或許從奚淞型的修持中得到啓示，卻在奚淞的興趣之外。

林濁水，文化、政治評論者，著有《共同體：世界圖像下的台灣》、《掙扎的社會與文化》、編有《瓦解的帝國》，現正在撰寫《煉獄與再生：歷史劇場之角色扮演》一書。

書評
書序

亞裔美國研究的新輿圖與新典範

評單德興《越界與創新》

馮品佳

《越界與創新：亞美文學與文化研究》(台北：允晨文化，2008)是中研院歐美所單德興先生繼《銘刻與再現：華裔美國文學與文化論集》之後，又一部以亞裔美國研究爲主題的論文集，也是另一部爲台灣文學與文化研究樹立新典範的重要學術著作。單先生於2000年出版的《銘刻與再現》是第一部以中文撰寫的華裔美國研究專書，對於華文世界的學術研究有莫大的衝擊與影響。而今春成書的《越界與創新》更是追求自我突破，將研究視域擴展至亞美研究，收錄了八篇研究論文以及一篇回顧研究經歷的短文。《越界與創新》的出版一方面誌記了作者的研究路徑，誠如他在序言中自道，他所選擇的學術途徑是「一位游移／游離於不同知識與文化體系之間的台灣之外文學者……以其雙語言、雙文化背景及雙重視野，以及由此而來之遊牧的、去中心的、對位的覺知，來省思亞美文學與文化研究」(10)。同時，《越界與創新》也記載了台灣本土學術地圖中極爲重要的一個發展路線，並由作者在書中現身說法，以誠懇踏實的示範來引導及提昇台灣的學術能量。

《越界與創新》的八篇論文共分爲兩大部分：「越界的創新」包括四篇就個別作家或文本所進行的分析與評論；「創新的越界」則涵蓋四篇探索台灣亞美研究成果與特色的後設研究。第一部分討論的作家分別是林永得(Wing Tek Lum)以及卜婁杉(Carlos Bulosan),前者為夏威夷的華裔詩人,藉由與中國古詩的對話創造自己的美國詩篇,後者為菲律賓裔的飄泊工人,在美國大陸的土地上尋找安身立命之所在。兩位作家都來自以往為國內亞美研究所忽略的文學與族裔傳統,充分展現本書要越界、欲求新的精神。而論文切入的角度也因人而異。〈疑義相與析〉一文,從文化翻譯的觀點閱讀林永得如何在不同的時間、空間、文化傳統中,經由中國古典詩詞尋得創造美國文學的靈感,因而得以「在空間上重新定位、在時間上重新創生」(22)。文中除了對於林永得詩文的古典源頭追根究底,也展現作者對於翻譯理論深入的了解,以及對於翻譯行為之「踐行的、開啓的、解放的」(48)意義深切的認知。〈階級・族裔・再現〉則由階級與族裔集體意識的角度,詮釋卜婁杉如何以個人自傳式的書寫,再現菲律賓裔美國人在太平洋兩岸所受的歧視與壓迫,經由書寫行為,將來自社會的底層作家內心的恐懼與憤怒,轉換為創作的力量,「並且藉此銘刻下個人的遭遇與族裔、階級的共同苦難,對抗麻木、墮落與遺忘,保留了皮諾依[Pinoy]血淚斑斑的集體經驗與記憶」(88)。兩篇論文共通之處,在於對於書寫力量的肯定,這一點也具體呈現了亞裔美國作家如何以書寫行動「將美國放在心中」、並且「驅使美國將他們放在中心」的共同努力。

接下來的兩篇討論電影與建築文本的論文,屬於亞裔美國文化研究的範疇,也顯示現今台灣人文學者跨領域、多面向的關切。〈空間・族裔・認同〉一文討論華裔導演王穎(Wayne Wang)的經典之作《尋人》(*Chen is Missing*),如何透過黑色電影(film noir)與都市漫遊者(flaneur)的電影與文化類型,製造出半記錄片式的效果,藉以呈現舊金山華埠內部的故事。本文除了採用類型電影以及城市空間研究的不同觀點,來討論華埠的封閉性與異質性,也相當關注影片中混雜的語言以及中國繪畫的留白技巧所營造出的族裔認同上的不確定性，烘托出片名中遍尋不得(missing)的陳姓司機是如何「令人以不同的方式思念、懷想(missing)……又都是一管之見，誤失(missing)了其他方面」(126)。捉摸不定的族裔性與族裔空間，既是亞裔人民自我保護的迷彩，也是主流社會的偏見與打壓之下的結果，這是本文予以族裔研究最大的啓示。〈創傷・回憶・和解〉則以美國華府的越戰將士紀念碑的設計、建造歷史以及其中所牽涉的性別、族裔、年齡等等議題，乃至於戰爭紀念碑對於療癒創傷的意義爲主要軸線，對於這一座由華裔女性建築師林瓔所設計的紀念碑進行文化解讀。論文中指出這一座嵌入土地的石牆所具有的可觸性與光可鑑人的反射性，可以產生親密聯繫的介面與反思的功能：「這面牆／鏡，既是阻絕，讓觀者感覺生死兩隔，陰陽殊途，也是反映與介面，讓人藉以省思生死的關係與意義，戰爭的代價，和平的憧憬」(155)。透過作者細緻的分析，不論讀者是否曾經親自拜訪過這座現代哭牆，都可深自體會黑色花崗岩石材所創造出的特殊意義，尤其是落雨時節，經過雨水洗刷的石面有如水面，更能清楚映照周遭的情境與受難者家屬的悲情，充分表現出戰爭紀念碑以記憶療傷的意義。

第二部分的四篇論文主要討論冒現的(emergent)亞裔、華裔美國文學在台灣發展的進程，以華文書寫的華裔美國文學對於改變亞美研究版圖的實質意義，以及亞美作家及本土的學者如何在亞美研究領域不斷地與傳統對話。此一部分的論文最重大的意義，在於本土亞美研究輿圖的繪製，以及如何經由對於過往研究成果的回顧，尋找出新的研究途徑，所具有之承先啓後的意義自然不在話下。作者基於長期研究亞美文學的經驗以及對於國內研究生態的觀察，指出台灣學界在亞美／華美研究方面「『重華輕亞』的現象明顯可見」

(187)，因此期待台灣學者能夠開拓更多的研究可能，並且以本書中卜婁杉的研究一文做了親身的示範。〈冒現的文學／研究〉一文結語更是發人深省：「相對於冒現，其實所謂的主流是歷史的產物，在特定的時空中逐漸形成，也隨時在形塑中——其中也包括外來的因素。從這個角度，我們肯定國際的英美文學研究或英美文學研究的國際化之重要性，也期許從我們邊緣的位置、冒現的處境出發，可以產生一些不同於主流的看法，從原先只是地理、文化、歷史上的不同立足點，逐漸開展出學術研究上的意義，進而在理論或方法論上有所建樹」(188)。由此可知，作者認爲台灣的學術界要與國際接軌，必須經過不斷的越界與創新，方能化邊緣成爲中心，從冒現轉爲主流。

縱覽全書，「越界的創新」與「創新的越界」這兩部分的雙重安排，使得本書兼具單一作者／文本研究的深度，以及縱合觀察研究領域的廣度，不僅對於專業的文學與文化研究者是重要的文獻，對於非專業卻又對於國內亞美研究感到好奇的一般讀者，也能提供相當清楚的概要與藍圖，這應該是本書另一個跨越疆界之處，也是國內學者應該見賢思齊的地方。台灣的英美文學研究本來就處於全球學術領域的邊陲，近二十年來在諸多學者的共同努力之下，在亞美/華美研究的領域有相當突出的成果，以中英雙語進行學術的發表與世界學界對話。但是我們不能畫地自限，自我封閉在學術的象牙塔中，卻忽略了與我們所生活的社會溝通所學。作者的論文文字優美精確，在今日中文書寫能力節節退步的台灣社會是不可多得的範本；而其文字本身所承載的多重知識與文化體系，也可以爲一般讀者提供一窺學術世界、乃至於進而參與的機會。尤其是書中最後所附錄的學思歷程，更可以作爲許多年輕學者／讀者的參考，如何在國內／國際學術領域建立堅定穩固的聲譽與持續不斷的傑出成果。

這種精益求精、積極求新求變以及與多重領域對話溝通的精神，也正是《越界與創新》爲我們帶來最良好的新典範。

馮品佳，交通大學外文系教授。主要研究興趣在於英美小說、女性書寫、離散文學、少數族裔論述以及電影研究。著有*The Female Bildungsroman by Toni Morrison and Maxine Hong Kingston* (1998), *En-Gendering Chinese Americas* (2001)；編有《重劃疆界》(1999, 2002)、《通識人文十一講》(2004)；《影像下的現代性》(2007；與周英雄合編)；譯有Love(2005)。

走向民主與和諧：
澳門、台灣與大陸[1]

郝志東

在中國經濟高速增長近三十年的今天，政治民主與社會和諧已經成爲擺在人們面前的重大課題。這也正是本人這幾年來的研究所特別關注的問題。由於九鼎傳播有限公司的「鼎力」支持，本人能夠把三年來在各種雜誌、書籍、研討會上發表的一些政治社會學學術類文章彙集在一起，爲讀者提供一個完整的思考，這實在是一個非常難得的機會。那麼這個完整的思考是什麼呢？這正是這篇導論想要完成的任務，即把22篇文章串起來，看一下政治民主和社會和諧歷程在澳門、台灣、大陸到底有多麼艱難，我們所面臨的問題是什麼，有沒有解決之道。

從結構上來講，本書共分六個部分：(1)社會科學的責任；(2)公民社會的重要性；(3)澳門的政治和社會發展；(4)台灣的政治和社會發展及兩岸關係；(5)大陸的政治和社會發展；及(6)知識分子和社會發展。其實，我想說明的問題只有三個。第一，如上所述，「兩岸三地」的政治和社會進步到底面臨著哪些困難？(書中不少文章也提到香港的政治和社會發展，但是因爲沒有專論，故未講「兩

1 本文為作者即將出版的《走向民主與和諧：澳門、台灣與大陸社會進步的艱難歷程》(澳門：九鼎傳播有限公司)一書的導言。

岸四地」。)這些問題有沒有解決的辦法？第二，社會科學和知識分子在其中扮演的角色是什麼？第三，這些問題的解決其實是充滿了矛盾與掙扎的，也就是我所討論的感性和理性、實質理性和形式理性、道德倫理和責任倫理的矛盾與掙扎。下面我就來總結一下這些文章對這三個問題的基本看法。

民主與和諧：兩岸三地所面臨的政治和社會進步的困難

「民主」說白了，就是讓老百姓當家作主，自己把自己的事情管起來。「和諧」說白了，就是社會的各個部門(比如政府與各種民間組織、國家與社會)能夠合作無間、不同團體之間的利益(比如階層、民族、性別)能夠有效協調。但是，說起來如此簡單的事情，無論在哪個社會裡面，做起來都非常困難。

拿澳門社會來說，正如我在〈衝突與和諧的澳門模式〉一文中所指出的，四百五十多年來，儘管澳門社會大致平靜，中國人和葡國人大致能夠和平共處，但還是有不少的族群衝突事件，尤其是中國人和澳葡殖民政府的衝突事件。澳門政治的民主成分，在四百多年前葡人剛到澳門時就已經開始存在於葡人的政治之中，但是直到1970年代，中國人才可以參加立法會部分議員的選舉。澳門在1999年回歸中國之後，普通老百姓對政治的參與度增加，他們可以民主選舉更多的議員席位，但是普選特首、普選立法會議員目標的實現卻仍然遙遙無期，儘管臨埠香港已經有了目標日期。

我在幾篇關於提升澳門組織文化、深化澳門民主發展的文章中，進一步分析了民主的意義、重要性，以及當前澳門社會對民主的期待以及政府方面和傳統社團對深化民主的顧慮。我同時也指出，民主化的最大障礙之一是人權觀念的淡薄，以及中國傳統社會等級觀念的強勢，即認爲普通老百姓素質低下、不可以和精英人士平起平坐，遑論給他們一人一票選特首或者選所有議員了。所以，政治就要由少數人來操控，這樣社會才可以和諧，經濟才可以發展。精英階層自然願意維護這種強勢，樂得保護自己的權力不被別人拿去。這樣一來，澳門經濟是「發展了」，但是它是畸形的發展；社會是「和諧」了，但是它是在犧牲掉一些人的利益之後的和諧。比如，勞動法的修訂，幾次修改之後，在勞工利益保障的不少方面仍然滯後於中國其他地區，就很能說明什麼是澳門「和諧」的代價。澳門的政治發展還需要學者們做更多的研究。澳門社會學會準備在2009年召開的兩岸四地政治文化和公民社會的國際研討會就是一個很好的開始。如果說澳門的民主與和諧之路走得很艱難，台灣和大陸又何嘗不是如此。

中國人百年來爭取民主的目標好不容易於1990年代在台灣得到較大程度的實現，但是民主很快就被台獨運動所綁架，造成了台灣民族主義與中華民族主義的對決，造成了李登輝和陳水扁執政時期台灣社會的分裂和兩岸關係的緊張，使很多中國人對民主產生了懷疑。2008年大選之後執政的國民黨正在努力爭取族群和諧、兩岸關係「正常化」，並就兩岸經濟關係的未來開始磋商。但是，正如我在「兩岸整合的障礙」一文中指出的，在政治方面的整合還面臨著重重困難。兩岸政治關係的和諧仍然舉步維艱。我在關於未來兩岸關係發展的那些文章中，特別指出各方都需要克服自己的政治、文化偏見，克服自己的小家子氣，要以普通老百姓的利益爲出發點，以中華民族的利益爲出發點，以世界大同的觀念爲出發點，而不是以一黨、一地之私爲出發點，如此，兩岸才能整合，兩岸的政治問題才有解。但是，說到容易做到難哪。不過，台灣畢竟邁出了民主的一大步，儘管在其民主選舉過程中、日常的民主治理過程中，還有很多非理性。正如我在關於澳門的那些文章中指出的，只有在民主中才能學會民主，正如在游泳中才能學會游泳一樣。台灣的民主化、兩岸關係的走向，都是值得學者們持續關注、持續研究的課題。

在民主化方面，大陸其實也在「摸著石頭過河」，並且取得了一定的成就。首先，正如我在與王振民教授商榷澳門民主化的文章中指出的，大陸中國已經接受了「人權」的概念，也即人們自由發展的平等權力，即人的個性、人格、創造性和獨立性最大限度地不受阻礙地自由發展的權力。這就是「以人爲本」的實質。其次，在民主意識方面的進步也不可小覷。胡錦濤指出，沒有民主就沒有現代化。村民自治就是強調民主選舉、民主決策、民主管理、民主監督。從1990年代末鄉鎮長直接選舉的經驗，到中央、省、市、縣選拔幹部時民主成分的不斷被加入，說明民主的理念越來越被執政黨所接受。溫家寶也強調要保障人民的知情權、參與權、表達權、監督權，說中國的直接和間接選舉要從村擴展到鄉、縣和省。在國家和社會都較普遍地接受人權和民主理念的情況下，具體如何實現這些理想，就是社會上各種利益集團如何博弈的問題了。

我在關於大陸政治和社會發展的那些文章中，談到了平權式治理結構的建立，儘管我說的是鄉、村的治理，但是平權式治理結構是全國各級政府治理的問題。這也就是說，階級、階層的分化使得中國社會產生了多種不同的利益集團。在這種情況下，如果國家想保持社會的穩定與和諧，就要照顧到所有人、所有集團的利益，保障所有人的人權。在遇到利益衝突時，需要一個公平、公正的機構去協調這些人、這些集團的利益。所以說政治經濟的發展，需要一個平權式治理結構的產生。溫家寶談到中國的民主發展時提到選舉、司法獨立、權力的監督與制衡。除了選舉制度的完善之外，這些還涉及到允許相應的民間政治、經濟組織的成立的問題。只有這些代表不同利益的組織，通過政治協商和選舉，以不同形式，加入或者監督政府施政，才能真正從根本上比較有效地解決從鄉村到城市面臨的各種問題，「民主選舉、民主決策、民主管理、民主監督」才成爲可能。當然媒體的相對獨立，也是一個非常重要的問題。[2] 允許並鼓勵不同性質的社會組織的建立，是建立平權式治理結構的基礎之一。但是這些大家似乎都有共識的問題，在實行起來，仍然還是問題，困難仍然很多。

民主與和諧其實也是解決西藏問題的根本之道。我在那篇關於西藏的文章裡談到了主權、民族、文化問題，這些問題的解決都離不開民主思想中對人的最基本的尊重、對不同族群的文化的最基本的尊重、對不同族群的經濟利益的最基本的尊重，也離不開用民主的方式去協商解決問題的原則。只要做到這些，主權便成了一個不是問題的問題。在民族互信、關係和諧、文化繁榮、生活安逸、多種矛盾可以得到逐步協商、妥善解決的情況下，主權不主權有什麼意義呢？

其實，民主化的過程也是一個公民社會建立的過程，這無論在澳門、台灣，還是大陸都一樣。我在關於公民社會、國家與社會的互動、什麼叫農民，以及建立平權式治理結構的文章中，探討了理想的市民社會需要人們將自己的生存、快樂和權力與他人的生存、快樂和權力結合在一起的必要，這也就是說人們在要求別人尊重自己的人權的同時，也要尊重別人的人權。所以農民需要享受和市民一樣的公民權。在此基礎上，才有可能建立一個不同的人、不同的

2 見本人在2008年7月發表在中國社會學年會上的一篇文章，〈媒體的專業主義和新聞工作者的角色：以2008年海峽兩岸媒體對台灣立法委員選舉的評論、報導爲例〉。

組織在一起協商社區建設的公共領域，包括民主選舉制度。如此才有可能建立真正比較和諧的社會。當然，建立公民社會所遇到的障礙仍然很多，比如文化和政治的因素：中國社會中人與人之間的信任感比較缺乏，社團政治、政黨政治也開發出來很多私性，而不是公共性，大衆傳媒的專業主義和批判性也受到強大的政黨政治和市場經濟的制約，如此等等，不一而足。不過，這也許正是我在關於台灣研究的那些文章中所討論的理想主義和現實主義的矛盾，以及關於知識分子角色的那些文章中所討論的倫理困境。一個比較成熟的公民社會的建立，就是解決這些矛盾、擺脫這些困境的過程。上述2009年澳門社會學會所計劃召開的兩岸四地政治文化與公民社會國際研討會，也是要探討這些矛盾的現狀及解決的方法。

總之，從國家與社會對人權和民主的認同上看，從中國的階層分化上看，從村民自治等民主形式上看，大陸中國已經有了平權式治理結構的思想、政治經濟，以及政治基礎。但是其組織基礎卻非常薄弱，不過這正是大陸民主化急待解決的問題。民主與和諧的歷程雖然艱難，但步子已經走了出來。開弓沒有回頭箭，下一步是這個箭如何能夠命中目標的問題。澳門、香港、台灣、大陸的民主化如何推進與深化，和諧社會如何建立，還需要繼續研究。這就將我們帶入第二個問題，即社會科學和知識分子在建立民主政治與和諧社會中的責任問題。

社會科學的責任和知識分子的角色

澳門、台灣和大陸的民主與和諧之路仍然比較艱難，那麼在達到民主與和諧的目標過程中，社會科學和知識分子可以扮演一些怎樣的角色呢？

我在〈社會科學的責任〉一文中，分析了社會科學的三個方法。其實這三個方法也是社會科學認識世界的三個不同的角度。實證的社會科學認爲這個世界是客觀存在的、可知的，社會發展是有規律可循的，所以社會科學在責任就是通過數據分析等方法將社會發展的現狀和規律呈現在人們面前。闡釋性的社會科學則認爲這個世界的存在是一種主觀的存在，人們所認識的那個世界因人而異。即使同一個世界，也是「横看成嶺側成峰，遠近高低各不同」。所謂客觀世界，其實都是人們主觀的認識，所以才有了大陸的一個順口溜裡講的，「說你行你就行，不行也行；說你不行，你就不行，行也不行」。批判性的社會科學則強調這個世界是有一個客觀的存在，但是它是隨著政治、經濟、社會、文化等宏觀因素的變化而變化。正如「老革命」在文化革命時期變成了「走資派」，受到遊鬥、批判，文革後又重新成爲「當權派」。是「好人」還是「壞人」隨著政治、經濟、社會、文化環境的變化而變化。這些宏觀的因素才是理解世間萬物的鑰匙。

社會科學的這些觀察世界的不同方法，給社會科學工作者提出了一個嚴肅的課題。他們可以將自己局限在實證主義研究的範圍內，他們的研究成果也通常是爲政府的決策服務。我在討論澳門的社會科學研究時，談到了大量研究的這種性質。但是社會科學家們也可以做更多的批判性研究(用闡釋性尤其是批判性社會科學的方法)，比如港澳「一國兩制」的性質到底是什麼？港澳和中央政府的關係到底應該如何處理？港澳的民主如何深化？台灣民主應該如何深化？台海關係應該如何發展？弱勢群體(如打工仔)的利益如何保護？公民社會如何建立與完善？從批判性社會科學角度出發的研究還不多見，這或許是社會科學工作者的失職。大陸的社科研究，仍然有很多禁忌。所以如果大陸的批判性研究所見不多的話，或許可以理解。但是港、澳、台的學術研究還是有相當大的空間。所以，批判性社會科學的缺乏，除了用自我設限以及學者們的學識和膽識的缺乏來解釋之外，可能沒有其他更多的解釋。

社科研究的方法問題是和知識分子的角色問題緊密地聯繫在一起的。我在幾篇討論公民社會、台灣發展和大陸發展的文章中，都談到了知識分子的角色。這是我在2003年出版的關於中國知識分子的政治變遷一書中發展出來的一個分析模式。我說知識分子通常在扮演著專業、有機和批判的角色。換句話說，他們可以有時或通常僅僅關心如何理解這個所謂「客觀」的世界，做實證主義的研究，扮演專業人士的角色，與政治無涉。另外一些時候，他們也可以扮演有機的角色：做政府的幕僚、社會運動的組織者或其意識型態的創造者。還有一些時候他們則可以扮演社會良心的角色，也即批判的角色。他們關注的是這個世界有沒有公平、公正、自由、民主、人權，問題在哪裡？如何解決？

如上所述，我在關於台灣和大陸社會發展的幾篇文章裡，都談到了知識分子的角色。無論是在兩岸關係還是大陸的政治、社會發展中，無論是在傳統社會還是現代社會，知識分子都在扮演著至關重要的角色。他們在做台灣、大陸的政治、社會問題的專業研究時，在身體力行地(在體制外，或者至少不是政府主導)爲農村發展出謀劃策時，他們應該說主要是在扮演專業的角色。這和實證主義的社會科學是聯繫在一起的。

他們在做政府官員或其幕僚抑或爲政府決策提供參考時，在扮演著有機知識分子的角色。馬英九內閣的很多成員都有博士學位，大陸各級領導、政府研究人員也多由知識分子組成，可見知識分子所扮演的有機角色的重要。他們在共同掌握著歷史車輪前進的方向。當然，這裡的問題在於，既然在權力機構裡面(或者政府，或者社會運動裡面），有機知識分子就需要服從權力運作的規律，服從權力機構的需要，有時需要犧牲自己的正直，來達到他們自己認爲歷史應該達到的那個目標。比如知識分子政府官員可能也要學會玩弄權術，才可以讓自己保留在權力結構裡面，做自己想要進行的變革。他們或許真誠地認爲不將民主深化是爲了社會和諧。爲了效率就要犧牲公平。

但是，對批判型知識分子來說，一個沒有民主、沒有公平的世界並不是一個理想的、和諧的世界。所以他們要做社會的良心，做公共知識分子，揭露政府或社會運動所主導的意識型態的虛僞，讓人們看到這個世界的不公不義，並提出解決問題的辦法。當然他們的研究也是建立在專業主義的基礎之上的，否則他們便不是知識分子，也無法扮演好批判的角色。

上述對知識分子角色的分類是一種理想型的分類。在實際生活中，每一個知識分了或許主要扮演專業、有機或批判的角色，或許在某些時候某些情況下扮演其中的一個角色。正是在這種尋找自己角色的過程中，知識分子對社會的發展起著至關重要的作用。如果知識分子能夠理解自己的角色，或許他們就可以將它們扮演的更好一些。這正是我那幾篇談到知識分子作用的文章想要說明的問題。無論是在澳門、香港、台灣，還是大陸的政治和社會發展中，知識分子的作用都是至關重要的。

在感性和理性、實質理性和形式理性、道德倫理和責任倫理之間的掙扎

這個世界是充滿了矛盾的，社會科學就是在研究這些矛盾。這些矛盾的解決通常是很困難的。在本書收入的一篇關於2008年台灣

大選的文章中，我談到了其中的理性和非理性。在那篇關於西藏問題的實質的文章中，我談到了感性和理性的掙扎。在談知識分子的作用時，我也談到了他們的道德倫理和責任倫理的衝突。其實上述民主與和諧、社會科學與知識分子的作用也都是充滿了矛盾、充滿了種種感性和理性的掙扎的。比如我在上面提到的效率和公平的矛盾、威權和民主的矛盾，就是如此。1930年來的社會發展，速度之快，效率之高，讓世人瞠目結舌。但是，這個發展是建立在很多人的犧牲之上的，比如農民的犧牲，農民工的犧牲(見本書中〈什麼叫農民〉)，這裡不光是他們利益的犧牲，還有很多生命的犧牲。當然還有自然環境的犧牲。但是誰又能說，如果不犧牲農民、不犧牲環境，中國的經濟也能取得今天這樣的大躍進呢？不過誰又敢說農民應該被犧牲、環境應該被犧牲？我相信國家的領導人、工礦企業的領導人，也知道他們的決策是會導致這些問題的，但是，他們會說自己是不得已而爲之。爲了效率，就要犧牲公平。正如1989年所謂的「六四風波」中政府採取的極端措施一樣，爲了三十年的經濟穩定發展，就要給政治異己消音。決策者們並不是不知道自己決策的後果。只是不得已而爲之而已。從積極的方面去看這個問題，我們可以說他們至少應該是這樣想的。這個決策過程，不論是從主觀還是客觀上講，都是一個掙扎的過程。

那麼我們到底有沒有可能做到效率與公平兼顧、資本主義和社會主義融匯、權威與民主結合呢？(如果只有「權威」沒有民主，那就只能產生「威權」而不會產生「民主」。)古典和現代的社會科學家們就一直試圖對這個問題做出自己的解釋。對於19世紀的馬克思來說，資本主義沒有公平，這個問題只有在社會主義和共產主義社會中才能解決。那時經濟會高度發展、社會達到高度公平。對亞當斯密來說，一個人在努力實現自己的私利時，他也就在設法滿足別人的需要。一個糕點商在滿足別人對糕點的需要時，就是在發展自己的經濟利益。個人利益的發展是和社會利益的發展相一致的[3]。換句話說，資本主義是公平的。但是馬克思的社會主義和共產主義都遙遙無期，亞當斯密的自由經濟實際上也只是部分人的自由，對部分人的「公平」。當代著名的經濟學家傅立曼在談到企業的社會責任時，就說社會責任是政府的事情，不應該由企業來承擔。這個責任，企業也承擔不好。企業只要全力增加自己的利潤、爲股東增加收入就好。社會問題應該由政治家、公民社會來解決。[4] 換句話說，利潤(經濟效益)和公平不可兼顧。迪爾凱姆和韋伯認爲人的能力有大小，機會有多少，不自由和不公平是絕對的，社會主義和共產主義是太理想化的。

公平與效率的矛盾、社會主義和資本主義的矛盾、民主和威權的矛盾，正是我在那篇關於西藏問題的文章中談到的感性和理性的矛盾、實質理性和形式(工具)理性的矛盾，以及道德倫理和責任倫理的矛盾。的確，任何政治、經濟和社會的安排都是這些矛盾的結果，是在處理這些矛盾的過程中掙扎的結果。

對於澳門來說，要不要實行立法會議員和特首的雙普選，不光是選民有沒有準備好的問題，還有精英階層是否願意放權的問題。從理性上講，後者也會認爲民主是個好東西，是政治的比較理想的形式(形式理性)，但是從感性上講，權力在自己手裡比較安全一些(實質理性)。精英們還會認爲現在不將民主進一步深化，是爲了澳

3 見Adam Smith, *An Inquiry into the Nature and Causes of the Wealth of Nations*, Volume I, edited by Edwin Cannan (New Rochelle, New York: Arlington House), p. 13.

4 可見Milton Friedman, *Capitalism and Freedom* (Chicago: University of Chicago Press, 1962).

門的穩定與和諧(責任倫理),而給人們有更多的選擇權(道德倫理),則會損害這種穩定與和諧。澳門人在這些矛盾中掙扎的結果,就是現行的政治安排。掙扎還在繼續。這是常態。

對台灣和兩岸關係來說,我在幾篇文章中都指出,個人族群民族主義、理想主義、世界大同主義(強調個人和民族的民主與自由、博愛,也即實質理性及與其相聯繫的道德倫理),是和集體族群民族主義、現實主義、地方主義(強調族群整體的利益、主權,也即形式理性及與其相聯繫的責任倫理)相矛盾的。兩岸的現狀就是感性和理性,或者說兩種理性和兩種倫理相矛盾、相掙扎的結果。作爲兩岸未來可能的邦聯式聯邦的政治安排,就是這兩種矛盾之間的一個妥協(見本書〈兩岸整合的障礙〉)。台灣的民主發展進程,也飽受理性和非理性衝突之苦。我在一篇講台灣2008年總統大選的文章中特別分析了這個問題。

對大陸的政治民主與社會和諧來說,同樣的矛盾仍然在困擾著國人。平權式治理結構就是要將更多的權力放在老百姓手上(道德倫理),但是當政者則認爲如此會造成天下大亂,所以在控制著權力的釋放(責任倫理)。如何既還權於民,又保持社會穩定,對統治者來說,是一個很大的考驗。現在的各種政治安排,包括村民委員會的選舉,也是兩種理性、兩種倫理掙扎的結果。在西藏問題上,也是如此。如何既保證民族平等又保持社會穩定,既尊重各民族的感情,又理性地處理民族矛盾,既給西藏更多的自治權(道德倫理),又維護中華人民共和國的主權與領土完整(責任倫理),當政者似乎還拿不出一個更好的辦法來。中國政府在其他少數民族自治區域也面臨著同樣的問題。正如我在談到澳門和台灣的族群關係時也指出的,不同的族群之間,如何避免文化的衝突(這一點和亨廷頓的文明衝突的觀點有關),協調民族關係中的現實主義和理想主義的矛盾,是一大難題。

我在這些文章中談到知識分子的作用時，也特別提到他們所面臨的倫理困境，即道德倫理和責任倫理之間的矛盾和掙扎。專業型知識分子可以專注於自己的科學研究，探討社會問題產生的原因(奉行道德倫理)。但是這些社會問題能否得到解決，他們自己卻無能爲力。他們只能站在人行道上，看著歷史的車輪滾滾向前。如果他們想參與政治，就要犧牲自己的學術中立(即奉行責任倫理)。這些也正是那些扮演了有機知識分子角色的人們所面臨的困境。批判型知識分子的困境也是如此。在社會不公面前，他們本想盡情地批判(道德倫理)，但是他們的言論到底有多大的自由度，卻視本地的情況而定。兩岸四地在這個問題上有很大的不同。即使他們在扮演著批判的角色，他們對社會進步所起的作用，無論在兩岸四地的任何地方，可能也很難看到直接的效果。多數情況下，他們是「狗吠火車」，除非他們參加到有機知識分子的行列中來(奉行責任倫理)，但是他們就要受到兩種倫理矛盾的折磨了。

這些矛盾和掙扎的結果如何呢？韋伯是悲觀的。他認爲這個世界是被現實主義統治的世界，人們對效率的關注會超過對公平的關注。那些持責任倫理的人們會統治那些持道德倫理的人們。後者常常敵不過前者。人的私性常常戰勝人的公共性。政治家們常常認爲只要自己目的正當，就可以不擇手段。暴力或者類似暴力的行爲，也即在倫理上可以被人詬病的行爲，就不可避免，正如我在文章中分析的兩岸有機知識分子那樣。所以世界的前途是渺茫的。

不過，我在這些文章中也指出，正是在這種矛盾和掙扎當中，社會在尋找著自己發展的最佳方案，知識分子在尋找著自己的最佳角色，社會在這個過程中得到進步。韋伯的悲觀是有些道理。但是，如果人們不去爭取理想主義的結果，那結果就一定是現實主義的、悲觀的，社會就更加沒有民主與和諧，社會不公就更加嚴重。所以，在矛盾和掙扎中，或許人們即使從自己的利益出發，也能夠看到理想主義的重要性，看到民主、和諧、自由、人權的重要性，從而在感性和理性、實質理性和形式理性、道德倫理和責任倫理、理想主義和現實主義之間找到平衡，進而推動社會進步。

以上就是我想在本書中重點強調的三個問題：在兩岸三地建立民主政治與和諧社會所面臨的困難，社會科學的責任和知識分子的作用或者角色，以及感性和理性、實質理性和形式理性、道德倫理和責任倫理的矛盾和掙扎。本書原來的副標題是「澳門、台灣與大陸社會發展的艱難歷程」，後來把「發展」改成了「進步」。爲什麼呢？發展可以有好有壞，但是「進步」就一定是好的。發展相對容易，30年來我們不是有很大的發展嗎？但是進步卻不容易。我們這些年來的進步是被打了折扣的。比如，GDP的增長速度和對環境的破壞速度同步，很難說進步很大，儘管可以說發展不少。所以「進步」的意思比「發展」明確、積極。主標題「走向民主與和諧」中的「走」和副標題中的「進步」也相對應，強調了只有往「民主」與「和諧」的方向「走」，才是「進步」。而且，沒有民主也就沒有和諧。儘管人們在矛盾和掙扎中步履蹣跚，但只要往前走就好。我希望這些文章能對這些問題有一個比較清楚的解釋，希望和讀者今後可以在這些問題上有更進一步的交流。

郝志東，澳門大學社會學系副教授兼系主任。研究興趣包括知識分子、兩岸關係、澳門歷史、中國農村、社會運動等。專著有*Intellectuals at a Crossroads* (2003)。編著有《國家認同與兩岸未來》(2008)。2008年還將出版編著《兩岸鄉村治理比較》(合編)。

致讀者

兩百多年前，當歐洲的舊體制正在崩潰、「現代」的政治、經濟、社會秩序逐漸成形之際，「自由、平等、博愛」三個理念一氣呵成，凝聚體現了整個時代的嚮往。但歷史演變弄人，這個口號所包容的一體社會理想，後來卻分化崩離，蛻變成自由主義與社會主義兩套意識型態，彼此呈現水火之勢。

這套理念之所以分化，關鍵在於有一個龐大的、具決定性力量的歷史結構——資本主義——必須面對，可是面對的方式卻有兩種迥異的可能。自由主義有條件地接受了資本主義的多數制度前提，而社會主義卻相信必須推翻資本主義。如今，經過了上百年的爭鬥，資本主義依然健在甚至益形壯大猖狂，自由主義與社會主義反而雙雙陷入危機：蘇東的崩潰與中國的轉向，說明了社會主義傳統有先天性的盲點；而自由主義遭放任自由主義與新自由主義鵲巢鳩占，也顯示自由主義的價值意識不夠明確清晰。這兩種政治傳統有必要相互參考，重新認識資本主義的功過與動力，也重新整理「自由、平等、博愛」這套理念的現代含意。

歷史上，「社會民主主義」曾經特別有意識地想維持自由主義與社會主義的有機結合，後來遂演成資本主義體制之下實行多黨民主、社會保障的福利國家。在西方，當蘇東式國家社會主義結束之後，社會民主對某些殘存的左派似乎是僅餘的選項。在中國，近年也有人在呼籲將「中國特色的社會主義」轉化爲社會民主主義。即便在台灣，雖然多年以來視社會主義爲禁忌，但只要統獨這個雞肋爭議聲勢稍斂，便不乏有人想像社會民主或者「第三條路」。類此的發展，要求我們不僅去思考社會民主，也要思考整個社會主義傳統、包括它對內與馬克思主義、對外與自由主義的關係。

因此，本期《思想》的「社會主義的想像」專輯，有著很重要的時機背景。張君勱學會延續已經解散的中國民主社會黨香火，對社會民主自然關切，熱心幫助本刊規劃了這個專題。不過，社會主義所指不限於社會民主；在這個專輯的五篇文章之外，讀者會發現，本期「曹天予與民主社會主義」欄下的三篇文章，以及陳信行先生對前期《思想》上陳明忠先生訪談的回應，也都直接介入了社會民主、馬克思主義的理論與實踐、以及社會主義和自由主義的參照可能性等嚴肅議題。不難理解，只要資本主義存在一天，社會主義就不會喪失存在的理由。問題是：它說得清楚自己存在的理由嗎？分辨得出自己該以甚麼形式存在嗎？依據現實條件、但是又不爲現實條件所局限地回答這些問題，即構成了社會主義的「想像」。

可以預期，既然涉及「社會主義」這樣敏感的議題，各方對本期這些文章的反應會多采多姿、甚至難免激烈高亢。我們很歡迎大家參與討論、相互攻錯。但不容諱言，歷來左派內部的爭論——從馬克思本人一直到今天的各路理論家——不時會陷入一種以「正確」自居、以「反動」誣人的窠臼，十分不健康。而自由主義與社會主義的爭論，也往往以區分敵我爲尚，少了一份包容心態與學習的欲望。本期陳信行先生對陳明忠先生的回應，雖然不惜以「毛派」這個引人側目的頭銜自許，卻既不失對前輩的尊敬，又表現了對自己信念的堅持，這種兼顧尊重與原則的爭論倫理，値得推許。我們自然還希望，社會主義之外的其他立場與意見，也願意各抒己見，彼此參考和理解。

必須指出，本期茨仁夏加和錢理群兩位先生關於西藏問題的文章，以及許德發先生關於馬來西亞華人處境的分析，都涉及了今年發生的事件，目前正在進行中，未來也還會有新的發展，極具現實意義。(馬國最近的「華人寄居論」風波，即爲一例。)但在思想層面，兩篇文章都涉及了國族認同以及包容差異這兩項具有高度普世性的難題，值得台灣乃至於整個華人世界參考。

最後，身爲編輯，我們要強調，「拓展視野」是本刊的夙願。在這個意義上，陳相因小姐紀念索忍尼辛、單德興先生訪問哈金、廖美小姐從兩個面向呈現戲劇史的發展軌跡、以及林濁水先生挖掘奚淞畫作中「時間」與「平淡」兩項旨趣，均幫助本刊開拓了一些此前較爲疏忽的面向，讓所謂的「思想」不以觀念的邏輯論述爲限，反而延伸到其他形式、媒介的呈現，深入到更爲細緻敏感的藝術與文學世界，取得豐富的內涵與表現。我們盼望類似的擴展延伸，能夠繼續。

編者

2008年 中秋節

訂購網址：www.linkingbooks.com.tw/reflexion/

第9期：中國哲學：危機與出路

(2008年5月出版)

思想10

社會主義的想像

2008年9月初版　　定價：新臺幣360元

編　者　思想編委會
發行人　林載爵

出版者　聯經出版事業股份有限公司
台北市忠孝東路四段555號
編輯部地址：台北市忠孝東路四段561號4樓
叢書主編電話：(02)27634300轉5226
發行所：台北縣新店市寶橋路235巷6弄5號7樓
電話：(02)29133656
台北忠孝門市：台北市忠孝東路四段561號1樓
電話：(02)27683708
台北新生門市：台北市新生南路三段94號
電話：(02)23620308
台中門市：台中市健行路321號
電話：(04)22371234ext.5
高雄門市：高雄市成功一路363號
電話：(07)2211234ext.5
郵政劃撥帳戶第0100559-3號
郵撥電話：27683708
印刷者　世和印製企業有限公司

叢書主編　沙淑芬
校　對　吳以喬
封面設計　蔡婕岑

行政院新聞局出版事業登記證局版臺業字第0130號

本書如有缺頁，破損，倒裝請寄回發行所更換。
ISBN 978-957-08-3326-3（平裝）
聯經網址：www.linkingbooks.com.tw
電子信箱：linking@udngroup.com

國家圖書館出版品預行編目資料

社會主義的想像/思想編委會編．
初版．臺北市．聯經．2008年（民97）
336面，14.8×21公分．(思想：10)
ISBN　978-957-08-3326-3（平裝）

1.哲學　2.社會主義　3.期刊

105　　97017814